예수에 대해
우리가 잘 모르던 이야기

예수에 대해
우리가 잘 모르던 이야기

초판 1쇄 인쇄 ｜ 2023년 05월 01일
초판 2쇄 발행 ｜ 2023년 05월 13일

지은이 ｜ 이종범
펴낸이 ｜ 최화숙
편집인 ｜ 유창언
펴낸곳 ｜ **아마존북스**

등록번호 ｜ 제1994-000059호
출판등록 ｜ 1994. 06. 09

주소 ｜ 서울시 마포구 성미산로2길 33(서교동), 202호
전화 ｜ 02)335-7353~4
팩스 ｜ 02)325-4305
이메일 ｜ pub95@hanmail.net ｜ pub95@naver.com

예수에 대해
우리가 잘 모르던 이야기

이종범 지음

아마존북스

차 례

Chapter 3 예수의 교회

21세기 기독교 교회에는 말씀의 성령은 떠나고 부동산 투기와 권위주의의 악령이 판치고 있다는 이야기가 종종 들린다. 유대인이 아니라 사실 기독교 교회 자신이 예수를 십자가에 못 박아 죽인 것이라는 말까지 회자된다. 어쩌다가 이리된 것일까? 원래는 매우 순수하고 그저 주님만 바라보던 교회가 나중에 타락한 것인가? 아니다. 기독교 역사를 훑어보면 교회는 처음부터 그랬다. 예수 말씀의 실천을 멀리하고 분열과 갈등이 큰 자리를 차지했다. 그리고 그 긴 타락의 역사가 이어져 왔다.

이 책은 그런 기독교에 관한 이야기를 모은 3부작의 시작이다. 그 가운데 제1권인 이 책에서는 여러 기독교 교회가 자기 교파의 이익을 위하여 마음대로 만들어 내어 결국 염불보다는 잿밥에 더 눈이 어두워진 '작태'에 신물이 난 사람들을 위하여, 제도적 기독교 교회의 손으로

조작되지 않은 원래 〈성경〉에 나온, 있는 그대로의 예수와 가족, 친구들에 관한 이야기를 하고 있다.

이 책 다음으로 출간될 제2권 〈기독교 교회의 길고 긴 죄악사〉에서는 예수 사망 이후 수립된 교회, 특히 바울이 소아시아에 세운 교회들에서 이미 1세기부터 시작된 분열과 기만과 사기와 탐욕의 역사를 다룰 예정이다. 사실 기독교가 요즘 많이 욕을 먹는 이유가 예수가 모범적으로 보여 준 이웃사랑의 실천은 멀리하고, 그저 파당적으로 분열하고 지극히 세속적인 물질에 대한 탐욕으로 눈이 멀어 버린 모습 때문이다. 그런데 이러한 교회의 행태가 결코 18세기 이후의 산업화와 자본주의 시대에 들어와서 비로소 새롭게 나타난 것이 아니다. 예수가 죽은 직후 수립된 이른바 '초대교회' 시대부터 교회는 이미 지독한 파벌 싸움과 돈 싸움에 골몰하였다. 그 싸움의 명분으로 내건 것은 예수의 정체와 신과 예수의 관계에 대한 신학적 논쟁이었지만, 그 바닥에

깔린 본질적인 문제는 결국 돈과 권력이었다. 다만 그러한 본질적 역사가 철저한 사기와 기만 술책으로 오랫동안 교묘하게 감추어져 왔기에 많은 사람이 산업화 이후 자본주의 시대에 들어와서야 비로소 기독교 교회가 '타락'했다고 착각하고 있을 뿐이다. 이러한 추한 기독교 교회의 본모습을 제대로 보고 싶다면 이 책 다음으로 나올 제2권 〈기독교 교회의 길고 긴 죄악사〉를 반드시 읽기를 바란다.

1, 2권에 이어 이 시리즈의 결론이 될 3권인 〈그래도 예수를 믿는 이유는〉에서 이는 교회가 부동산 투기와 헌금이라는 돈맛과 신도들을 종으로 취급하는 권위주의 맛이 단단히 들어 예수의 가르침과 달리 물질적으로 타락하고, 금욕주의적인 예수의 모범을 멀리하고, 사제의 아동 성폭행으로 도덕성마저 상실해 버린 상황에서 더욱 의미 있는 작업이다.

이른바 '탈기독교'(post-Christianism), 곧 제도적 교회를 벗어나는 시대정신의 시각에서 예수의 언행을 새롭게 살펴보고 이를 모범으로 삼아야 하는 이유를 설명하고 있다. 비록 제도적 교회가 독점적으로 지배하는 기독교가 그 종말을 고한다고 해도 인간의 종교적 본성을 충족하는 또 다른 패러다임의 종교는 필연적으로 나올 것이기 때문이다. 그리고 그새 종교는 기존의 제도 교회 중심의 기독교의 폐해를 변증법적으로 극복한 형태가 될 가능성이 많다.

현재 유럽과 미국이 여전히 정치경제만이 아니라 문화적으로 세상을 지배하고 있는 것이 엄연한 현실이다. 그런데 현대에 들어와서도 여전히 강력한 이 서양 문화에 결정적 영향을 미친 것이 바로 기독교다. 20세기 초기에 들어서 서양에서 정교분리가 법적으로 이루어지고

난 뒤 오늘날 서양 사회에서 기독교의 사회적 발언권이 형편없이 줄어들어 사회의 변두리로 내몰렸다. 그러나 여전히 미국의 대통령 취임 때는 신의 가호를 빌고, 유럽의 시민들은 기독교의 축일을 중심으로 제작된 달력의 일정에 따라 일상생활을 한다. 그리고 다수의 여론조사 기관의 조사 결과를 보면 많은 서양인은 기독교 교회는 미워하지만, 예수에 대한 인식은 여전히 매우 긍정적이다. 여러 설문조사의 결과가 이를 증명하고 있다.

사실 유럽에서 기독교는 이제 종교가 아니라 문화가 되었다. 그리고 기독교 문화가 번성한 나라들은 대부분 선진국이 되었다. 원수도 사랑하고 나의 것을 다 내주고 하늘나라에 들어갈 자격을 얻도록 신의 뜻을 실천하라는 예수의 명령을 초기부터 듣지 않고 분열과 갈등과 저주만 하는 문자 그대로 죄로 일관한 2000년의 역사에도 불구하고 말이다. 과연 기독교의 무엇이 그러한 '죄인'들로 넘치는 서양이 세계를 제패하는 데 도움이 되었는지 궁금하지 않을 수 없다. 바로 그러한 기독교의 힘을 찾아보는 여정을 바로 제3권 〈그래도 예수를 믿는 이유는〉에서 마련해 보았다. 그러나 이 3부작은 논리적인 순서가 없기에 아무 책이나 먼저 읽어도 이해하는 데 아무 문제가 없다. 그러니 맘에 끌리는 책을 그저 편한 마음으로 먼저 읽어도 된다.

앞에서 말한 대로 기독교에 대한 사회적 비난과 편견이 요즘처럼 심한 적도 드물다. 특히 최근 정치적 혼란과 코로나 사태가 이어지면서 그 어느 때보다 사회적인 일치가 필요한 시기에 교회가 보여 준 모습에서 대부분의 비기독교인은 기독교인들의 극단적인 개별 교회 중심적인 '이기주의'를 목격하고 이른바 '개독교'를 혐오하는 경향이 더욱 강화되었다.

사실 이는 한국만의 특이한 현상이 아니다. 유럽에서는 이미 계몽주의 시대부터 기독교가 극도로 비난받으며 인류 역사의 중심에서 주변부로 점차 밀려나기 시작하였다. 한때 정치, 경제, 문화를 통제하면서 유럽 사회의 삶 전체를 규정하던 막강한 교회의 권위는 특히 20세기에 정교분리로 결정적인 제도적 타격을 받았다. 사실 이는 교회의 사회적 권위를 무너뜨리는 큰 사건이 되었다. 여기에서 한 걸음 더 나아가 개인의 종교성을 담보로 도덕과 신앙에 관한 가르침에 관해 누리던 배타적인 권위마저도 그동안 철저히 숨겨져 왔던 과거와 현재의 많은 교회 성직자의 돈과 성에 관한 추문이 끊임없이 노출되면서 바닥으로 추락하였다.

그래서 지금의 기독교는 근세 이전의 절대적인 권위와 권력을 모두 내려놓은 채 자신의 생존을 위해 노력해야 하는 궁지에 몰려 있다. 기독교의 가장 핵심적인 가치인 도덕성과 자정 능력을 의심받고 있는 상황에서 말이다. 그런데도 기독교가 여전히 도덕과 신앙에 관하여 말을 할 수 있는 가장 근원적인 이유가 무엇인가?

그것은 다름 아닌 예수이다. 2000년 전 팔레스티나 지역의 이름 없는 마을, 그래서 오늘날에는 그 정확한 흔적조차 찾아볼 수 없는 형편없이 작은 마을에서 태어난 한 가난하고 보잘것없는 사나이였던 예수는 오늘날 교회의 타락과 쇠락에도 불구하고 여전히 매력적인 존재로 남아 있다. 그 이유는 무엇이고, 21세기를 살아가는 현대인들에게 주는 의미는 또 무엇인가?

이 책에서는 그러한 질문에 대해 대답하는 긴 여정의 첫걸음을 내

디디고 있다. 예수에 관한 이야기는 그 양과 질에서 이미 인류사에서 대적할 것이 없을 정도로 풍요롭게 나와 있는 것이 현실이다. 그런데도 예수에 관한 또 한 권의 책을 쓴 이유는 무엇인가?

그것은 바로 예수에 대한 왜곡된 시선이, 특히 한국 사회에 아직 너무 많기 때문이다. 물론 그 왜곡을 최대한 수정하고자 하는 것이 이 예수 이야기의 유일한 목표는 아니다. 교회가 타락했음에도 불구하고 여전히 생존하도록 한 예수의 존재 의미에서 제대로 배울 것을 찾아보는 것이 궁극 목표라고 생각한다. 약간은 전문적이고 복잡한 내용도 가끔 나오지만 이를 무시하고 끝까지 읽어 보면 그러한 필자의 의도를 조금은 파악할 수 있을 것으로 본다. 그리고 예수를 편향된 틀에 박힌 이기적 의도로 해석해온 교조적인 교회와는 다르게 설명한 것에서 새로운 시각을 얻는 즐거움을 발견하게 될 수도 있다고 본다. 그런 즐거움을 누리게 된다면 이 책의 저술 목적이 일단 어느 정도 달성된 것이라고 하겠다.

이 제1권의 책을 크게 챕터 1, 2, 3으로 나누어 보았다. 챕터 1 '예수의 전설'에서는 예수의 탄생, 족보, 인성, 악령, 부활에 관한 궁금증을 성경 본문을 중심으로 풀어보았다. 챕터 2 '예수의 가족'에서는 예수가 신을 포함한 넓은 의미의 가족과 맺은 관계에 관한 의문을 탐구해 보았다. 챕터 3 '예수의 교회'에서는 성경에 나온 예수와 현실의 교회와 신자가 이해하는 예수 사이에 커다란 인식의 차이가 나게 된 원인을 추적해 보았다.

흔히 기독교가 르네상스 시대부터 시작한 인문주의, 그리고 산업혁

명 이후 강화된 모더니즘, 물질주의, 세속주의 때문에 주변으로 밀리고 심지어 타락하게 되었다고 주장하는 이들이 많다. 그러나 이는 무지의 소치이다. 앞에서 말한 대로 기독교는 그 설립 초기부터 타락해 왔다. 그 타락을 재는 잣대는 물론 예수 자신이다. 예수를 교주로 삼고 예수의 가르침을 실천하겠다는 장한 결심으로 세워진 교회가 예수의 가르침과 어긋나는 행태를 보이는 역사는 예수가 죽은 직후부터 시작되었다. 〈사도행전〉에 나오는 기독교 신자 집단 간의 다툼과 분열만이 아니다. 복음서에서 확인할 수 있는 예수 제자들의 언행은 예수의 분노를 일으킬 정도였다. 예수 곁에 있으면서도 예수가 가르치며 한 말을 이해 못했으니 그 가르침의 실천은 언감생심이었던 셈이다.

사실 로마제국의 콘스탄티누스 황제(Flavius Valerius Aurelius Constantinus, 272~337)가 '밀라노 칙령'(Edictum Mediolanense, 313)으로 기독교의 공적인 종교 활동을 '승인'하고, 더 나아가 테오도시우스 황제(Flavius Theodosius, 347~395)가 '테살로니키 칙령'(Cunctos populos, 380)으로 기독교를 유일한 국교로 '공인'한 것을 기독교 역사에서는 기독교의 승리로 묘사하지만 사실상 이는 기독교의 타락과 비극의 시작이기도 하였다. 두 황제가 칙령을 발표하기 전에 이미 기독교는 내부적인 파벌 싸움으로 날밤을 새우고 있었다. 그러나 쉽게 결론이 나지 않았던 이 종교적 싸움이 황제의 정치적 명령으로 간단히 수습되었다. 신앙심으로 해결하지 못한 문제를 세속적 권력이 해결한 셈이다. 교회 내부적인 교리 논쟁도 주로 황제가 소집한 교회 회의를 통하여 정리되었다. 사실 야훼만을 유일한 신으로 여기는 유대교의 전통을 그대로 이어받은 극단적인 배타성을 지닌 기독교가 다양한 신앙 활동을 허용하는 로마제국의 다원주의적 종교 생태계에 맞을 리가 만무했다. 그래서 콘스탄티누스 황제는 비록 기독교의 종교 활동을 허용했지만 죽을 때까지 기독교 세례를 받지 않았다. 자신의 정치 세력의 안정을 위하여 다른 종교의 눈치를 보지 않을 수 없었기 때문이다. 일부 기독교학자는 그가 죽을 때 세례를 받았다고 하지만 이는 의미 없는 주장이다. 황제가 정신이 멀쩡했을 때 기독교로 개종하는 것을 한사코 거부한 것이 분명한 역사적 사실이다. 그러나 그렇게 지독히 기독교 신자가 되기를 거부한 황제가 니케아에 있던 자신의 별궁에서 이른바 '제1차 니케아공의회'(Concilium Nicaenum Primum)로 알려진 교회 회의를 소집하여 오늘날 모든 기독교 교회에서 내세우는 신앙고백의 기초가 되는 니케아신경(Symbolum Nicaenum)을 채택하도록 하였다. 비기독교인이 기독교 교회 교리의 가장 근본이 되는 기초를 확립한 셈이다. 테오도시우스가 통합 로마제국의 황제로서 기독교 세례를 받은 최초의 인물이다. 그런데 전설에 따르면 그가 기독교 세례를 받은 이유는 병에 걸려 문자 그대로 '죽다 살아난' 일 때문이다. 흔히 개인적인 임사체험이 한 사람의 인생관을 바꾸는 경우가 많은데 테오도시우스도 예외는 아니었던 것으로 보인다. 테오도시우스는 이 칙령을 발표한 다음 해인 381년에 콘스탄티노폴리스공의회(Concilium Constantinopolitanum)라는 명칭의 2차 교회 회의를 개최한다. 이 공의회에서 오늘날 기독교 교회의 신앙고백의 원형인 이른바 '니케아−콘스탄티노폴리스 신경'이 확립된다.

기독교 교회의 핵심 교리 확립에 황제가 개입하게 된 것은 그들이 독재자라서가 아니라 교회가 스스로 교회 논쟁을 해결하지 못하고 사회적 혼란을 일으켰기 때문이다. 이렇게 결론이 나지 않는 혼란은 결국 황제의 절대 권력으로만 해결할 수 있었다는 것이 바로 기독교 자체의 모순적인 역사의 시작을 보여 주는 사건이었다. 곧 기독교는 정치권력과 분리해서는 제대로 존립할 수 없는 정치 의존적 존재가 되었다. 380년 이후 동로마제국이 망한 1453년까지 로마제국뿐만 아니라 유럽 전체의 유일한 종교였던 기독교는 문자 그대로 천년왕국을 누렸다.

사실 467년 서로마제국의 멸망은 오히려 '순수' 기독교의 권한을 강화하는 사건이 되었다. 이제 절대군주의 간섭을 받지 않고도 독자적인 종교 활동을 할 뿐 아니라 오히려 100% 기독교 신자인 민심을 등에 업고 정치권력에 영향력을 행사할 수 있게 되었기 때문이다. 서로마제국 멸망 이후 유럽 대륙에 새로운 통일국가인 프랑크 왕국을 수립한 클로비스 1세(Chlodovechus, 446~511)도 게르만족이었음에도 정복한 유럽 대륙의 민심을 얻기 위하여 기독교로 개종하였다. 이후 유럽은 기독교가 종교만이 아니라 정치와 사회의 영역에서도 절대적인 권력을 누리는 땅이 되었다.

그러나 절대 권력은 절대 부패하는 법이다. 교회의 권력도 예외가 될 수 없었다. 권력 지향적이고 이루 말할 수 없을 정도로 부유해진 교회는 문자 그대로 '타락'하기 시작했다. 그러나 이런 모습은 원래 예수가 설파한 메시지와 어긋나는 것이라는 사실을 신자들도 느끼게 되었다. 예수가 설파한 '마음이 가난한 삶'을 멀리하는 교회에 실망하여 그 권위에 대항하는 운동이 수도회를 중심으로 일어나기 시작한 것이 이미 10세기부터이다. 그럼에도 그 이후에도 교회의 타락은 지속되었고 더 이상 참을 수 없는 수준까지 오자 결국 16세기의 유럽에서 종교개혁 운동이 일어나게 되었다. 이후 교회는 개혁되기보다는 오히려 분열을 거듭했다. 그런데 그렇게 시작한 개신교도 극렬히 비난했던 가톨릭의 교계제도를 흉내 내는 반개혁적인 모습까지 보였다. 신부들의 자리를 목사들이 차지하면서 그들 역시 권력과 돈의 유혹을 떨치지 못했다. 이런 교회에 실망한 사람들은 교회 밖에서 인류의 미래를 찾기 시작했다. 이러한 교회를 떠난 민심이 르네상스에서 시작하여 계몽주의를 거쳐 확립된 과학주의였다.

계몽주의 이후 교회의 '타락'에 대한 비난과 더불어 초월적인 인격신에 대한 '과학적' 의심마저 제기되는 상황이 지속되어 왔다. 특히 21세기의 포스트모던 사회에서 이제 종교는 전적으로 개인의 취향에 속하는 사적 영역에서 머무는 문화가 되었다. 과거 기독교가 국교이기에 종교적 소속이 개인과 왕국의 생존에 절대적 영향을 미치던 시대는 사라진 것이다. 그리고 신과 인간의 관계도 주종관계가 아니라 개인의 심신의 스트레스를 풀어주고 영적 위안을 주는 절대적 존재와 인간이 맺는 친교의 의미가 강해졌다. 다시 말해서 신은 이제 인간의 죄를 묻고 심판하는 무시무시한 판관이 아니라 인간을 위로하고 무한한 도움을 주는 위로자의 역할을 맡게 된 셈이다. 신은 존재론적으로 존재하는 객관적 인격신이 아니라 그가 무척 사랑한다는 인간의 요청에 부응하는 인격체로 존재해야만 하는 인본주의적 존재가 되었다.

종교가 사적 영역에 속하게 되면서 교회에 대한 사회의 대접도 달라졌다. 과거에 교회가 다른 사상과 종교에 대하여 행하였던 '악마화'나 '마녀사냥'이 이제는 오히려 교회를 대상으로 행해지게 되었다. 대표적인 것이 한국에서 교회를 이른바 '개독교'로 지칭하는 분위기이다.

예수의 열정적인 삶과 죽음을 기반으로 세워진 기독교 교회가 2000년 가까이 진리와 도덕에 관한 독점적이고 독단적인 권위주의적 권리를 내세우다가 이제는 역으로 고집불통의 도그마 집단으로 매도당하고 있다.

한국만이 아니다. 유럽에서 사람들이 기독교를 바라보는 시각은 날로 악화하고 있다. 특히 최근 사제와 교회 관련자의 아동 성폭행에 관한 추문이 지속해서 공개되고, 돈과 관련된 추문이 자주 밝혀지면서 교회의 체면은 말이 아니게 되었다. 이 여파로 해마다 교회를 탈퇴하는 사람들의 숫자가 늘어나고 있다. 독일의 경우 2021년에 50만 명이 넘는 사람들이 교회를 떠났다. 과거에 있었던 이른바 '교회세'를 회피하기 위하여 떠난다는 비난조차 이제는 거의 사그라들었다. 교회 자체가 현대인에게 도움이 되기는 고사하고 오히려 진리와 도덕에서 나쁜 사례가 되는 상황은 세속 사회만이 아니라 교회 자체에도 충격이 되는 일이 아닐 수 없다. 그래서 유럽을 중심으로 교회의 쇄신에 대한 목소리가 날로 높아지고 있다. 그러나 2000년 동안 공고한 교계제도를 수립한 교회는 변화할 자정 능력을 상실하였다. 스스로 정화하기엔 너무나 커다란 공룡이 되어 버렸다. 그래서 아동을 성폭행한 사제의 성적 취미보다 더 사악한 의도로, 곧 제도적 교회의 존립을 위한 집단 이기주의로 그 사제를 교회 제도권 안에서 보호하고 피해자를 버려둔 교회의 관행이 일상적으로 반복되었다. 이는 사제라는 한 인간의 영혼을 보호하기 위해서가 아니라 교회라는 조직의 이익을 수호하려는 조치가 아닐 수 없다. 이런 구조적 폭력의 공고한 패러다임 안에서 성폭행 피해자는 이른바 2차 가해를 당하는 경우가 대부분이었다. 이러한 수모를 견디지 못하여 피해자가 오히려 정신질환에 시달리거나 자살하는 사례도 많이 발견되었다. 이런 교회에 대한 믿음이 사라지는 것은 당연한 일이다.

그런데 이렇게 기독교 교회의 위신이 땅에 떨어졌지만, 교회의 정치적 영향력은 여전히 강력하다. 특히 미국의 이른바 극우파 기독교인 (far-right Christian)은 주요 선거에서 막강한 영향력을 행사한다. 주로 극단적 백인우월주의 색채의 이른바 '참 보수적'인 기독교 신앙을 지닌 이들은 현대 민주주의의 근간이 되는 정교분리마저 신의 뜻에 어긋난다고 말한다. 나라를 기독교의 신이 다스려야 한다는 주장이다. 그러한 미국의 기독교 분위기에 큰 영향을 받은 한국의 개신교도 정치적 세력을 확대하기 위하여 심혈을 기울이고 있다. 그러는 가운데 민심을 잃어 결국 '개독교'가 되었어도 정치에 대한 위세를 부리는 일은 멈추지 않는다. 이러한 '개독교'는 이제 한국 사회에서 하나의 현상이 되어 기독교에 대한 민심 악화를 조장하지만 다른 한편으로는 정치에 대한 영향력은 더욱 강화되는 기현상을 초래하고 있다.

그러나 '개독교의 행패'와 '사제의 아동 성폭행'이 기독교 교회의 참모습일 수는 없다. 아무리 교회가 타락했어도 지난 2000년 동안 기독교가 그 명맥이 이어져 온 데에는 정치권력의 엄호와 교회 재산만이 아닌 다른 요소가 있을 수밖에 없다. 그것은 바로 예수다. 사실 예수의 참모습을 다시 발견한다면 교회가 얼마나 예수의 가르침에서 멀리 떨어져 있는지를 너무나 뚜렷하게 알게 된다. 그러나 바로 그런 현실 교회와 멀리 떨어진 예수의 참모습에서 다시 예수를 알고 신앙을 쇄신할 동기를 얻을 수 있다. 인간은 본래 종교적 존재이기에 시대를 막론하고 다양한 종교가 나타났다. 그리고 시대정신의 변화에 따라 종교는 명멸을 거듭했다. 이제는 기독교에 그 변화의 차례가 온 것이다. 그러나 현재 전 세계 인구 가운데 22억 명을 신자로 '거느리고' 있고 세계 최강국인 미국의 '실질적 국교'가 기독교인 이상 쉽게 무너질 리는 없다. 그래서 과거 역사에서 볼 수 있었듯이 기독교의 몰락이 아니라 쇄신이 필요한 시기이다. 그 쇄신에 필요한 것이 이른바 '예수 바로 알기 운동'인 것이다.

문제는 예수의 참모습을 알기 위한 자료가 턱없이 부족하다는 사실이다. 〈신약성경〉, 그 가운데에서도 예수의 행적을 기록한 복음서에만 예수의 참모습 일부만을 겨우 찾아볼 수 있을 뿐이다. 그러나 2000년을 견뎌온 복음서에 나온 예수의 모습에서 교회의 개혁, 나아가 제2의 종교개혁의 실마리를 찾을 수밖에 없는 것이 현실이다. 기존의 교회가 보여 주는 모습에서 예수의 참 얼굴을 찾기가 힘들어진 세상이기에 더욱 그러하다.

바로 그래서 이 책에서는 예수의 참모습을 먼저 〈성경〉에서 찾는 여정을 시작해 보았다. 이 책을 챕터 1, 2, 3으로 나눈 이유는 먼저 예수의 정체와 신과 예수의 관계를 규명해야 예수의 본질을 깊이 파고들 수 있기 때문이다. 그다음으로 예수만이 아니라 그의 주변 인물들과의 관계를 정리해 본 이유는 그 관계 안에서 예수를 파악할 때 그를 도그마적인 숭배의 대상으로만 바라보는 시각의 한계를 극복할 수 있다고 보았기 때문이다.

물론 이 책에서 이야기한 것이 예수 모습의 전부는 아니다. 그리고 특히 기존 교회에서 가르치는 예수의 모습과 다른 내용도 많을 것이다. 그러나 예수를 도그마적으로, 그리고 교파 편의적으로 해석하여 이른바 '(주식회사)예수교회'를 세워 세속적 이익을 도모하는 세력이 난무하는 세상에서 다시 초심으로 돌아가기 위해서는 성경 자체에서 본래 모습의 예수를 찾아보는 과정이 반드시 필요하다. 교회나 성직자가 자기 마음대로 '해석해준' 예수의 모습이 아니라 개인 각자가 직접 성경을 통해 만나는 예수의 참모습을 찾는 연습에 이 책이 도움이 되기를 바란다.

예수의 전설

예수의 탄생에 관한
낯선 이야기

예수의 탄생 설화는 일단 그 시기부터 매우 불명료하다. 〈성경〉에서는 로마제국이 실시한 인구 통계 조사에 응하기 위하여 유대인들은 각자 고향으로 돌아가야 했다고 한다. 그래서 요셉과 마리아도 살던 동네인 나자렛을 떠나 예루살렘으로 올라가다가 중간에 있는 마을인 베들레헴의 어느 집 마구간에서 예수를 낳았다는 것이다. 전설에 따르면 원래 베들레헴은 다윗이 태어난 곳으로 알려진 마을이다. 그러나 지금도 베들레헴이 정확히 어디에 있는지는 아무도 모른다. 게다가 여기에 전설이 하나 더 추가된다. 먼저 예수의 탄생을 천사들이 들판의 목동들에게 밤에 알려주었다는 것이다. 그런데 12월 25일 한겨울에 목동이 밤에 야외에서 잠들 수가 없으니 예수는 우리가 알고 있는 이날에 태어났을 리가 없다는 것이 정설이다.

여기에 더해 이 탄생이 있기 전에 천사가 마리아에게 미리 예수가 마리아의 태를 통해 강생할 것을 알려주었다고 한다. 아이를 잉태하기도 전에 말이다. 그런데 〈성경〉에는 마리아가 그 수태고지를 듣고 나서도 다른 임산부와 다르게 특별히 거룩한 예감을 가지고 태중의 예수를 돌보았다는 이야기가 전혀 안 나온다. 예수가 성인이 된 이후에도 마리아는 예수의 의중을 전혀 파악하지 못하였다. 게다가 이 이야기는 오직 〈루카복음〉에만 나온다.

여섯째 달에 하느님께서는 가브리엘 천사를 갈릴래아 지방 나자렛이라는 고을로 보내시어, 다윗 집안의 요셉이라는 사람과 약혼한 처녀를 찾아가게 하셨다. 그 처녀의 이름은 마리아였다. 천사가 마리아의 집으로 들어가 말하였다. "은총이 가득한 이여, 기뻐하여라. 주님께서 너와 함께 계시다." 이 말에 마리아는 몹시 놀랐다. 그리고 이 인사말이 무슨 뜻인가 하고 곰곰이 생각하였다. 천사가 다시 마리아에게 말하였다. "두려워하지 마라, 마리아야. 너는 하느님의 총애를 받았다. 보라, 이제 네가 잉태하여 아들을 낳을 터이니 그 이름을 예수라 하여라. 그분께서는 큰 인물이 되시고 지극히 높으신 분의 아드님이라 불리실 것이다. 주 하느님께서 그분의 조상 다윗의 왕좌를 그분께 주시어, 그분께서 야곱 집안을 영원히 다스리시리니 그분의 나라는 끝이 없을 것이다." 마리아가 천사에게, "저는 남자를 알지 못하는데, 어떻게 그런 일이 있을 수 있겠습니까?" 하고 말하자, 천사가 마리아에게 대답하였다. "성령께서 너에게 내려오시고 지극히 높으신 분의 힘이 너를 덮을 것이다. 그러므로 태어날 아기는 거룩하신 분, 하느님의 아드님이라고 불릴 것이다. 네 친척 엘리사벳을 보아라. 그 늙은 나이에도 아들을 잉태하였다. 아이를 못 낳

는 여자라고 불리던 그가 임신한 지 여섯 달이 되었다. 하느님께는 불가능한 일이 없다." 마리아가 말하였다. "보십시오, 저는 주님의 종입니다. 말씀하신 대로 저에게 이루어지기를 바랍니다." 그러자 천사는 마리아에게서 떠나갔다.(루카 1, 26-38)*

매우 장황한 이른바 이 '수태고지'(Annunciatio)는 실제 일어난 사건을 역사적으로 기록한 것이라기보다는 그 당시 기독교 신자들의 신앙심이 반영된 신앙고백의 내용을 담고 있다고 보는 것이 많은 학자의 의견이다. 나자렛이라는 마을은 구약에 단 한 번도 등장하지 않는 이름이다. 그런데 그런 동네에 천사가, 그것도 '신의 사람'이라는 뜻의 '가브리엘'(נבריאל)이라는 천사가 마리아를 찾아왔다고 한다. 그런데 왜 하필 가

---

* 이 책에 나오는 성경 구절은 원칙적으로 가톨릭의 〈성경〉을 인용했습니다.

브리엘인가? 유대민족의 전통 신화에서는 가브리엘이 에덴동산의 생명나무에 열리는 아기의 영혼을 인간에게 데려다주는 역할을 하는 존재로 알려져 있다. 그런 의미에서 마리아에게 다름 아닌 가브리엘이 나타난 것은 철저한 유대 전통에 따른 것으로 볼 수 있다. 그런데 기독교가 수립될 무렵에 가브리엘은 예루살렘의 파멸을 예고하는 종말론적 존재로 나타난다. 이 가브리엘이라는 이름은 오로지 〈루카복음〉에만 두 번 나온다. 마리아보다 앞서 세례자 요한의 아버지인 즈카르야에게 먼저 나타나 요한의 탄생을 예고한다. 그리고 나서 6개월 정도 지나서 이번에는 마리아에게 나타나 예수의 탄생을 예고한다. 그리고 요한의 경우처럼 그의 이름을 구체적으로 예수라고 할 것을 명령한다.

루카는 복음서를 역사적 사실보다는 자신이 가지고 있는 자료를 바탕으로 예수를 잘 모르는 이들을 대상으로 하는 자기 나름의 기독교 신앙을 바탕으로 기술하였다. 그래서 예수의 탄생과 활동에 대한 그의 독특한 해석을 바탕으로 하는 추가적인 설명이 많이 나온다. 예수의 탄생 설화에 관한 내용도 그러한 논리의 연장선에서 이해할 수 있다. 매우 탁월한 그리스어 작문 실력을 근거로 그가 원래 매우 지적인 의사였다고 주장하는 학자들도 많다. 그러나 오늘날과 달리 그 당시 의사는 그리 지적인 고상한 직업이 아니었으니 그저 설이라고 보는 것이 옳다. 그렇지만 분명한 것은 그가 여러 자료를 놓고 편집하면서 문학적으로 완성도가 높은 글을 써냈다는 사실이다. 그래서 기독교 신자만이 아니라 비기독교인들에게도 예수 탄생에 관한 관심을 끌 만큼 충분히 멋진 문장을 통하여 예수 탄생 설화를 완성한 것으로 보인다.

그런데 요셉의 꿈에도 천사가 나타나 이미 아이를 밴 마리아를 버리지 말 것을 촉구한다.

예수 그리스도께서는 이렇게 탄생하셨다. 그분의 어머니 마리아가 요셉과 약혼하였는데, 그들이 같이 살기 전에 마리아가 성령으로 말미암아 잉태한 사실이 드러났다. 마리아의 남편 요셉은 의로운 사람이었고 또 마리아의 일을 세상에 드러내고 싶지 않았으므로, 남모르게 마리아와 파혼하기로 작정하였다. 요셉이 그렇게 하기로 생각을 굳혔을 때, 꿈에 주님의 천사가 나타나 말하였다. "다윗의 자손 요셉아, 두려워하지 말고 마리아를 아내로 맞아들여라. 그 몸에 잉태된 아기는 성령으로 말미암은 것이다. 마리아가 아들을 낳으리니 그 이름을 예수라고 하여라. 그분께서 당신 백성을 죄에서 구원하실 것이다." 주님께서 예언자를 통하여 하신 말씀이 이루어지려고 이 모든 일이 일어났다. 곧 "보아라, 동정녀가 잉태하여 아들을 낳으리니 그 이름을 임마누엘이라고 하리라." 하신 말씀이다. 임마누엘은 번역하면 '하느님께서 우리와 함께 계시다.'는 뜻이다. 잠에서 깨어난 요셉은 주님의 천사가 명령한 대로 아내를 맞아들였다. 그러나 아내가 아들을 낳을 때까지 잠자리를 같이하지 않았다. 그리고 아들의 이름을 예수라고 하였다.(마태 1, 18–25)

여기에서는 구체적으로 어떤 천사가 나타났는지가 적시되지 않았다. 그리고 마리아와는 달리 요셉은 그 천사가 실제로 나타난 것이 아니라 현몽을 한 정도의 영향을 미치고 있는 것으로 묘사된다. 사실 이 이야기를 요셉이 누구에겐가 전했다는 말이 없다. 그런데도 이렇게 전해지고 있다는 것은 다분히 〈마태복음〉을 중심으로 한 그 당시 기독교 공동체의 신앙이 반영된 것으로 여겨진다. 누가 요셉의 꿈까지 이리 자세히 알 수 있다는 말인가?

예수 탄생에 관련된 신화 중 가장 압권은 이른바 '동방박사들'이다. 예수가 태어날 무렵 동방에서 별을 따라온 최소한 3명의 박사들(magi), 정확히는 점성술사들이 예수가 태어난 집을 정확히 찾아서 세 가지의 물건을 선물한다. 〈마태복음〉에 다음과 같이 나온다.

> 그들은 임금의 말을 듣고 길을 떠났다. 그러자 동방에서 본 별이 그들을 앞서 가다가, 아기가 있는 곳 위에 이르러 멈추었다. 그들은 그 별을 보고 더없이 기뻐하였다. 그리고 그 집에 들어가 어머니 마리아와 함께 있는 아기를 보고 땅에 엎드려 경배하였다. 또 보물 상자를 열고 아기에게 황금과 유향과 몰약을 예물로 드렸다. 그들은 꿈에 헤로데에게 돌아가지 말라는 지시를 받고, 다른 길로 자기 고장에 돌아갔다. (마태 2, 9-12)

오로지 〈마태복음〉에만 나오는 이 전설 같은 이야기 속의 선물의 개수에서 성경 어디에도 나오지 않은 동방박사의 숫자를 연역해 낼 수밖에 없다. 세 개의 선물이니 세 명이 왔을 것으로 추측한 것이다. 그런데 기독교 전통에서는 아예 한 걸음 더 나아가 이들의 이름까지 만들어 낸다. 곧 멜키오(Melchior), 카스퍼(Casper), 발타자르(Balthazar)가 그것이다. 이들이 '동방에서' 왔다고 했지만 정확한 그리스어 단어는 '아포 아나톨론'(ἀπὸ ἀνατολῶν), 곧 '해 뜨는 곳'이다. 예수 당시 예루살렘의 동쪽에 있던 제국은 로마제국이 아니라 파르티아제국이었다. 파르티아(Parthia)는 현재 이란 지역을 중심으로 기원전 247년부터 기원후 224년까지 거의 500년 가까이 존재했던 제국이다. 다신교 제국이었지만 조로아스터교가 매우 강력하게 퍼져 있었다. 그리고 이 종교의 사제를 흔히 '마기'(magi)라고 불렀다. 〈마태복음〉에서도 이 나라의 존재와 종교를 알고 있던 이가 '동방박사'에 관한 이야기를 지어낸 것으로 보인다.

그런데 이제 막 태어난 아이에게 필요한 것은 기본적으로 배냇저고리, 기저귀, 우유일 것인데 황금, 유향, 몰약이었다는 것을 보면 뜻밖의 선물이 아닐 수 없다. 그러나 기독교에서는 신학적으로 황금은 왕권, 유향은 신성함, 몰약은 죽음의 고통을 상징하는 것으로 해석한다. 막 태어난 아기 예수의 일생에 관한 미래가 여기에서 이미 정확히 예언되었다는 사실이다. 그러나 사실 이 또한 예수가 죽은 다음 부활하여 하늘에 올라 신의 오른쪽에 올라갔다는 신앙이 확립된 이후에 추가될 수 있는 내용이 아닐 수 없다. 또한 〈마태복음〉에만 예수의 탄생 소식을 알게 된 헤롯이 베들레헴 주변에 사는 2살 아래의 사내아이를 모두 죽이라고 명령해서 살육이 일어났다고 기록이 되어 있다. 그리고 이는 예레미야의 예언이 이루어지기 위한 일이라는 설명이 나온다. 그러나 실제로 그런 일이 벌어졌다는 역사적 증거나 기록은 그 어디에도 없다.

그리고 탄생하자마자 이집트로 피난한 다음 헤로데의 사망 이후 귀환한 예수 가족이 나자렛에 정착한 것도 구약의 예언이 이루어진 것이라고 한다. 그러나 나자렛은 구약 어디에도 예언되어 있지 않은 장소이다. 그리고 다윗의 후손으로서 메시아, 곧 기름부음을 받은 자가 되려면 베들레헴과 깊은 연관이 있어야 하지만 예수는 살아생전 다시 베들레헴을 찾은 일이 한 번도 없다. 예루살렘은 죽음이 가까워서야 찾았다. 그는 거의 평생을 나자렛에서 살다가 공생활도 대부분 갈릴리 호수 근처 마을에서 했다.

예수를 직접 보지 못한 것이 거의 확실해 보이는 자가 쓴 〈마태복음〉
과 〈요한복음〉의 역사적 신뢰성을 담보하기 힘들지만 사실 나머지 〈루
카복음〉과 〈마르코복음〉의 역사적 사실을 담보하는 데에도 마찬가지
로 무리가 있다. 이러한 문제를 교회는 그저 신앙의 신비의 영역에 맡겨
둘 수밖에는 없다. 그래서 특히 가톨릭교회는 성경의 이른바 '성경무오
설'(Biblical inerrancy), 곧 성경에 기록된 것이 성령의 감도로 쓰인 것이
기에 일점일획도 오류가 없다고 주장하지 않는다. 그런데도 많은 개신
교파 성직자들은 아직도 성경무오설을 내세우며 신자들을 대상으로 혹
세무민하는 짓을 지속하고 있다. 성경에는 분명히 무수한 오류가 담겨
있다. 그 이유는 저자의 무지가 가장 근원적인 것이지만, 그 못지않은
것이 의도적 과장이다. 특히 〈구약성경〉의 경우 이스라엘의 민족적 우
월주의를 바탕으로 한 역사적 사실의 왜곡이 수없이 등장한다. 또한 역
사적 자료로 증명할 수 없는 신화적 내용도 넘쳐난다.

　　예수에 관한 이야기도 마찬가지다. 예수의 신성을 강조하기 위하여
예수의 삶을 구약의 예언에 맞추어 해석하는 경우가 많다. 예수의 탄생
과 수난과 죽음 그리고 부활에 관한 예언을 〈구약성경〉의 여러 구절에
서 찾아내는 것이다. 이를 신학 용어로 예형론(typology)이라고 한다. 심
지어 기독교에서는 〈구약성경〉에 나오는 모든 내용이 단지 예수의 탄
생과 죽음과 부활을 통한 구원사의 완성을 위한 예형에 불과하다는 다
소 오만한 주장까지 하는 학자가 나오기도 했다. 정작 이스라엘 민족은
여전히 예수가 '인류의 구원자', '신의 독생자'라는 기독교의 주장을 철
저히 배척하는데도 말이다. 또한 〈구약성경〉에서는 결코 찾아볼 수 없
는 이른바 원죄론을 창세기에서 이끌어 낸 것도 기독교이다. 그런데도

그 〈구약성경〉을 작성한 유대민족을 예수를 죽인 살인자 집단으로 매도하는 모순적 오류까지 저질렀다. 예수 자신도 유대인이었는데 유대인을 집단적인 죄인으로 몰아가고 그 죗값을 치러야 하는 이들로 간주하였다. 그래서 중세 때 유대인 탄압과 학살은 매우 정당한 일로 간주했던 것이 기독교, 특히 가톨릭교회였다. 그런데도 히틀러 이전에 이미 가톨릭교회가 유대인 탄압에 앞장섰던 부끄러운 역사는 여전히 제대로 반성되지 않고 있다.

그런데 예형론으로 사용된 구약성경의 구절들조차도 서로 정확히 맞지 않고 편의에 따라 재해석한 때도 많다. 당장 예수의 탄생 설화에 관한 내용부터 문제가 생긴다. 일단 네 개의 복음서 가운데 예수의 탄생을 언급한 것은 〈마태복음〉과 〈루카복음〉밖에 없다. 둘 다 예수가 유대 지방의 베들레헴에서 마리아의 아들로 태어났다고 묘사하고 있다. 요셉이 법률적으로는 예수의 아버지였지만 생물학적으로는 양부였다는 주장도 일치한다.

오늘날 예수 탄생 설화는 역사적 사실이 아니라는 것이 서구 신학자들의 대체적인 시각이다. 마태와 루카 공동체 신자들의 예수에 관한 신앙심이 두 복음서에 기술된 것뿐이라는 말이다. 더구나 두 복음사가는 예수의 탄생은 고사하고 예수가 예루살렘에서 활동한 것도 본 적이 없다. 그저 풍문에 전해 내려온 것을 기록한 것뿐이다. 그러니 역사적 사실성에서 부족한 부분이 많을 수밖에 없다.

예수가 성령으로 잉태하여 태어났음에도 굳이 다윗의 후손임을 강조하기 위해 만들어 낸 족보가 두 복음서에 나온다. 그런데 둘이 너무 차이가 난다. 또한 〈마태복음〉에서는 요셉의 집이 베들레헴에 있었다고 나온다. 그러나 〈루카복음〉에서는 요셉이 나자렛에 살고 있다고 못을 박는다. 그리고 〈마태복음〉에서는 천사가 요셉에게 예수의 탄생을 예고하지만 〈루카복음〉에서는 마리아에게 천사가 그 유명한 수태고지를 한다. 그리고 〈루카복음〉에만 세례자 요한의 탄생, 퀴리니우스의 인구조사, 목동들의 경배에 관한 이야기가 나온다. 성경이나 다른 어떤 문서에도 안 나오는 이 이야기를 교차 검증할 방법이 전혀 없다.

사실 예수의 탄생 시기와 관련된 퀴리니우스의 인구조사에 관한 성경의 설명에 관한 논쟁은 지속되어 왔다. 〈루카복음〉에서만 예수가 탄생한 시기가 정확히 이야기되고 있다.

그 무렵 아우구스투스 황제에게서 칙령이 내려, 온 세상이 호적 등록을 하게 되었다. 이 첫 번째 호적 등록은 퀴리니우스가 시리아 총독으로 있을 때 실시되었다. 그래서 모두 호적 등록을 하러 저마다 자기 본향으로 갔다. 요셉도 갈릴래아 지방 나자렛 고을을 떠나 유다 지방, 베들레헴이라고 불리는 다윗 고을로 올라갔다. 그가 다윗 집안의 자손이었기 때문이다. 그는 자기와 약혼한 마리아와 함께 호적 등록을 하러 갔는데, 마리아는 임신 중이었다. 그들이 거기에 머무르는 동안 마리아는 해산 날이 되어, 첫아들을 낳았다. 그들은 아기를 포대기에 싸서 구유에 뉘었다. 여관에는 그들이 들어갈 자리가 없었던 때문이다. (루카 2, 1-7)

아우구스투스 황제(Imperator Caesar divi filius Augustus, BC63~AD14)의 재임기는 기원전 43년부터 서기 14년까지 무려 57년간 지속되었다.

그의 업적을 기리는 기록인 〈신성한 아우구스투스 업적비〉(Res Gestae Divi Augusti)에는 그가 실시한 두 차례의 인구조사에 관한 기록이 나온다. 아우구스투스가 6번째 집정관으로 있던 기원전 28년에 마르쿠스 아그리파와 함께 41년 만에 처음으로 인구조사가 시행되었다. 이때 확인된 로마 시민의 숫자는 약 400만 명이었다. 그다음으로 기원전 8년에 다시 인구조사가 시행되었다. 이때 확인된 로마 시민의 숫자는 423만 명이었다. 그렇다면 대충 기원전 8년 인구조사 때 예수가 탄생한 것으로 추정해 볼 수 있다.

그러나 문제는 루카스 복음사가가 '퀴리니우스(Publius Sulpicius Quirinius, BC51~AD21)가 시리아 총독일 때'라는 단서를 추가로 단 것에서 시작된다. 로마제국의 문서에 따르면 퀴리니우스는 기원전 12년부터 시리아 지방을 다스리는 임무를 수행하였다. 그리고 그가 직접 인구조사를 시행한 것은 서기 6년이다. 그렇다면 예수는 기원전 8년부터 서기 6년 사이에 탄생한 것이 된다. 무려 14년의 차이가 난다. 탄생 시점을 정하기가 너무 애매하다.

그리고 또 문제가 되는 것은 인구조사를 위하여 각자 태어난 본적지로 가야 한다는 내용이다. 실제로 로마제국 시대에 이집트 지역에서 인구조사를 시행할 때 본적지로 돌아간 예는 있었다. 그러나 이런 조치가 로마제국 전체에서 실시되었다는 증거는 어디에도 없다. 그리고 예수가 태어난 팔레스티나 지역에서 구체적으로 어떤 조치를 했는지는 전혀 알 수 없다. 예수의 탄생 시기에 관한 중요한 이야기가 오로지 〈루카복음〉에만 나오고 그조차도 불명료하게 나오기에 교차 검증할 방법이 전혀 없는 것이다.

게다가 예수 탄생에 관련된 동방박사 설화, 그들이 따라온 별, 헤로데가 저지른 유아 살해 설화는 〈마태복음〉에만 나온다. 또한 〈마태복음〉에서는 예수의 가족이 베들레헴에서 이집트로 피신했다가 나자렛 지방에 정착하는데 〈루카복음〉에서는 아예 처음부터 나자렛에서 정착해 살다가 예루살렘으로 올라가는 길에 베들레헴에서 출산을 하고 바로 나자렛으로 돌아간다. 이런 식으로 두 복음서에 나오는 예수의 탄생 설화는 전혀 다른 이야기를 하고 있다. 어느 이야기가 맞는지는 아무도 알 수가 없다. 그래서 오늘날에는 이 두 이야기를 적당히 섞어서 하나의 전설을 만들어 낸 셈이다.

전체적으로 정리해 보면, 먼저 〈마태복음〉에 나오는 수태고지에서 천사는 요셉에게 '임마누엘'이라고 알려질 아이의 탄생을 알려주었는데 정작 요셉은 아들의 이름을 그 당시 매우 흔했던 요슈아(예수)라고 짓는다. 동방박사의 행적에 관한 묘사도 애매하다. 지도를 놓고 보면 동방에서 서쪽을 향해 예루살렘까지 왔는데 예수를 찾지 못하고 더 서쪽으로 가서 예수를 찾아 경배하고는 '다른 길'로 집으로 돌아간다. 그들이 어디서 온 누구이고 어디로 갔는지는 아무런 설명이 없다. 이름조차 알려지지 않았다. 그리고 정확히 3명인지도 확인할 길이 없다. 다만 선물이 3개라고 3명으로 추정할 뿐이다. 그러고 나서 헤로데는 2살 이하의 아이를 다 죽이라는 명령을 내리는데, 이것이 구약의 예언이 이루어지기 위한 것이라는 설명이 나온다. 과연 그런가? 어린아이 살해 이야기는 〈마태복음〉 이외에 다른 어떤 문서에도 안 나온다. 헤로데는 역사적으로 잔학한 폭군이었다. 그래서 자기의 친아들도 직접 죽인 인물이다. 그런 자가 베들레헴에서 태어난 2살 이하의 모든 아이를 죽이는 악행을

벌였다면 기록이 남아야 하는데 전혀 없다. 헤로데의 친구인 니콜라우스나 유대 역사가인 요제푸스의 책에도 전혀 이 사건이 언급되어 있지 않다.

　　마태 공동체의 신자들은 예수를 유대민족의 메시아, 곧 유대민족을 도탄에서 구해낼 새 지도자로 확신하였기에 그가 이집트의 파라오와 같은 헤로데에게 시달리는 유대 백성을 구해 내는 도식을 적용해 보고 싶었을 것으로 생각된다. 모세 시절에 이집트의 파라오는 유대인 아이들을 학살하라는 명령을 내린다. 그러나 모세는 꿈의 계시로 어린 아들과 함께 도피하여 살아난다. 이 프레임이 그대로 예수 가족에 적용된 것 같다.

　　베들레헴을 굳이 예수의 탄생지로 지정한 것도 구약의 예형론에 따른 것이다. 전설에 따르면 유대인의 전설적인 왕 다윗이 태어난 마을이 바로 베들레헴이다. 그를 잇는 참된 새 메시아가 다른 마을에서 나올 리가 없다는 믿음에서 이런 전설을 만들 수밖에 없었다.

또한 베들레헴의 유아들이 살해된 것은 구약 예레미야의 예언이 이루어지기 위한 것이라고 했지만 이도 틀린 말이다. 〈예레미야서〉에 다음과 같은 말이 나온다.

> 주님께서 이렇게 말씀하신다. "라마에서 소리가 들린다. 비통한 울음소리와 통곡 소리가 들려온다. 라헬이 자식들을 잃고 운다. 자식들이 없으니 위로도 마다한다."(예레 31, 15)

라마는 예루살렘에서 북쪽으로 5km 정도 떨어진 마을이다. 그런데 베들레헴은 서쪽으로 10km 떨어진 마을이다. 야곱의 아내 라헬은 이스라엘 민족의 조상인 요셉의 어머니다. 그런데 이 〈예레미야서〉의 구절은 비극이 아니라 희망으로 이어진다. 그저 아이들이 죽어서 비통한 것으로 끝나는 이야기가 아니다. 그런데도 〈마태복음〉에서는 이 구절을 자식 잃고 희망이 없는 이들의 탄식과만 연결시키는 것이다. 논리적 연결 없이 필요한 부분만 인용하는 전형적인 글쓰기 방식이다.

이러한 방식은 〈성경〉에만 나오는 것은 아니다. 자신의 주장을 강화하거나 정당화하기 위하여 가장 흔히 사용하는 것이 바로 인용이다. 지금도 많은 논문은 여러 선행 연구 내용을 인용하고 있다. 기존의 권위 있는 연구 결과를 자신이 쓴 새로운 글에 권위의 근거로 삼는다. 기독교 초대교회의 경우도 다름없었다. 물론 그 의도는 순진한 것이었다. 그 공동체가 그리스도, 곧 그들이 구세주라고 확신하는 예수가 세계사적인 존재이어야 했다. 그리고 그런 존재라면 당연히 구약에서 그 존재의 탄생과 활동과 죽음이 예언되어야 마땅한 일이었다. 그런데 무엇보다도 그들에게 최고의 권위를 지닌 문서는 〈구약성경〉 이외에 없었으니 그 문서에서 예수에 관한 예언을 최대한 이끌어 내는 것은 너무나 당연한 일이었다.

그리고 이러한 관행은 초대교회의 신자들이 대부분 유대인이었다는 간접적인 증거가 되기도 한다. 비유대인 기독교인들에게는 〈구약성경〉에서 예수가 구세주로 예언된 것은 큰 의미가 없었을 것이기 때문이다. 사실 예수가 신적 존재임을 고백하는 비유대인들에게는 유대민족의 신화와 역사에 대한 이해는 그 믿음에 절대적인 조건이 될 수 없었다. 그러나 초대 기독교 신자 공동체의 대다수를 차지한 디아스포라의 유대인들에게 민족적 정체성을 보장하는 데 〈구약성경〉은 매우 중요한 역할을 했기에 이를 궁극적으로 기독교의 경전으로 받아들이게 되었을 것으로 보인다.

그리고 기독교가 로마제국의 국교의 지위에 오를 때 사실 교회 안에는 팔레스티나 출신 유대인들이 거의 남아 있지 않았다. 그리고 이때에는 이미 예수 자신도 유대인이었음에도 기독교 교회의 유대인들에 대한 증오는 거의 교리나 다름없는 가르침이 되었다. 또한 유대인도 오히려 자신을 핍박하는 기독교인들에게 적대감을 가지지 않을 수 없었다. 그래서 서로 원수가 되고 마는 것은 당연한 일이었다. 동일한 야훼신을 믿는 유대교와 기독교의 신자가 서로를 철천지원수로 여기게 되었으니 말이다. 역사의 아이러니가 아닐 수 없다. 팔레스티나 지역에서 유대교의 보잘것없는 분파로 시작된 기독교가 결국 유대교와 불구대천의 원수가 되는 역사가 2000년 동안 이어져 온 셈이다.

분명히 예수는 뼛속까지 유대인이다. 성경에 따르면 그는 다윗의 후손이다. 그리고 태어난 지 8일 만에 유대교의 전통에 따라 포경수술도 받았다. 그의 삶의 터전은 유대인들이 모여 사는 갈릴리 지역의 나자렛이었다. 그리고 유대교 율법을 따르는 청년이 되어 예루살렘에서 유대인 성직자와 학자들과 갈등을 벌이다가 그들의 미움을 사서 죽음을 맞이하였다. 그를 따르던 제자들도 모조리 유대인이었다.

그런데 오늘날 유대교에서는 예수를 구세주로 인정하지 않는다. 그를 신의 독생자라고 생각하지도 않는다. 그리고 주로 팔레스티나 지역에 사는 유대인 가운데 극소수만 기독교 신자가 되었다. 매우 이상한 일이다. 예수의 직제자만이 아니라 초대교회의 신자 대부분이 유대인이었는데 이들은 결국 다 사라지고 기독교가 로마제국의 국교가 될 무렵에 기독교 안에서 유대인은 거의 찾아보기 힘들었다.

무엇보다 기독교가 로마제국의 국교가 되면서 반유대주의적 교리를 강조해 왔다. 교주인 예수가 유대인인데 반유대주의를 실천하여 중세 때부터 꾸준히 주님의 '원래 백성'인 유대인을 박해하고 살해하고 그들의 재산을 약탈했다. 흔히 히틀러만 유대인을 박해한 것으로 알려졌지만 전혀 사실이 아니다. 이미 중세 이전부터 유럽 전역에서 형언할 수 없는 유대인 박해가 꾸준히 이어져 왔다. 그것도 다름 아닌 예수 그리스도의 이름으로 자행되어온 것이다. 다른 종교에서는 좀처럼 찾아볼 수 없는 모순이 아닐 수 없다.

그런데 이런 반유대주의는 성경 자체에 이미 노골적으로 나와 있다. 바울은 자신도 유대인이었음에도 유대인들을 기독교인들과 대립시킨다. 예수가 한 말을 듣고도 그를 따르지 않는 유대인들은 믿음이 부족한, 그래서 구원받을 수 없는 자들일 뿐이었다. 비록 그 유대인들이 예수의 아버지인 야훼신을 믿고 있음에도 불구하고 말이다. 〈요한복음〉에서는 아예 유대인들이 예수를 죽인 죄인으로까지 묘사된다. 그리고 유대인들은 예수를 죽이고 그 이후에도 예수를 거의 알지 못한 '불경한' 민족이 되어 버린다. 그런 민족에게는 예수가 죽음과 부활로 약속한 영생은 보장될 수 없는 일이었다. 그런데 이상하게도 예수와 이런 유대인과의 관계, 특히 예수와 다윗과의 관계를 강조하려는 노력에 기독교는 초기부터 매우 심혈을 기울였다. 그런 노력의 결과가 바로 예수의 족보의 탄생이다. 다음 장에서 자세히 알아보자.

예수의 족보가
왜 필요했나

기독교 교리상으로 예수는 신의 성령을 통해 마리아의 몸을 빌려 탄생한 신의 독생자이다. 본질적으로 인간이 아닌 신적 존재가 인간의 모습으로 강생한 셈이다. 그런데 〈마태복음〉과 〈루카복음〉에는 매우 긴 예수의 족보가 나와 있다. 그리고 그 족보는 아브라함과 아담에까지 이르고 있다. 도대체 신의 독생자에게 이런 족보가 왜 필요했을까? 더구나 복음서 가운데 19세기까지 가장 으뜸가는 권위를 보이던 〈마태복음〉은 아예 예수의 족보로 시작하고 있다.

다윗의 자손이시며 아브라함의 자손이신 예수 그리스도의 족보

(마태 1, 1)

그리스 원어로는 다음과 같다.

Βίβλος γενέσεως Ἰησοῦ Χριστοῦ υἱοῦ Δαυὶδ υἱοῦ Ἀβραά
μβ

처음부터 예수가 그리스도, 곧 메시아라는 신앙고백으로 시작하면
서 분명히 다윗과 아브라함의 후손임을 명백히 선언하고 있다. 그런데
생물학적으로 보자면 정작 다윗과 아브라함의 후손은 예수가 아니라 예
수의 양부인 요셉이다. 그리고 이 족보에는 오류가 있다. 바빌론 유배
부터 예수까지 14대라고 했지만, 사람 숫자를 자세히 세어 보면 13명이
다. 한 명이 빠졌다. 그럼에도 특정 숫자를 중시하는 유대인들의 전통
에 따라 아브라함에서 다윗까지 14대, 다윗부터 바빌론 유배까지 14대
를 더해 모두 52대로 이어지는 족보라는 표기를 그대로 두었다.

이와 나란히 〈루카복음〉에도 족보가 나온다. 여기에서는 〈마태복음〉과는 반대로 예수에서 시작하여 거꾸로 조상을 찾아 올라간다. 그리고 결국 아담에 이르는데, 그 결론이 놀랍다.

아담은 하느님의 아들이다.(루카 3, 38)

그리스어 원어로는 다음과 같다.

ὢν υἱός … Ἀδὰμ τοῦ θεοῦ.

23절에서 시작한 "…의 아들"(ὢν υἱός)이라는 단어가 그 족보의 마지막 문장까지 걸린다. 아담이 신의 아들인데 신을 제외하면 예수까지 76대에 이르는 어마어마한 족보이다. 그런데 아우구스티누스는 아예 신까지 포함하여 77대로 보고 이를 죄를 사한다는 의미의 상징적 숫자를 사용한 것으로 여기고 있다. 그런데 그 근거로 든 것이 〈마태복음〉과 창세기에 나오는 다음 구절이다.

그때에 베드로가 예수님께 다가와, "주님, 제 형제가 저에게 죄를 지으면 몇 번이나 용서해 주어야 합니까? 일곱 번까지 해야 합니까?" 하고 물었다. 예수님께서 그에게 대답하셨다. "내가 너에게 말한다. 일곱 번이 아니라 일흔일곱 번까지라도 용서해야 한다."
(마태 18, 21-22)

카인을 해친 자가 일곱 곱절로 앙갚음을 받는다면 라멕을 해친 자는

일흔일곱 곱절로 앙갚음을 받는다."(창세 4, 24)

그러나 이는 아우구스티누스(Augustinus Hipponensis, 354~430)만이 아니라 많은 교부의 자의적 해석이다. 예를 들어 아우구스티누스보다 훨씬 선배인 이레네오(Εἰρηναῖος, 130~202)의 경우는 이 족보에서 72 대만을 계산했다. 그의 생각에 77은 별 의미가 없는 숫자였다.

그래서 사실상 숫자놀음은 의미 없는 것이다. 중요한 것은 요셉까지의 족보가 역사적 사실에 얼마나 맞는지를 검증하는 일이다. 그러나 그러한 검증은 불가능하다. 그저 〈성경〉에 나온 두 족보가 서로 다른 것만이 사실이다. 그리고 〈마태복음〉에 나온 것이 맞는지 아니면 〈루카복음〉에 나온 것이 맞는지는 아무도 확신하고 말할 수 없다.

근본적으로 예수는 족보가 필요 없는 존재인데 이토록 장황한 족보를 만들 수밖에 없었던 마태 공동체와 루카 공동체의 사정을 이해하는 것이 이러한 상이한 족보가 나온 이유를 아는 데 도움이 된다. 그 첫째 근거는 예수를 대하는 사람들의 반응에서 찾아볼 수 있다. 예수가 병든 이들을 치유하는 가운데 사람들이 예수를 '다윗의 후손'이라고 부른 경우가 많았다. 다윗의 후손은 다윗과 같이 유대민족을 다시 영광스러운 과거의 강대한 왕국의 신민으로 만들어 줄 존재를 말한다. 당시 유대민족은 북부 이스라엘 왕국의 멸망으로 남부의 작은 유대 왕국을 유지하되 로마제국의 실질적인 식민지로 살면서 신의 선택된 민족으로서의 민족적 자존감이 매우 낮아진 상태였다. 이러한 자존감을 회복할 뿐 아니라 과거의 영광을 되찾을 수 있는 메시아를 기다리는 시대정신이 당시 유대인들의 의식을 지배하고 있었다. 그렇기에 그들을 치유하고, 먹을 것을 주고, 희망의 메시지를 전하는 예수가 다윗의 후손이 될 수밖에 없다고 확신한 이들이 많았다. 대표적인 성경 구절 몇 개를 인용해 본다.

요셉이 그렇게 하기로 생각을 굳혔을 때, 꿈에 주님의 천사가 나타나 말하였다. "다윗의 자손 요셉아, 두려워하지 말고 마리아를 아내로 맞아들여라. 그 몸에 잉태된 아기는 성령으로 말미암은 것이다."(마태 1, 20)

예수님께서 그곳을 떠나 길을 가시는데 눈먼 사람 둘이 따라오면서, "다윗의 자손이시여, 저희에게 자비를 베풀어 주십시오." 하고 외쳤다.(마태 9, 27)

그러자 군중이 모두 질겁하며, "저분이 혹시 다윗의 자손이 아니신가?" 하고 말하였다.(마태 12, 23)

그런데 그 고장에서 어떤 가나안 부인이 나와, "다윗의 자손이신 주님, 저에게 자비를 베풀어 주십시오. 제 딸이 호되게 마귀가 들렸습니다." 하고 소리 질렀다.(마태 15, 22)

그런데 눈먼 사람 둘이 길가에 앉아 있다가 예수님께서 지나가신다는 말을 듣고, "다윗의 자손이신 주님, 저희에게 자비를 베풀어 주십시오." 하고 외쳤다. 군중이 그들에게 잠자코 있으라고 꾸짖었지만, 그들은 더욱 큰 소리로 "주님, 다윗의 자손이시여, 저희에게 자비를 베풀어 주십시오." 하고 외쳤다.(마태 20, 31)

"너희는 메시아를 어떻게 생각하느냐? 그는 누구의 자손이냐?" 그들이 "다윗의 자손입니다." 하고 대답하자, 예수님께서 그들에게 말씀하셨다. "그러면 다윗이 성령의 도움으로 그를 주님이라고 부른 것은 어찌 된 일이냐?"(마태 22, 42)

이렇게 다윗이 메시아를 주님이라고 부르는데, 메시아가 어떻게 다윗의 자손이 되느냐?"(마태 22, 45)

나자렛 사람 예수님이라는 소리를 듣고, "다윗의 자손 예수님, 저에게 자비를 베풀어 주십시오." 하고 외치기 시작하였다. 그래서 많은 이가 그에게 잠자코 있으라고 꾸짖었지만, 그는 더욱 큰 소리로 "다윗의 자손이시여, 저에게 자비를 베풀어 주십시오." 하고 외쳤다.
(마르 10, 47-48)

예수님께서는 성전에서 가르치시며 말씀하셨다. "어찌하여 율법학자들은 메시아가 다윗의 자손이라고 말하느냐? 다윗 자신이 성령의 도움으로 말하였다. '주님께서 내 주님께 말씀하셨다. ＇내 오른쪽에 앉아라, 내가 너의 원수들을 네 발 아래 잡아 놓을 때까지.' 이렇듯 다윗 스스로 메시아를 주님이라고 말하는데, 어떻게 메시아가 다윗의 자손이 되느냐?" 많은 군중이 예수님의 말씀을 기쁘게 들었다.
(마르 12, 35-37)

그가 "예수님, 다윗의 자손이시여, 저에게 자비를 베풀어 주십시오." 하고 부르짖었다. 앞서 가던 이들이 그에게 잠자코 있으라고 꾸짖었지만, 그는 더욱 큰 소리로 "다윗의 자손이시여, 저에게 자비를 베풀어 주십시오." 하고 외쳤다. (루카 18, 38-39)

예수님께서 또 그들에게 말씀하셨다. "어찌하여 사람들이 메시아가 다윗의 자손이라고 말하느냐? 다윗 자신이 시편에서 말한다. 주님께서 내 주님께 말씀하셨다. '내 오른쪽에 앉아라, 내가 너의 원수들을 네 발판으로 삼을 때까지.' 이렇게 다윗이 메시아를 주님이라고 부르는데, 어떻게 메시아가 다윗의 자손이 되느냐?"
(루카 20, 41-44)

여기에서 나오는 다윗의 자손은 성경 원문에 모두 '후이우스 다비드'(υἱὸς Δαυίδ)로 표현되었다. 문자 그대로 다윗의 아들, 곧 그의 후손이라는 말이다. 그런데 정작 예수는 이런 호칭에 대하여 상반된 반응을 보인다. 그를 다윗의 아들로 부르며 도움을 청하는 불구자나 병자에게는 호의를 베풀어 그들의 문제를 해결해 준다. 그런데 예수는 율법학자들과 논쟁에서는 메시아, 곧 자신이 다윗의 자손이 아니라고 말한다. 이 내용은 유대인 출신이 주를 이루던 기독교 공동체인 〈마태복음〉의 무리만이 아니라 다른 공관복음서에서도 마찬가지로 나온다. 이러한 예수의 이중적 태도에 혼란이 올 수밖에 없다.

도대체 다윗은 누구인가? 다윗은 유대민족의 영웅으로 추앙받고 있지만 그의 일생은 윤리 도덕적으로 그리 모범적이지는 않았다. 특히 총애하던 부하 장수인 우리야를 계략으로 죽이고 결국 그의 아내 밧세바와 통정하여 낳은 아들인 솔로몬을 후계자로 옹립한 것은 결코 칭찬받을 일이 아니다. 더구나 아직 우리야가 살아 있을 때 간통으로 밧세바가 임신하게 되자 그 사실을 감추고자 전장에 있던 우리야를 소환하여 밧세바와 성관계를 가질 것을 독촉하는 간계까지 부린 것이 다윗이다. 그 아이가 세상에 나와도 우리야의 것으로 여기도록 하려는 수작이었다. 그러나 우리야가 율법을 엄격하게 지키는 의로운 사람이라 전쟁 중에는 아내와도 성관계를 하지 않으려 하였다. 그러자 다윗은 결국 그를 위험한 최전선에 내보내 죽게 만든다. 그 후에 나온 다윗과 밧세바의 첫아들은 신의 징벌로 병사하고 둘째로 낳은 아들이 바로 솔로몬이다. 그런데 밧세바는 다윗에게 솔로몬을 후계자로 지명할 것을 강요하였다. 이에 동의하자 다윗의 삼남인 압살롬이 반란을 일으켰다가 제압당했다.

이처럼 다윗 시절에 유대민족이 제대로 된 왕국을 수립한 것은 맞지만 다윗이 메시아라는 칭호에 맞는 도덕적으로도 흠결이 없는 성군이라고 보기에는 힘든 존재이다. 그런데도 굳이 예수를 다윗의 아들로 부르는 이들이 많았다는 것은 그만큼 다윗이 유대인들에게 신화적인 존재로 격상되었기 때문이다. 그런 사회적 분위기를 예수도 무시할 수는 없었다고 봐야 한다. 그러나 성경 지식이 탁월한 율법학자들과의 논쟁에서는 자신의 지위를 분명히 한 것으로 보인다. 곧 다윗은 유대민족을 구원할 정치적 메시아의 선조가 될 수 없다는 선언을 한 셈이다. 그리고 오히려 자신은 신의 아들임을 내세웠다. 그러나 이것이 유대인들의 믿음의 근간을 흔드는 것이었으니 예수는 신성모독의 죄를 뒤집어쓸 수밖에 없었다. 문자 그대로 예수는 스스로 고난을 자초한 것이라고 할 수 있다.

예수가 그렇게 한 이유는 기독교 신학에서 충분히 설명하고 있다. 곧 예수는 인류의 죄를 대신하여 갚기 위하여 자신을 희생 제물로 삼으려고 유대인의 신앙심을 건드린 것으로 본다. 유대인의 사제와 바리사이 그리고 율법학자들은 그런 예수와 대화를 나누는 가운데 신성모독을 느끼지 않을 수 없었다. 신의 권위를 가지고 사람들의 병을 고치고 가르침을 주는 예수의 모습은 신앙심이 깊은 유대인들에게 견딜 수 없는 신성모독 이외에 다른 어떤 것도 아니었다.

그런데 과연 예수가 자신이 신적 메시아라는 것을 스스로 알았을까? 사실 예수는 자기 입으로 '나는 메시아다'라고 말한 적은 없다. 베드로는 예수가 메시아라고 고백했는데도 오히려 예수는 그 이야기를 아무에게도 하지 말 것을 경고하였다. 자신이 메시아라는 것을 왜 다른 사람에게 누설하는 것을 두려워했는지는 아무도 모른다. 이 예수와 베드로의 메시아에 관한 대화는 아래 세 버전으로 나온다.

예수님께서 카이사리아 필리피 지방에 다다르시자 제자들에게, "사람의 아들을 누구라고들 하느냐?" 하고 물으셨다. 제자들이 대답하였다. "세례자 요한이라고 합니다. 그러나 어떤 이들은 엘리야라 하고, 또 어떤 이들은 예레미야나 예언자 가운데 한 분이라고 합니다." 예수님께서 "그러면 너희는 나를 누구라고 하느냐?" 하고 물으시자, 시몬 베드로가 "스승님은 살아 계신 하느님의 아드님 그리스도이십니다." 하고 대답하였다. 그러자 예수님께서 그에게 이르셨다. "시몬 바르요나야, 너는 행복하다! 살과 피가 아니라 하늘에 계신 내 아버지께서 그것을 너에게 알려주셨기 때문이다. 나 또한 너에게 말한다. 너는 베드로이다. 내가 이 반석 위에 내 교회를 세울 터인즉, 저승의 세력도 그것을 이기지 못할 것이다. 또 나는 너에게 하늘나라

의 열쇠를 주겠다. 그러니 네가 무엇이든지 땅에서 매면 하늘에서도 매일 것이고, 네가 무엇이든지 땅에서 풀면 하늘에서도 풀릴 것이다." 그런 다음 제자들에게, 당신이 그리스도라는 것을 아무에게도 말하지 말라고 분부하셨다.(마태 16, 13-20)

예수님께서 제자들과 함께 카이사리아 필리피 근처 마을을 향하여 길을 떠나셨다. 그리고 길에서 제자들에게, "사람들이 나를 누구라고 하느냐?" 하고 물으셨다. 제자들이 대답하였다. "세례자 요한이라고 합니다. 그러나 어떤 이들은 엘리야라 하고, 또 어떤 이들은 예언자 가운데 한 분이라고 합니다." 예수님께서 다시, "그러면 너희는 나를 누구라고 하느냐?" 하고 물으시자, 베드로가 "스승님은 그리스도이십니다." 하고 대답하였다. 그러자 예수님께서는 제자들에게, 당신에 관하여 아무에게도 말하지 말라고 엄중히 이르셨다.(마르 8,

27–30)

예수님께서 혼자 기도하실 때에 제자들도 함께 있었는데, 그분께서 "군중이 나를 누구라고 하느냐?" 하고 물으셨다. 제자들이 대답하였다. "세례자 요한이라고 합니다. 그러나 어떤 이들은 엘리야라 하고, 또 어떤 이들은 옛 예언자 한 분이 다시 살아나셨다고 합니다." 예수님께서 다시, "그러면 너희는 나를 누구라고 하느냐?" 하시자, 베드로가 "하느님의 그리스도이십니다." 하고 대답하였다. 그러자 예수님께서는 제자들에게, 그것을 아무에게도 말하지 말라고 엄중하게 분부하셨다.(루카 9, 18–21)

세 복음서에서 베드로의 고백은 약간 다르게 표현된다.

"스승님은 살아 계신 하느님의 아드님 그리스도이십니다."〈마태복음〉
"스승님은 그리스도이십니다."〈마르코복음〉
"하느님의 그리스도이십니다."〈루카복음〉

〈마르코복음〉이 원본이라고 전제하면 루카는 예수를 신이 지명한 메시아로, 그리고 마태는 더 나아가 신이 자신의 아들인 예수를 메시아로 지명한 것으로 해석하고 있다. 히브리어로 '메시아', 정확히는 '마쉬하'(מָשִׁיחַ)를 그리스어로 번역한 것이 '그리스도'(Χριστός)이다. 그리고 이를 다시 라틴어로 음역한 것이 그리스도(Christus)이다. 유대교에서 다윗의 후손에서 나올 것으로 기대한 메시아가 동시에 세상을 구할 그리스도라는 논리를 전개한 기독교가 초기에 예루살렘 성전이 파괴된 이후 디아스포라 상황에 있던 유대인을 대상으로 선교하는 과정에서 그리스도가 메시아라는 논리를 수립하기 위해서 결국 예수가 다윗의 후손임을 확인하는 족보를 만들 수밖에 없었다.

그러나 예수는 스스로 자신이 다윗의 아들이 아니라고 확언하고 있다. 그는 인간의 아들이 아니라 신의 아들, 그것도 외아들이기 때문이다. 그리고 기독교 신앙에서 이는 신성불가침한 진리가 되었다. 예수만이 신의 독생자인 것이다. 그래서 예수의 입을 통해 이를 진리로 확인해야 했다. 그러한 지위에 있는 예수는 이제 온 세상의 악도 제압하는 신성한 존재로 여겨졌다. 그러나 기독교 교리에서 예수는 신성한 존재이지만 다윗과 무관하게 분명히 보통의 생물학적 뼈와 살을 지닌 인간이기도 하였다. 그런데 어떤 인간인가? 다음 장에서 자세히 알아보자.

예수는 사실
인간이었다고

'인간 예수'라는 표현은 당연하다. 이른바 정통 교리에서도 예수는 다른 모든 인간과 다름없이 먹고 마시고 잠자고 대소변을 본 지극히 '정상적인' 인간 존재로 이해한다. 인간인 마리아의 태중에서 정상적으로 성장하여 정상적으로 출산한 인간의 육신을 지닌 존재였다. 그러나 대부분의 종교에서와 마찬가지로 그의 사망 이후 오랜 기간에 걸쳐 신격화 작업이 이루어졌다. 그런데 정작 예수가 십자가에서 죽을 때까지 예수를 만난 유대인들은 물론 그의 가장 친밀한 제자들도 그의 신격을 확신하지 못하였다. 오로지 그의 부활 사건 이후에 제자들은 그가 신성한 존재라는 것을 비로소 깨닫게 되었다. 바로 이러한 역사적 사실에서부터 이른바 '기독론'이라고도 하는 '그리스도론'(Christology)이 탄생하기 시작한다. 그리고 기독교의 많은 분파는 근본적으로 바로 이 그리스도론의 교리를 둘러싼 갈등에서 생겨났다.

과연 예수는 순전히 인간이었다가 나중에 부처처럼 득도한 거룩한 존재인가? 아니면 처음부터 인간의 모습을 가장한 완전히 신성한 존재였는가? 그도 아니면 둘 다인가? 그 어느 설명이 예수를 정확히 설명해주는지는 학문적으로 논증이 불가능한 것에 가깝다. 누가 신의 아들, 그것도 외아들의 본질을 규명할 수 있을 것인가?

그러나 예수의 본질에 대한 논의는 초대교회부터 활발하게 이루어졌다. 이 논의에서 잘못하다가는 교주의 신성성이 손상되는 것은 여느 종교에서나 마찬가지이니 말이다. 성경에도 예수에 대한 호칭이 다양하게 나온다. '사람의 아들', '하느님의 아들', '메시아', '주'가 흔히 그에게 따라다닌 호칭들이다.

먼저 '사람의 아들'은 누구인가? 유대교 경전에서 나온 이 단어는 원래 유대인을 지칭하는 말이었다. 유대인들은 종교적으로 자신들만이 신의 후손이고 나머지 민족들은 다 '짐승'으로 여겼다. 원래 히브리어로 '벤 아담'(בֶּן־אָדָם)인 이 단어를 적확히 번역하면 '아담의 후손'이다. 신이 창조한 아담의 순수 혈통을 지닌 민족은 오로지 유대인이니 자기들을 이리 부른 셈이다. 그런데 이 '사람의 아들'은 유대교의 신, 곧 야훼와의 관계에서 인간성을 강조하기 위하여 사용되었다.

사실 아담이라는 단어는 히브리어로 흙을 의미하는 '아다마'(אֲדָמָה)에서 연유했다. 이는 신이 인간을 '흙의 먼지'로 빚어 만들었다는 점을 강조하기 위한 조어이다. 곧 영원한 신에 대비하여 인간은 유한한 생명을 지니고 결국 흙의 먼지로 다시 돌아갈 운명에 처한 존재임을 강조한 것이다.

그런데 이런 단어가 〈다니엘서〉에서는 전혀 다른 뜻을 가지게 된다. 곧 이 '사람의 아들'이 종말론적인 해석에 사용되는 것이다. 당시 이민족의 억압 상태에서 고통을 당하는 유대인들에게 희망을 주기 위해 쓰인 이 예언서는 이민족을 모두 짐승으로 묘사하면서 최후의 날에 신이 '사람을 닮은 이'(רבכ שנא)에게 세상의 통치를 맡길 것이라고 하였다. 이것이 바로 사람의 아들을 지칭하는 단어이다.

그러나 바로 이 단어를 둘러싸고 유대교 자체에서도 커다란 논쟁이 벌어졌다. 이 단어는 기독교에 들어와서 종말과 세상 통치와 맞물리면서 메시아와 동일한 의미를 지닌 단어로 해석되었다. 사실 유대인에게 메시아는 다윗의 동의어였음에도 말이다.

원래 그리스어로 쓰인 복음서들에 나오는 '사람의 아들'(ὁ υἱὸς τοῦ ἀνθρώπου)이라는 표현은 오로지 예수만이 사용하는 것으로 나온다. 그러나 사실 이 단어가 '벤 아담'(בֶּן־אָדָם)을 직역한 것이고 예수가 실제로 이 단어를 사용했다는 증거는 어디에도 없다. 그래서 독일의 불트만

(Rudolf Karl Bultmann, 1884–1976)과 같은 저명한 신학자들은 이 단어를 복음사가들이 의도적으로 추가한 것으로 보고 있다. 물론 경건주의적으로 성경을 해석하는 이들은 예수가 자신이 메시아임을 강조하기 위하여 이 단어를 의도를 가지고 직접 사용했다고 확신한다. 그러나 진실은 아무도 모른다. 앞에서 살펴본 대로 성경은 여러모로 매우 불완전한 문서이기에 그 어떤 주장에 대해서도 유일무이한 확고한 근거로 사용하기에는 무리가 있기 때문이다.

유대교의 경전인 히브리어로 된 성경에 나오는 '신의 아들들'(הָאֱלֹהִים-בְּנֵי)이라는 표현도 야훼가 창조한 아담의 후손으로서의 사람의 아들과 동일한 의미를 지닌다. 그래서 이 단어의 의미대로 번역한다면 신의 후손이라고 하는 것이 적절하겠다. 그러나 신의 아들은 유대교나 기독교가 배타적으로 사용한 단어는 아니다. 중국에서도 왕을 '하늘의 아들'(天子)로 지칭했고 이집트의 파라오도 처음에는 신의 아들로 불렸다. 그리고 한때는 아예 지상에 강림한 신으로 여겨지기도 하였다. 그러다가 또다시 해석이 변하더니 이제는 신과 그의 아들인 파라오가 세상을 통치하는 것이 되어 버렸다. 그러더니 다시 또 한 번 더 바뀌어 유대교와 마찬가지로 왕은 신의 뜻을 지상에 펼치는 사제가 된다. 마치 조선이 쿠데타로 이룬 건국을 정당화하기 위해서 여섯 마리의 용이 날아다닌 전설을 만들 필요와 마찬가지 아니었나? 신화는 어느 권력에나 붙어 다니는 필수적인 요소이다.

그리스 신화에서도 헤라클레스와 같은 많은 영웅이 신의 아들로 묘사된다. 그리고 로마 시대에 들어와서는 아예 암살당한 시저를 신성한 율리우스(Divus Iulius), 곧 신으로 지칭한다. 그러더니 그의 양자이자 로마제국 초대 황제인 아우구스투스를 '신성한 율리우스의 아들'(divi Iuli filius)이라고 하다가 아예 '신의 아들'(divi filius)로 불러 버린다. 아우구스투스가 통치하던 무렵이 예수의 생존 시기와 겹치는 관계로 이 호칭을 기독교 신자들이 가져다 쓴 것은 우연이 아닐 가능성이 매우 크다. 엄청난 권력을 지닌 제국의 황제가 바로 신의 아들이 아니면 뭐란 말인가? 그러니 지상이 아닌 하늘 왕국의 왕자라면 당연히 신의 아들일 수밖에 없는 노릇이다. 이는 신앙의 문제가 아니라 논리의 문제였다.

신약성경에서는 '신의 아들'(υἱος θεοῦ)이라는 호칭이 예수에게만 사용된다. 그리고 예수는 유대교의 야훼신을 부르면서 특별히 '아빠'(Ἀββά)라는 호칭을 사용한다. 신과 자신의 부자 관계를 명확히 한 것이다. 이것이 그를 신성모독의 죄를 저지른 자로 몰아가는 빌미를 제공했음은 물론이다.

그런데 '신의 아들들'(υἱοὶ θεοῦ)은 예수를 따르는 무리도 지칭하고 있다. 여기에서 예수는 신의 아들들 가운데 맏아들로 정의된다. 그런데 여기에서 사용된 신의 아들은 유대교 전통에서 말하는 '장자'(בכורי)에서 크게 벗어나지 않는 개념으로 원래 유대인들을 지칭하던 말이다. 결국 신의 선택을 받은 민족이라는 커다란 의미에서 벗어나지 않는다. 유대인인 예수가 그 전통에서 크게 벗어나는 것은 불가능했을 것으로 보인다. 다만 이 단어가 기독교로 넘어오면서 유대인이 아니라 기독교 신자들만이 신의 선택된 이들이라는 협소한 배타적 의미를 지닌 것으로 '전락'하고 만다. 사실 기독교 신자들이 급격히 늘어나기 시작할 무렵에 이스라엘과 유다 왕조가 다 망해 버렸으니 그렇게 말을 해도 무방했다. 아무도 이런 저작권 침해를 걸고넘어질 상황이 아니었으니 말이다.

다음으로, 예수에게 가장 흔히 붙어 다니는 '메시아', 히브리어로는 '마쉬하'(מָשִׁיחַ)라는 호칭은 어떤가? 이는 원래 히브리어로 왕이나 고위 사제를 지칭하는 단어이다. 직역하면 머리에 기름을 바른 사람이라는 뜻이다. 그리고 이는 오로지 유대교에서의 왕만을 지칭하지 않는다. 구약성경에서는 다른 민족의 왕도 메시아로 지칭한다. 그러나 유대교에서는 특히 다윗과 솔로몬을 즐겨 메시아로 지칭한다. 이 두 왕이야말로 오랜 분열과 침략으로 얼룩진 역사의 질곡으로 신음해온 유대민족의 통일을 이루어 그 역사에서 전성기를 이루어낸 존재들이기 때문이다. 그래서 기독교 성경에서 예수를 '다윗의 아들'(υἱοῦ Δαυὶδ)이라고도 부른다. 신의 외아들인 예수와 인간의 여러 아들 가운데 하나인 다윗의 혈연관계를 전혀 인정할 수 없는 것이 사실임에도 말이다.

끝으로 '주'(κύριος)도 살펴보자. 이 역시 유대교에서 이미 사용하던 단어이다. 주로 신을 지칭하는 말이었다. 히브리어로 '나의 주님'(אֲדֹנָי)은 신을 지칭한다. 그러나 이를 히브리어로 된 구약을 그리스어로 번역한 〈70인역〉(Ἡ μετάφρασις τῶν Ἑβδομήκοντα)에서 '키리오스'(Κύριος)로 번역하면서 이 단어에 절대적인 의미가 부여되었다. 그리고 이를 기독교가 그대로 넘겨받은 셈이다. 원래 그리스어에서 '키리오스'는 한 집안의 우두머리인 가장을 지칭하는 일반명사였다. 그러나 여기에 종교적 의미를 부여하면서 오로지 예수에게만 붙는 호칭으로 승격되었다.

그런데 왜 이렇게 예수를 신성화하는 데 기독교는 초대교회부터 골몰했을까? 사실 공관복음서에서는 예수의 신격화가 노골화되어 있지 않다. 그러나 〈요한복음〉 그리고 바울의 여러 서간에서 본격적으로 예수의 신격화가 이루어진다. 곧 예수가 죽고 나서 수십 년이 지나 예수에 대한 전설만 남은 상황에서 교회가 설립되고 교계제도가 이루어지면서 예수의 언행록의 내용 자체가 아니라 그 해석이 중심이 되는 역사가 전개된 셈이다. 그것도 예수를 본 적도 그의 가르침을 직접 배운 적도 없는, 그래서 결코 직제자가 전혀 아닌 바울을 통해서 말이다. 이후 성경은 기독교 신자들이 직접 읽고 이해하는 글이 아니라 '권위 있는' 성직자가 중간에 서서 신의 뜻을 '독점적으로 해석'하여 무지몽매한 신자들에게 그 뜻을 전달하는 구조가 고착되어 수천 년이 흐르게 되었다. 기독교가 극도로 혐오하는 이교도들의 종교에서 볼 수 있는 구조에서 흔한 신의 신탁을 해설하여 일반인들에게 전달하는 무당의 역할을 기독교의 성직자들이 해낸 것이다. 신과의 직접 교감을 강조한 예수가 본다면 무척 아쉬워했을 일이지만 이는 다른 대부분의 종교가 걷는 길이기도 하였다. 그 길에서 기독교는 한 치도 벗어남이 없었다. 종교는 반드시 교주와 제도와 성직자 그리고 교리를 필수로 갖추어야 하니 어쩌면 당연한 일이었다.

결국 이렇게 기독교는 특히 바울의 활동으로 예수를 신적 존재, 더나아가 신으로 만들어 버렸다. 그에게 있던 '인간적' 면모는 완전히 무시해 버리면서 말이다. 다시 말해서 사실 메시아가 유대교 전통에서 본다면 기껏해야 지상의 왕이나 제사장이었는데 그 제사장의 자리에서 예수 공동체가 예수를 신으로 승격시키고 성직자 계층이 자신을 신의 대리자로 만들어 버렸다고 할 수 있다. 그리고는 예수와 나머지 인간이 관계를 맺기 위해서는 그 신부나 목사의 직분을 지닌 일종의 제사장을 반드시 거치도록 하는 제도를 공고화하였다. 이는 예수가 통렬하게 비판한 그

당시 유대교의 사제단과 바리사이들과 전혀 다름없는 모습이었다. 사실 이는 앞에서 말한 대로 모든 종교가 숙명적으로 걸어야 하는 길이다. 교주가 사라지고 나면 남는 것은 교리와 제도밖에 없는 법이다. 그리고 그 교리와 제도는 성직자들이 배타적으로 소유하는 것이 모든 종교에서 공통적으로 나타나는 현상이다. 그들의 배타적 권위는 물론 그들이 교주로 삼은 신적 존재에서 나오는 것이지만 그러한 패러다임의 정당성은 성직자 스스로 자신에게 부여한 것이니 일종의 자가당착적인 것일 수밖에 없다. 그들의 신적 정당성을 검증할 길은 전혀 없기 때문이다. 기독교에서 교회 권위의 인정 없이 자신을 성직자의 반열에 올린 자의 원조는 바로 바울이다. 그는 예수가 임명한 적이 없는데도 자신을 사도로 불렀다. 그런데 예수가 직접 임명하고 예수와 더불어 최대 3년 동안 함께 고생한 12명의 사도들과 맞먹는 권위를 지녔다고 스스로 공언하고 행세하는 이런 선례를 남긴 바울은 기독교 역사에서 베드로와 더불어 로마교회를 세운 선구자로 성인의 반열에 당당히 올라가 있다. 역사의 아이러니가 아닐 수 없다. 그럼에도 바울이 당당할 수 있었던 이유는 예수가 직접 바울에게 말을 하고 직접 사명을 부여했다는 개인적 체험에 있다. 바울에게 예수는 지상을 거니는 인간적 존재가 아니라 그렇게 환시를 통해 자기 눈을 멀게 했다가 다시 보게도 할 수 있는 신적 존재였다. 이렇게 바울을 통해 이제 예수는 인간이 아니라 전능한 신이 된 것이다. 여기에서 예수에 대한 숭배가 본격적으로 시작되었다. 그리고 그 역사가 흐를수록 예수는 더욱 신성한 존재로 해석되었다.

그렇게 2000년 가까이 기독교는 예수의 인간적 면모를 제거하고 신격화하는 데 모든 노력을 기울였다. 그리고 이러한 '변형'이 결국 기독교인들, 특히 기독교 성직자들이 예수를 믿지만, 예수처럼 살지 않는 변명거리를 만들게 되었다. 어차피 예수는 신인데 그의 모범을 천한 인간이 어찌 따를 수 있다는 말인가? 그저 그의 말을 경청하는 것으로 충분한데 말이다. 이런 좋은 변명거리가 어디 더 있겠는가?

사실 성경에서 예수는 자신을 숭배하라는 말은 단 한마디도 하지 않았다. 그리고 오로지 자신이 한 행동을 따라 하라고 간곡히 당부했다. 그러나 신자들은 예수를 신격화해 버리고 그저 믿고 기도만 하는 것이 편했던 셈이다. 예수처럼 살아야 한다면 모두 십자가에 못 박혀 죽을 수밖에 없으니 그럴 만도 하다. 그래서 오늘날에도 예수는 믿는다고 하지만 전혀 예수의 말을 따르지 않는 기독교인들이 넘쳐나고 있는 상황이다.

더 나아가 마치 예수의 인간적인 면모를 감추고 신적인 요소만 강조하는 것이 오히려 참다운 신앙인 것처럼 호도하는 '타락한' 성직자 세력의 출현까지 이르게 되었다. 그러면서 정작 그 '잿밥'인 권력과 돈은 그 성직자들이 독점적으로 차지해 버리면서 말이다. 그들은 마치 영혼을 메피스토에게 팔아넘긴 파우스트 박사처럼 헛된 꿈을 꾸는 것 같다. 사실 예수는 평생 '잿밥'에 눈길 하나 주지 않았다. 그가 대적할 상대는 물질이 아니라 악한 영이었기 때문이다. 그런데 성경에서는 이에 관한 이야기가 복잡하게 전개된다. 다음 장에서 좀 더 자세히 살펴보자.

예수와 맞선
나쁜 영혼은 누구인가

예수의 공생활 시작의 도식은 공관복음서에 나온다. 요한에게 세례를 받고 광야에서 40일 단식하고 유혹자(마태 4, 1-11) 또는 악마(마르 1, 14-15)의 유혹을 물리친 다음 갈릴리 지방에서 복음을 선포하는 것이다. 그러나 공관복음서에도 각각 다른 해석이 나온다. 특히 〈루카복음〉에서는 예수가 정확히 누구에게 세례를 받았는지 아예 알 수가 없다.

"온 백성이 세례를 받은 뒤에 예수님께서도 세례를 받으시고 기도를 하시는데, 하늘이 열리며 성령께서 비둘기 같은 형체로 그분 위에 내리시고, 하늘에서 소리가 들려왔다. '너는 내가 사랑하는 아들, 내 마음에 드는 아들이다.'"(루카 3, 13-17)

　이때는 이미 요한이 감옥에 갇힌 후였다. 그리고 그 당시 온 백성이 세례를 받았다는 것은 있을 수 없는 일이다. 그래서 교회에서는 다른 두 복음에 나온 것을 취하여 요한에게 예수가 세례를 받은 것으로 정리하였다. 그래야 더 이상 논란이 없을 것이니 말이다.

　광야에서의 유혹도 마찬가지이다. 〈루카복음〉에서 예수는 세례를 받고 바로 광야로 나가 40일 동안 사탄의 유혹을 받는다는 말만 나온다. 그 유혹의 구체적인 내용은 〈마태복음〉에만 나온다.

　그 뒤에 성령께서는 곧 예수님을 광야로 내보내셨다. 예수님께서는 광야에서 사십 일 동안 사탄에게 유혹을 받으셨다. 또한 들짐승들과 함께 지내셨는데 천사들이 그분의 시중을 들었다.(마르 1, 12-13)

〈마르코복음〉에 나오는 예수의 유혹에 관한 이야기는 이것이 전부다. 매우 간결하다. 사실 마르코는 처음부터 예수의 이야기를 연대기적으로 적는 것에 아무런 관심이 없었다. 예수가 공식적으로 활동한 것을 묘사하는 일이 그에게는 가장 중요한 일이었다. 그래서 상세한 예수의 족보로 시작하는 마태나 테오필로스에게 보고서를 쓰는 루카와는 달리 예수가 전하는 메시지의 핵심을 담백하게 정리하는 내용을 담은 것이라 그의 복음서에는 군더더기가 없다. 그는 특히 예수가 예루살렘에서 한 언행을 집중적으로 다루는 데 관심이 컸다. 예수가 어디에서 태어나고 어찌 자랐는지는 별문제가 되지 않았다. 중요한 것은 예수의 메시지 자체였으니 말이다. 특히 〈마르코복음〉은 복음서 가운데 가장 오래된 것으로 이 복음서를 바탕으로 〈마태복음〉과 〈루카복음〉이 저술된 것이기에 더 원본에 가깝다고 할 수 있다. 그러나 너무 간결하게 묘사하기에 〈마태복음〉과 〈루카복음〉은 예수와 악마의 대결이라는 좀 더 풍요로운 이야기를 꾸며낸 것이다.

그때에 예수님께서는 성령의 인도로 광야에 나가시어, 악마에게 유혹을 받으셨다. 그분께서는 사십 일을 밤낮으로 단식하신 뒤라 시장하셨다. 그런데 유혹자가 그분께 다가와, "당신이 하느님의 아들이라면 이 돌들에게 빵이 되라고 해 보시오." 하고 말하였다. 예수님께서 대답하셨다. "성경에 기록되어 있다. '사람은 빵만으로 살지 않고 하느님의 입에서 나오는 모든 말씀으로 산다.'" 그러자 악마는 예수님을 데리고 거룩한 도성으로 가서 성전 꼭대기에 세운 다음, 그분께 말하였다. "당신이 하느님의 아들이라면 밑으로 몸을 던져 보시오. 성경에 이렇게 기록되어 있지 않소? '그분께서는 너를 위해 당신 천사들에게 명령하시리라.' '행여 네 발이 돌에 차일세라 그들이 손으로 너를 받쳐 주리라.'" 예수님께서는 그에게 이르셨다. "성경에 이렇게도 기록되어 있다. '주 너의 하느님을 시험하지 마라.'" 악마는 다시 그분을 매우 높은 산으로 데리고 가서, 세상의 모든 나라와 그 영광을 보여 주며, "당신이 땅에 엎드려 나에게 경배하면 저 모든 것을 당신에게 주겠소." 하고 말하였다. 그때에 예수님께서 그에게 말씀하셨다. "사탄아, 물러가라. 성경에 기록되어 있다. '주 너의 하느님께 경배하고 그분만을 섬겨라.'" 그러자 악마는 그분을 떠나가고, 천사들이 다가와 그분의 시중을 들었다. (마태 4, 1-11)

여기에서 〈마태복음〉 사가가 악마라고 지칭한 존재를 예수는 사탄이라고 부른다. 그리고 그 악마는 〈구약성경〉 내용을 매우 자세히 알면서 예수와 경전 해석 논쟁을 벌이는 매우 지적인 존재였다.

예수님께서는 성령으로 가득 차 요르단강에서 돌아오셨다. 그리고 성령에 이끌려 광야로 가시어, 사십 일 동안 악마에게 유혹을 받으셨다. 그동안 아무것도 잡수시지 않아 그 기간이 끝났을 때에 시장하셨다. 그런데 악마가 그분께, "당신이 하느님의 아들이라면 이 돌더러 빵이 되라고 해 보시오." 하고 말하였다. 예수님께서 그에게 대답하셨다. "'사람은 빵만으로 살지 않는다.'라고 성경에 기록되어 있다." 그러자 악마는 예수님을 높은 곳으로 데리고 가서 한순간에 세계의 모든 나라를 보여 주며, 그분께 말하였다. "내가 저 나라들의 모든 권세와 영광을 당신에게 주겠소. 내가 받은 것이니 내가 원하는 이에게 주는 것이오. 당신이 내 앞에 경배하면 모두 당신 차지가 될 것이오." 예수님께서 그에게 대답하셨다. "성경에 기록되어 있다. '주 너의 하느님께 경배하고 그분만을 섬겨라.'" 그러자 악마는 예수님을 예루살렘으로 데리고 가서 성전 꼭대기에 세운 다음, 그분께 말하였다. "당신이 하느님의 아들이라면 여기에서 밑으로 몸을 던져 보시오. 성경에 이렇게 기록되어 있지 않소? '그분께서는 너를 위해 당신 천사들에게 너를 보호하라고 명령하시리라.' '행여 네 발이 돌에 차일세라 그들이 손으로 너를 받쳐 주리라.'" 예수님께서는 그에게, "'주 너의 하느님을 시험하지 마라.' 하신 말씀이 성경에 있다." 하고 대답하셨다. 악마는 모든 유혹을 끝내고 다음 기회를 노리며 그분에게서 물러갔다. (루카 4, 1-13)

이는 〈마태복음〉에 나오는 내용과 거의 대동소이하다. 그러니 분명히 둘 중의 하나가 다른 하나를 베껴 쓴 것으로 볼 수 있다. 그러나 현대 성경학자들의 공통된 의견으로는 마태와 루카는 〈마르코복음〉과 지금은 존재하지 않는 이른바 〈Q문서〉(Quelle)를 참조로 각자의 복음서를 저술한 것으로 본다. 〈마르코복음〉의 내용이 너무 부실하여 신앙심 깊은 두 공동체에서 이야기를 더 다듬은 것이라고 볼 수 있다. 그리고 예수를 악마와 대립시켜 선과 악의 대결 구도를 확립한 신앙을 가진 이들이었을 것으로 여겨진다.

그런데 악마와 사탄, 그리고 악령은 예수의 공생활에서도 자주 등장한다. 예수는 베드로가 자신을 배신할 것을 예언하고 실제로 베드로는 예수를 세 번 부인한다. 〈요한복음〉에서는 그런 베드로와 예수의 화해 장면을 연출하지만, 이는 나중에 익명의 저자가 추가한 부분이라는 사실이 드러났다. 그런 만큼 예수와 베드로의 관계는 애증이 교차하는 특이한 면을 보여 주고 있다. 심지어 예수는 베드로를 사탄으로 부르기까지 하였다.

그때부터 예수님께서는 당신이 반드시 예루살렘에 가시어 원로들과 수석 사제들과 율법학자들에게 많은 고난을 받고 죽임을 당하셨다가 사흘날에 되살아나셔야 한다는 것을 제자들에게 밝히기 시작하셨다. 그러자 베드로가 예수님을 꼭 붙들고 반박하기 시작하였다. "맙소사, 주님! 그런 일은 주님께 결코 일어나지 않을 것입니다." 그러나 예수님께서는 돌아서서 베드로에게 말씀하셨다. "사탄아, 내게서 물러가라. 너는 나에게 걸림돌이다. 너는 하느님의 일은 생각하지 않고 사람의 일만 생각하는구나!"(마태 16, 21-23)

예수님께서는 그 뒤에, 사람의 아들이 반드시 많은 고난을 겪으시고 원로들과 수석 사제들과 율법학자들에게 배척을 받아 죽임을 당하셨다가 사흘 만에 다시 살아나셔야 한다는 것을 제자들에게 가르치기 시작하셨다. 예수님께서는 이 말씀을 명백히 하셨다. 그러자 베드로가 예수님을 꼭 붙들고 반박하기 시작하였다. 그러나 예수님께서는 돌아서서 제자들을 보신 다음 베드로에게, "사탄아, 내게서 물러가라. 너는 하느님의 일은 생각하지 않고 사람의 일만 생각하는구나." 하며 꾸짖으셨다.(마르 8, 31-33)

예수님께서는 이어서 "사람의 아들은 반드시 많은 고난을 겪고 원로들과 수석 사제들과 율법학자들에게 배척을 받아 죽임을 당하였다

가 사흘 만에 되살아나야 한다." 하고 이르셨다. (루카 9, 22)

〈마르코복음〉이 원본이라고 볼 때 〈마태복음〉은 거기에 약간 살을
더 붙였다. 그런데 〈루카복음〉은 아예 베드로 이야기는 빼 버렸다. 여
기서 말하는 사탄은 그리스어 원어로는 '사타나스'(Σατανᾶς)이다. 사실
영어권에서는 사탄이 악마(devil)와 동의어로 사용된다. 그러나 원래 유
대교에서는 기독교에서 말하는 악마가 존재하지 않는다. 이는 마치 기
독교가 만들어 낸 '원죄'(original sin)라는 개념이 유대교에 없는 것과 마
찬가지이다. 기독교와는 달리 유대교에서는 악의 실체가 없다. 그래서
유대교에서 사탄은 그저 인간에 맞서는 존재라는 의미를 지니고 있다.
물론 〈욥기〉에 악마는 욥을 놓고 신과 내기하는 실체적 존재로 나오기
는 한다. 그리고 유대 신비주의인 카발라에서도 악마는 인간을 유혹하
는 실체적 존재로 묘사된다. 그렇지만 전반적으로 유대교의 악마는 기
독교의 악마와는 전혀 다른 존재로 해석된다.

〈신약성경〉에서 사탄과 '디아볼로스'(διάβολος), 그리고 흔히 '베
엘제불'로 불리는 '베엘제붑'(בַּעַל זְבוּב)은 모두 동일한 의미를 지닌 것으
로 사용되었다. 그러나 다양한 전통에 따라 이들의 관계는 다른 것으
로 해석된다. 특정 교파에서는 구약에 나오는 '헬렐'(הֵילֵל)을 번역한 루
시퍼(Lucifer)까지 등장시켜 베엘제불이 루시퍼를 위한 일종의 총사령관
이 되어 악마(evil)에 맞선 전쟁에서 승리를 거두었다는 이야기를 만들
어 내기도 하였다. 그러나 이는 다 상상력의 산물일 뿐이다. 전체적으
로 유대교의 긴 역사에서, 그리고 유대교를 이어받은 기독교에서 악한
존재들은 모두 타락한 천사라는 식으로 해석하였다. 전지전능하고 선

한 신이 악을 직접 창조한 것으로 받아들이는 것이 논리적 모순이었기 때문이다. 이런 여러 논란에도 불구하고 베엘제불은 〈신약성경〉에서도 마귀들의 수장이며 사탄과 동일한 존재로 간주되기도 한다.

그때에 사람들이, 마귀 들려 눈이 멀고 말을 못하는 사람을 예수님께 데려왔다. 예수님께서 그를 고쳐 주시자, 말을 못하던 그 사람이 말도 하고 보게도 되었다. 그러자 군중이 모두 질겁하며, "저분이 혹시 다윗의 자손이 아니신가?" 하고 말하였다. 바리사이들은 이 말을 듣고, "저자는 마귀 우두머리 베엘제불의 힘을 빌리지 않고서는 마귀들을 쫓아내지 못한다." 하고 말하였다. 예수님께서 그들의 생각을 아시고 이렇게 말씀하셨다. "어느 나라든지 서로 갈라서면 망하고, 어느 고을이나 집안도 서로 갈라서면 버티어 내지 못한다. 사탄이 사탄을 내쫓으면 서로 갈라선 것이다. 그러면 사탄의 나라가 어떻게 버티어 내겠느냐? 내가 만일 베엘제불의 힘을 빌려 마귀들을 쫓아낸다면, 너희의 제자들은 누구의 힘을 빌려 마귀들을 쫓아낸다는 말이냐? 그러니 바로 그들이 너희의 재판관이 될 것이다. 그러나 내가 하느님의 영으로 마귀들을 쫓아내는 것이면, 하느님의 나라가 이미 너희에게 와 있는 것이다. 먼저 힘센 자를 묶어 놓지 않고서, 어떻게 그 힘센 자의 집에 들어가 재물을 빼앗을 수 있겠느냐? 묶어 놓은 뒤에야 그 집을 털 수 있다. 나와 함께하지 않는 자는 나를 반대하는 자고, 나와 함께 모아들이지 않는 자는 흩어 버리는 자다. 그러므로 내가 너희에게 말한다. 사람들이 어떠한 죄를 짓든, 신성을 모독하는 어떠한 말을 하든 다 용서받을 것이다. 그러나 성령을 모독하는 말은 용서받지 못할 것이다. 사람의 아들을 거슬러 말하는 자는 용서받을 것이다. 그러나 성령을 거슬러 말하는 자는 현세에서도 내세에서도 용서받지 못할 것이다."(마태 12, 22-32)

예수님께서 집으로 가셨다. 그러자 군중이 다시 모여들어 예수님의 일행은 음식을 들 수조차 없었다. 그런데 예수님의 친척들이 소문을 듣고 그분을 붙잡으러 나섰다. 그들은 예수님께서 미쳤다고 생각하였다. 한편 예루살렘에서 내려온 율법학자들이, "그는 베엘제불이 들렸다."고도 하고, "그는 마귀 우두머리의 힘을 빌려 마귀들을 쫓아낸다."고도 하였다. 그래서 예수님께서는 그들을 부르셔서 비유를 들어 말씀하셨다. "어떻게 사탄이 사탄을 쫓아낼 수 있느냐? 한 나라가 갈라서면 그 나라는 버티어 내지 못한다. 한 집안이 갈라서면 그 집안은 버티어 내지 못할 것이다. 사탄도 자신을 거슬러 일어나 갈라서면 버티어 내지 못하고 끝장이 난다. 먼저 힘센 자를 묶어 놓지 않고서는, 아무도 그 힘센 자의 집에 들어가 재물을 털 수 없다. 묶어 놓은 뒤에야 그 집을 털 수 있다. 내가 진실로 너희에게 말한다. 사람들이 짓는 모든 죄와 그들이 신성을 모독하는 어떠한 말도 용서받을 것이다. 그러나 성령을 모독하는 자는 영원히 용서를 받지 못하고 영원한 죄에 매이게 된다." 이 말씀을 하신 것은 사람들이 "그는 더러운 영이 들렸다."고 말하였기 때문이다.(마르 3, 20-30)

예수님께서 벙어리 마귀를 쫓아내셨는데, 마귀가 나가자 말을 못하는 이가 말을 하게 되었다. 그러자 군중이 놀라워하였다. 그러나 그들 가운데 몇 사람은, "저자는 마귀 우두머리 베엘제불의 힘을 빌려 마귀들을 쫓아낸다." 하고 말하였다. 다른 사람들은 예수님을 시험

하느라고, 하늘에서 내려오는 표징을 그분께 요구하기도 하였다. 예
수님께서는 그들의 생각을 아시고 이렇게 말씀하셨다. "어느 나라
든지 서로 갈라서면 망하고 집들도 무너진다. 사탄도 서로 갈라서
면 그의 나라가 어떻게 버티어 내겠느냐? 그런데도 너희는 내가 베
엘제불의 힘을 빌려 마귀들을 쫓아낸다고 말한다. 내가 만일 베엘제
불의 힘을 빌려 마귀들을 쫓아낸다면, 너희의 아들들은 누구의 힘을
빌려 마귀들을 쫓아낸다는 말이냐? 그러니 바로 그들이 너희의 재
판관이 될 것이다. 그러나 내가 하느님의 손가락으로 마귀들을 쫓
아내는 것이면, 하느님의 나라가 이미 너희에게 와 있는 것이다. 힘
센 자가 완전히 무장하고 자기 저택을 지키면 그의 재산은 안전하
다. 그러나 더 힘센 자가 덤벼들어 그를 이기면, 그자는 그가 의지하
던 무장을 빼앗고 저희끼리 전리품을 나눈다. 내 편에 서지 않는 자
는 나를 반대하는 자고, 나와 함께 모아들이지 않는 자는 흩어 버리
는 자다."(루카 11, 14-23)

여기에서는 사탄($\Sigma\alpha\tau\alpha\nu\tilde{\alpha}\varsigma$), 마귀($\delta\alpha\iota\mu\acute{o}\nu\iota o\nu$), 베엘제불($B\epsilon\epsilon\lambda\zeta\epsilon\beta o\acute{u}\lambda$)이 번갈아 나온다. 그리고 더러운 영에 맞서는 성령($\pi\nu\epsilon\tilde{u}\mu\alpha$ $\ddot{\alpha}\gamma\iota o\varsigma$)도 등장한다. 그리고 베엘제불이 마귀들의 우두머리라는 당시 유대인들의 생각도 반영되어 있다. 고유명사인 사탄과 베엘제불과 달리 마귀는 일반 복수 명사로 처리된 것으로 보아 예수 시대의 유대인들은 다양한 마귀, 예를 들어 '벙어리 마귀'($\delta\alpha\iota\mu\acute{o}\nu\iota o\nu$ $[, \kappa\alpha\grave{\iota}$ $\alpha\grave{u}\tau\grave{o}$ $\tilde{\eta}\nu]$ $\kappa\omega\phi\acute{o}\nu$)와 같이 특정 기능과 관련된 마귀를 상정한 것이다. 이들과 같은 시대에 살았던 예수 또한 이러한 사고방식을 받아들인 것으로 보인다.

이외에 악령도 〈신약성경〉에 등장한다.

그 뒤에 예수님께서는 고을과 마을을 두루 다니시며, 하느님의 나라를 선포하시고 그 복음을 전하셨다. 열두 제자도 그분과 함께 다녔다. 악령과 병에 시달리다 낫게 된 몇몇 여자도 그들과 함께 있었는데, 일곱 마귀가 떨어져 나간 막달레나라고 하는 마리아, 헤로데의 집사 쿠자스의 아내 요안나, 수산나였다. 그리고 다른 여자들도 많이 있었다. 그들은 자기들의 재산으로 예수님의 일행에게 시중을 들었다. (루카 8, 1-3)

여기에 나오는 '악령'($\pi\nu\epsilon\tilde{u}\mu\alpha$ $\pi o\nu\eta\rho\acute{o}\varsigma$)은 오늘날 생각하는 귀신이나 악마라기보다는 인간이 사는 데 어려움($\pi o\nu\eta\rho\acute{o}\varsigma$)을 불러일으키는 영적 존재($\pi\nu\epsilon\tilde{u}\mu\alpha$)이다. 실제로는 정신적으로 병이 든 상태라고 볼 수 있다. 그러나 현대에 들어와서 악령은 대개 위에서 언급한 '마귀'($\delta\alpha\acute{\iota}\mu\omega\nu$)로 인식되고 있다. 이 단어는 원래 고대 그리스의 철학자들이 사용한 것이다. 원래 플라톤은 소크라테스의 지혜가 이 '다이몬'(δαίμων)에서 온 것이라고 했다. 그리고 이 단어에서 파생된 '행복'(εὐδαιμονία)은 아리스토텔레스의 사상에서는 인간이 추구하는 가장 중요한 덕으로 이해되었다. 그런데 이런 개념이 기독교로 넘어오면서 전혀 반대되는 부정적 의미를 지닌 것으로 변하였다. 이런 개념의 변화는 유대교에서도 이미 있었다. '바알'(בַּעַל, Βάαλ)은 원래 '주인', '주님'을 의미하는 고대 가나안 지역의 풍요를 관장하는 신을 지칭하는 것이었다. 그러나 유대교에서는 이를 초기에는 자신의 신인 '야훼'(יהוה), 곧 '나의 주님'(אֲדֹנָי)을 지칭하는 일반명사로 사용하였다. 유대교에서 야훼는 바알 말고도 '엘'(אֵל), '엘로힘'(אֱלֹהִים), '엘 샤다이'(אֵל שַׁדַּי), '제바훗'(צְבָאוֹת)과 같이 여러 명칭으로 불렸다. 그러다가 바알신과 야훼신이 대립하는 갈등 구조 속에서 타 민족의 신을 부정적으로 간주하게 된 것이다. 기독교는 한 걸음 더 나아가 바알을 베엘제불과 관련 있는 악마적 존재로 격하시켰다.

유대교와 마찬가지로 배타적인 유일신교로 발전한 기독교의 역사를 볼 때 이는 당연했다. 특히 자신의 유일신을 절대적인 존재로 간주하는 교리의 차원에서 다른 종교의 다른 신은 인정하지 못하는 것만이 아니라 부정적인 존재, 더 나아가 악마적인 존재로 격하시키지 않을 수 없었다. 이는 기독교가 오랫동안 종교 간의 대화와 조화를 거부한 가장 근본적인 원인이 되었다. 자기 종교의 순수성을 보존하기 위하여 기독교 울타리 밖의 사상만이 아니라 세속 세계 자체를 악마화한 기독교는 중세 유럽의 종교만이 아니라 정치, 경제, 문화를 모두 배타적으로 장악하려는 노력을 기울였다. 그러나 이 과정에서 기독교 국가와 문화가 타 종교와 문화, 특히 이슬람 문화와의 대결에서 결코 우위에 있지 않다는 사실을 경험한 것은 충격이 아닐 수 없었다. 그래서 타 종교와 문화만이 아니라 유럽 자체 내에서 생성된 새로운 지식과 문화도 적대적 세력으로 간주할 수밖에 없었다. 그러나 교회의 안녕에 방해되는 것을 '악마화'(Verteufelung)하는 것은 가톨릭만이 아니라 개신교에서도 변함이 없었다. 특히 개교회 중심의 개신교에서는 개별 교회 자체의 생존을 위하여 같은 기독교 교단끼리도 이른바 이단 논쟁으로 상대방을 악마로 묘사하는 일이 빈번하였다. 이러한 태도는 21세기에 들어와도 근본적인 변화가 없다.

그런데 그러한 기독교의 배타성의 근원적인 이유는 기독교 초기의 태도만이 아니라 기독교의 뿌리인 유대교에 있는 것이기에 현대 사회에 드러난 기독교 교회의 왜곡으로 비난할 수 없다. 기독교라는 종교 자체의 배타성과 타 종교와 사상에 대한 적대감은 기독교의 생존 방식 자체이기 때문이다. 사실 이러한 배타성과 적대적 태도가 없었다면 기독교는 지금까지 생존해 올 수 없었을 가능성이 크다.

다만 그런 식으로 기독교가 유럽의 정치, 경제, 문화를 독점하는 동안 교회가 인류 문명의 다양한 발전의 동력을 억제하는 결정적 잘못을 저질렀다. 이른바 '암흑시대'를 교회가 조장한 것이라고 비난받는 이유가 되었다. 마치 독재정치가 한 국가의 발전을 저해하는 것과 마찬가지로 종교의 독재가 인류의 발전 자체를 억압하는 불행의 역사가 이루어진 셈이다. 그럼에도 예수가 계속 기독교 역사에서 역동적인 힘을 발휘한 이유는 바로 그가 약속한 사랑 때문이다. 오늘날 기독교는 사랑의 종교로 알려져 있다. 그런데 정말 그런가? 다음 장에서 좀 더 자세히 다루어보자.

예수는 사랑을
말하지 않았다고

예수는 죽기 전에 유언으로 자신이 사랑한 것처럼 그대로 자신의 제자들도 서로 사랑하라고 신신당부하였다. 그럼에도 그가 그토록 사랑한 제자들은 예수가 죽기도 전에 모두 하나도 안 남기고 다 도망가 버렸다. 오로지 어머니 마리아와 막달레나 마리아만이 그의 수난과 임종에 함께 하였다. 결국 예수는 짝사랑만을 하고 만 것인가?

신약성경을 보면 예수는 12명의 사도에게조차도 '사랑한다!'는 말을 단 한 번도 직접 한 적이 없다. 심지어 자기가 반석으로 삼은 베드로에게는 사탄이라고 비난하기까지 했다. 예수가 가장 사랑한다고 알려진 요한에게도 사랑한다는 말을 한 적이 없다. 그런데 오늘날 기독교 신자들은 "형제님 자매님 사랑합니다."는 말을 자주 한다. 기독교 신자는 모두 형제자매라면서 말이다. 그러면서 정작 예수가 말한 사랑이 말에만 그치는 것이 아니라는 사실은 전혀 인식하지 못한다. 어찌 된 일일까? 예수의 사랑은 "형제님 자매님 사랑합니다."가 아닌가?

성경 가운데 사랑을 자주 언급한 것은 〈요한복음〉과 바울의 서간들이다. 그런데 정작 복음서 가운데 좀 더 '오리지널 텍스트'에 가까운 공관복음에서는 사랑에 대한 장광설이 안 나온다. 〈요한복음〉의 마지막 장면에 나오는 부활한 예수와 베드로의 사랑에 대한 매우 감동적인 대화는 〈요한복음〉의 원저자가 아니라 후일 다른 사람이 가필한 내용이라는 것이 거의 정설이다.

〈요한복음〉 20장 30-31절은 하나의 문서의 완전한 결론 구절이다. 〈신약성경〉 원어인 그리스어로 보면 이 사실이 매우 명확하다.

Πολλὰ μὲν οὖν καὶ ἄλλα σημεῖα ἐποίησεν ὁ Ἰησοῦς ἐνώπιον τῶν μαθητῶν [αὐτοῦ], ἃ οὐκ ἔστιν γεγραμμένα ἐν τῷ βιβλίῳ τούτῳ: ταῦτα δὲ γέγραπται ἵνα πιστεύ[ς]ητε ὅτι Ἰησοῦς ἐστιν ὁ Χριστὸς ὁ υἱὸς τοῦ θεοῦ, καὶ ἵνα πιστεύοντες ζωὴν ἔχητε ἐν τῷ ὀνόματι αὐτοῦ.

직역하면 다음과 같은 말이 된다.

[자신의] 제자들 앞에서 예수는 (그 밖에도) 많은 다른 [기적적인] 표징을 실행하였다. 그런데 이 책에 그것을 기록하지 못하였다: 그러나 이 책을 썼다. 그래서 여러분이 예수가 그리스도이고, 신의 아들

이라는 것을 확신하도록 한 것이다. 그리고 여러분이 그의 (예수의) 이름으로 생명을 지니도록 한 것이다.(요한 20, 30-31)

그런데 이렇게 책이 마무리된 다음에 느닷없이 다시 새로운 이야기가 시작된다. 마치 부록처럼 말이다. 여기에는 예수가 다시 갈릴리 호숫가에 나타나는 장면이 나온다. 그런데 다른 복음서와는 달리 여기에서는 갈릴리 호수가 아니라 '티베리아스 호수'라는 명칭을 사용한다. 그 이유는 간단하다. 이 시기에는 예수가 살아 있을 때처럼 '갈릴리 호수'가 아니라 서기 1세기부터 사용한 '티베리아스 호수'라는 명칭이 더 익숙했기 때문이다.

〈요한복음〉 6장 1절에서는 아예 '갈릴리 (곧) 티베리아스 호수'(θαλάσσης τῆς Γαλιλαίας τῆς Τιβεριάδος)라는 표현이 나란히 나온다. 그렇게 설명하지 않으면 못 알아듣는 사람들이 많았다는 소리다. 그러나 21장에서는 아예 티베리아스 호수라는 단어만 사용한다. 원래의 명칭을 아무도 사용하지 않는 시기에 작성된 내용이기 때문이다.

〈요한복음〉 21장 1절을 보자

Μετὰ ταῦτα ἐφανέρωσεν ἑαυτὸν πάλιν ὁ Ἰησοῦς τοῖς μαθηταῖς ἐπὶ τῆς θαλάσσης τῆς Τιβεριάδος.

직접 번역하면 다음과 같다.

그리고 나서 예수는 티베리아스 호숫가에서 다시 제자들에게 자신을 드러냈다.(요한 21, 1)

문장의 시작이 '그리고 나서'(Μετὰ ταῦτα)인데 이는 앞 문장과 논리적 연결이 전혀 안 되는 시작이다. 뭔가 새로 첨부할 때 상투적으로 쓰는 표현이다. 이렇게 무리하여서라도 이 장을 첨부한 사람은 예수와 베드로의 특별한 관계, 구체적으로 기독교 교회의 신자들이 그의 권한에 놓여 있다는 것을 매우 강조하고 싶었던 셈이다. 가톨릭교회에서 베드로는 제1대 교황이다. 지금의 교황의 권위는 모두 그의 권위에서 시작된다. 그러니 〈요한복음〉에 이 장을 삽입한 사람은 이러한 교황의 이른바 교도권을 예수가 직접 수여했다는 것을 성경의 권위로 확정하고 싶었던 모양이다. 그렇다면 이런 글을 삽입한 시기가 로마교회의 주교가 교황이라는 것을 강조할 필요가 있고 난 다음이라는 추론이 가능하다.

그러니 서기 100년 이후에 〈요한복음〉에 이 내용이 추가된 것으로 보일 수밖에 없다.

여기에서 예수는 153마리의 생선을 잡아 기뻐하는 제자들과 더불어 빵과 생선을 나누어 먹은 다음 갑자기 베드로와 사랑에 관한 긴밀한 대화를 나눈다. 그런데 사랑을 지칭하며 서로 사용하는 단어가 다르다. 예수의 '나를 사랑해?'라는 의미의 '아가파스 메?'(ἀγαπᾷς με)라는 두 차례의 질문에 베드로는 두 번 다 '내가 당신을 사랑한다.'는 의미의 '필로 세.'(φιλῶ σε)라는 말로 답을 한다. 그러다가 예수가 세 번째로는 '나를 사랑해?'라는 질문을 하면서 이번에는 베드로가 사용한 단어를 그대로 활용하여 '필레이스 메?'(φιλεῖς με)라고 한다. 이에 대하여 베드로는 변함없이 '필로 세.'(φιλῶ σε)라고 답을 한다. 그것도 펑펑 울면서 말이다.

흔히 철학에서 사랑에는 에로스(ερως), 필로스(φίλος), 아가페(ἀγάπη)의 세 가지가 있다고 한다. 그러면서 에로스는 육체적 욕망, 필로스는 지적 사랑, 아가페는 신의 인간에 대한 가장 고귀한 사랑이라고 배운다. 그러나 이는 사실 웃기는 소리이다. 이런 것을 전문용어로 '언어의 유희'(Wortspiel)라고 한다.

고대 유대인들과 그리스인들 그리고 로마인들은 이런 말장난에 매우 능했다. 그래서 후대의 사람들이 이런 말장난에 넘어가 무슨 심오한 뜻이나 있는 것처럼 많은 주석과 해석을 달곤 하였다. 따지고 본다면 원래는 에로스만 있었다. 플라톤의 저서 〈심포지온〉(Συμπόσιον)에서 인간의 이데아의 세계에 대한 그리움, 곧 사랑을 에로스라고 표현하였다. 그러나 오늘날에는 에로스는 아가페와는 달리 육욕적인 사랑을 지칭하는 것처럼 말하는 사람들이 적지 않다. 다 주워들은 지식에서 나온 것이다.

다시 성경으로 돌아가 보자. 여기에 나오는 153마리의 생선이라는 표현을 두고도 많은 신학자가 고민했다. 그래서 별별 조합을 다 만들어 해석을 시도하였다. 히브리어 알파벳을 다 합치면 숫자 153이 된다든지, 막달레나 마리아의 이름의 히브리어 표기를 다 더하면 153이 된다는 식이다. 더 나아가 그물이라는 그리스어 단어 '딕투온'(τὸ δίκτυον)을 그리스 숫자로 표기하면 153의 8배라는 주장까지 나왔다. 다 우스운 말이다. 그저 그 당시 세어보니 우연히 153마리였을 가능성이 제일 크다. 이런 식으로 〈성경〉에 나오는 단어 하나하나에 다 의미를 부여하다 보면 신앙이 독단적 도그마가 되고 이성을 마비시키게 된다. 그러니 〈성경〉도 건전하고 합리적인 상식으로 접근해야 오류를 최대한 피할 수 있다. 153마리면 기적이고 152마리면 기적이 아닌가? 그리고 151마리면 절망해야 하나? 답답한 노릇이다. 지엽말단적인 것에 집착하기 시작하면 예수 이야기의 본질을 놓치기 마련이다. 그런데 그런 어리석은 짓이 기독교 역사에서 끊임없이 되풀이되었다.

예수의 사랑에서 중요한 것은 사랑의 개념 정의가 아니다. 앞에서 말한 대로 예수는 많은 사람에게 사랑을 주면서 사랑한다는 말은 단 한 마디도 하지 않았다. 그런데 성경에 보면 예수가 사랑의 행위를 하기 전에 반드시 그 자신의 내면에 변화가 일어나고 있다는 것을 지적하고 있다. 그것은 바로 그리스어 '스플랑크니초마이'(σπλαγχνίζομαι)이다.

이 단어는 공관복음서에만 나오고 〈요한복음〉에는 안 나온다. 성경에 나오는 이 그리스어 단어는 번역이 매우 어렵다. 그런데 라틴어로 번역된 〈불가타성경〉의 〈마태복음〉과 〈마르코복음〉에서는 '미제레오'(misereo)로 〈루카복음〉에서는 '미제리코르디아'(misericordia)로 번역된다. 미제레오는 타인에 대하여 동정(compassion)이나 연민(pity)을 느끼는 것을 의미한다.

'misericordia'도 'compassion'으로 번역되기는 하지만 그리스어 '스플랑그니초마이'(σπλαγχνίζομαι)에 좀 더 근접한 번역이라고 할 수 있다. 'compassion'의 라틴어 어원인 'compassio'가 '더불어'(con)와 '고통'(passio)의 합성어이기에 그렇다. 이 단어를 직역해 본다면 고통을 당하는 다른 사람과 함께 그 고통을 똑같이 느낀다는 의미이다.

'스플랑그니초마이'(σπλαγχνίζομαι)는 원래 그리스어로 내장을 의미하는 '스플랑그논'(σπλαγνον)을 동사화한 것으로 직역하면 '애간장이 끊어지다.'로 번역할 수 있다. 한글 성경에서 흔히 '불쌍히 여기다', '긍휼히 여기다.'로 번역하는 데 사실 이는 오역에 가깝다. 이런 식으로 번역하면 높은 자, 잘난 자, 더 많이 가진 자가 낮은 자, 비천한 자, 가난한 자에게 적선하는 마음을 의미하기 때문이다.

예수는 그런 '교만한' 마음을 지닌 것이 아니라 자기 형제자매의 고통을 바로 자신의 고통으로 느꼈다. 그래서 그 누구도 아닌 예수의 애간장이 끊어질 것 같아서 그들의 고통을 즉시 제거하지 않을 수 없었다. 곧, 이상하게 들릴 수도 있겠지만 그들의 고통을 제거하지 않으면 예수는 죽음보다 더한 고통을 느껴야만 하기에 그들을 치유하였다. 물론 이는 이기주의와 거리가 멀다. 사랑 자체의 존재인 예수에게 이기주의가 들어설 틈은 전혀 없다.

결국 예수는 아직 마무리하지 못한 자신의 지상의 삶을 이어가기 위해서라도 타인을 돕지 않을 수 없는 운명에 처한 사나이였다. 이러한 예수의 심리를 정확히 파악한 공관복음서의 필자들은 차라리 그리스 철학적 표현인 '심파테이아'(σὺμπάθειὰ), 곧 '함께'(σὺν) '고통'(πάθος)을 느낀다는 개념을 사용하는 것이 적확하지 않았을까?

그런데 왜 굳이 '애간장'(σπλαγνον)이 끊어진다는 표현을 했을까? 그것은 바로 예수가 유대인이었기 때문이다. 유대인들은 인간의 감정을 느끼는 마음이 배에 있다고 생각하였다. 그래서 그들에게 애간장이 끊어진다는 것은 마음이 아프다는 소리이다.

불쌍한 사람을 보고 마음이 너무 아프면 배가 아프게 되는 것과 같다. 그래서 참을 수가 없게 된다. 이런 유대인들에게 머리로만, 그리고 말로만 남을 불쌍히 여긴다는 것은 있을 수 없는 일이었다. 그러나 그당시 타락한 종교지도자들은 위선과 허영에 물들어 말로만 그리고 예식으로만 신앙을 과시할 뿐 참다운 신앙, 곧 타인을 위한 선행은 무시하였다.

바로 그러한 종교적 타락이 예수의 눈에는 견딜 수 없었기에 일종의 유대교 개혁을 추진했다. 그러나 기득권층의 강력한 반발에 막혀 결국 죽음을 맞이할 수밖에 없었다. 예수는 그들에게 보여 준 것이다. 진정한 사랑은 입으로 하는 것이 아니라 배, 곧 마음으로 하는 것이라는 사실을.

다시 정리하자면 예수가 말한 사랑은 인간의 배에서 시작되어 심장으로 올라가고 심장의 피가 고동쳐서 손발이 저절로 선행을 위해 움직이게 되는 일련의 과정이다. 그런 사랑을 하지 않으면 내 애간장이 끊어져 결국 내가 먼저 죽게 된다. 그러한 행위를 실행한 다음에야 비로소

머리에서 사랑이라는 개념의 의미를 결과적으로 깨닫게 된다.

그러나 오늘날 기독교 신자들은 예수의 방식과는 정반대로 성경 이야기를 귀로 듣고 머리로 이해하는 과정을 먼저 한다. 그리고 배운 지식을 입으로 뱉어내는 것까지는 곧잘 한다. 그러나 그 지식이 심장을 움직이고 궁극적으로 배를 움직이는 데에는 거의 다 실패한다. 순서가 완전히 뒤바뀌었기 때문이다. 마치 혈액이 역류해 버려서 순환이 안 되는 것과 같다.

그래서 대부분의 신자는 원래의 어려운 길을 포기하고 기형적인 쉬운 길을 택하게 된다. 곧 예수가 직접 행위로 보여 준 참사랑의 길을 따라가기보다는 그저 예수를 숭배하고 자신과 가족의 복을 빌기로 작정한다. 그러고는 결국 애간장이 끊어질 만한 일은 사실 아무것도 하지 않는다. 그렇게 하다가 예수처럼 고통스럽게 죽을까 봐 두렵기 때문이다. 예수가 분명히 당신처럼 살라고 당부했는데 정작 예수처럼 사는 것을 두려워하면서도 예수를 믿는다고 호언장담한다. 이 무슨 궤변인가?

　21세기에 들어와 공감 능력을 상실한 사람들은 타인의 고통에 둔감한 것이 곧 자신의 생존 확률을 높이는 것이라는 이상한 논리에 빠져 살아가기에 예수가 말한 애간장이 끊어지는 일은 더욱 극도로 경계하게 되었다. 이것이 흔히 말하는 이기주의의 발로이다. 그리고 이기주의는 생존본능에서 나오는 경우가 대부분이다. 예수는 바로 그런 이기적 생존본능을 뛰어넘는 사랑이야말로 인류를 구원으로 이끄는 것이라고 했다. 그리고 그런 자기 말을 믿으라고 신신당부했다.

　그런데 정작 예수를 믿는다고 하면서 그 믿는 것조차 제대로 못 한다. 왜냐하면 믿는다는 것이 무엇인지를 제대로 모르기 때문이다. 과연 예수를 참으로 믿는다는 것은 무엇을 의미하는가? 왜 이리 복잡하고 어려워야 하는가? 왜 예수를 사랑하는 것과 이웃을 사랑하는 것에는 그토록 긴 간극이 있어야 하는 것인가? 이 질문에 대한 답은 기독교 역사에서 예수에 대한 인간, 특히 교회의 태도 변화와 긴밀한 연관을 맺고 있다.

　예수가 자신을 믿으라고 한 것은 자신이 한 말과 행동을 따라 해도 무탈한 정도가 아니라 천국으로 바로 들어갈 수 있다는 확신을 주려는 의도에서였다. 자신을 믿고 자신에게 빌라는 것이 아니었다. 그러나 오늘날 대부분의 사람은 그냥 예수에게 빌기만 한다. 어디에서부터 잘못된 것일까? 근본적으로 예수가 인간에게 약속한 것이 무엇인지를 잊은 셈이다. 예수는 세상에서의 부귀영화를 약속하지 않았다. 부활 이후의 영원한 생명, 하늘나라에서 누리는 지복직관을 약속했다. 그리고 그 증표로 자신이 먼저 부활했다. 이 부활을 다음 장에서 자세히 살펴보자.

예수가 육신으로도
부활했나

기독교가 가장 강조하는 것은 사실 사랑보다는 부활이다. 성경에 따르면 예수는 십자가 위에서 죽은 지 3일 만에 부활하여 지상에 머물다가 결국 '하늘'로 올라갔다. 이는 기독교 교리에서 매우 중요한 사건이기에 모든 복음서에는 예수 부활에 관한 내용이 나온다. 그런데 복음서마다 그 내용이 조금씩 다르다. 예수의 부활이라는 가장 중요한 사건에 대해서도 이런 차이가 나는 것은 각 복음사가의 공동체가 서로 긴밀한 유대를 맺지 않으면서 각자의 신앙을 실천했다는 사실의 간접 증거도 된다. 이미 예수의 부활을 목격하는 장면에서 복음서마다 서로 다르다. 먼저 〈마태복음〉을 보자.

안식일이 지나고 주간 첫날이 밝아 올 무렵, 마리아 막달레나와 다른 마리아가 무덤을 보러 갔다. 그런데 갑자기 큰 지진이 일어났다.

그리고 주님의 천사가 하늘에서 내려오더니 무덤으로 다가가 돌을 옆으로 굴리고서는 그 위에 앉는 것이었다. 그의 모습은 번개 같고 옷은 눈처럼 희었다. 무덤을 경비하던 자들은 천사를 보고 두려워 떨다가 까무러쳤다. 그때에 천사가 여자들에게 말하였다. "두려워하지 마라. 너희가 십자가에 못 박히신 예수님을 찾는 줄을 나는 안다. 그분께서는 여기에 계시지 않는다. 말씀하신 대로 그분께서는 되살아나셨다. 와서 그분께서 누워 계셨던 곳을 보아라. 그러니 서둘러 그분의 제자들에게 가서 이렇게 일러라. '그분께서는 죽은 이들 가운데에서 되살아나셨습니다. 이제 여러분보다 먼저 갈릴래아로 가실 터이니, 여러분은 그분을 거기에서 뵙게 될 것입니다.' 이것이 내가 너희에게 알리는 말이다." 그 여자들은 두려워하면서도 크게 기뻐하며 서둘러 무덤을 떠나, 제자들에게 소식을 전하러 달려갔다. 그런데 갑자기 예수님께서 마주 오시면서 그 여자들에게 "평안하냐?" 하고 말씀하셨다. 그들은 다가가 엎드려 그분의 발을 붙잡고 절하였다. 그때에 예수님께서 그들에게 말씀하셨다. "두려워하지 마라. 가서 내 형제들에게 갈릴래아로 가라고 전하여라. 그들은 거기에서 나를 보게 될 것이다." … 열한 제자는 갈릴래아로 떠나 예수님께서 분부하신 산으로 갔다. 그들은 예수님을 뵙고 엎드려 경배하였다. 그러나 더러는 의심하였다. 예수님께서는 그들에게 다가가 이르셨다. "나는 하늘과 땅의 모든 권한을 받았다. 그러므로 너희는 가서 모든 민족들을 제자로 삼아, 아버지와 아들과 성령의 이름으로 세례를 주고, 내가 너희에게 명령한 모든 것을 가르쳐 지키게 하여라. 보라, 내가 세상 끝 날까지 언제나 너희와 함께 있겠다."(마태 28, 1−20)

여기에서는 막달레나 마리아와 함께 있는 다른 마리아는 야고보와 요셉의 어머니다. 그러나 예수의 어머니 마리아인지는 분명하지 않다. 신학자마다 의견이 다양하다. 문제는 이 장면이 여러 이야기가 중첩되어 정리되었다는 사실이다. 처음에는 천사가 여자들에게 제자들이 갈릴리 지역으로 가면 예수를 만나게 될 깃이리는 소식을 전한다. 그러더니 다음에는 아예 예수가 직접 나타나 다시 갈릴리에서 제자들을 만날 것임을 여자들에게 알린다. 그리고는 예수의 발을 직접 만지게 한다. 제자들보다 앞서 여자들이 예수를 만난 것은 분명하다. 그런데 〈마르코복음〉에서는 이야기가 조금 다르다.

안식일이 지나자, 마리아 막달레나와 야고보의 어머니 마리아와 살로메는 무덤에 가서 예수님께 발라 드리려고 향료를 샀다. 그리고 주간 첫날 매우 이른 아침, 해가 떠오를 무렵에 무덤으로 갔다. 그들은 "누가 그 돌을 무덤 입구에서 굴려 내줄까요?" 하고 서로 말하였다. 그러고는 눈을 들어 바라보니 그 돌이 이미 굴려져 있었다. 그것은 매우 큰 돌이었다. 그들이 무덤에 들어가 보니, 웬 젊은이가 하얗고 긴 겉옷을 입고 오른쪽에 앉아 있었다. 그들은 깜짝 놀랐다. 젊은이가 그들에게 말하였다. "놀라지 마라. 너희가 십자가에 못 박히신 나자렛 사람 예수님을 찾고 있지만 그분께서는 되살아나셨다. 그래서 여기에 계시지 않는다. 보아라, 여기가 그분을 모셨던 곳이다. 그러니 가서 제자들과 베드로에게 이렇게 일러라. '예수님께서는 전에 여러분에게 말씀하신 대로 여러분보다 먼저 갈릴래아로 가실 터이니, 여러분은 그분을 거기에서 뵙게 될 것입니다.'" 그들은 무덤에서 나와 달아났다. 덜덜 떨면서 겁에 질렸다. 그들은 두려워서 아무에게도 말을 하지 않았다. 예수님께서는 주간 첫날 새벽에 부활하신 뒤, 마리아 막달레나에게 처음으로 나타나셨다. 그는 예수님께서 일곱 마귀를 쫓아 주신 여자였다. 그 여자는 예수님과 함께 지냈던 이들이 슬퍼하며 울고 있는 곳으로 가서, 그들에게 이 소식을 전하였다. 그러나 그들은 예수님께서 살아 계시며 그 여자에게 나타나셨다는 말을 듣고도 믿지 않았다.(마르 16, 1-11)

여기에서도 〈마태복음〉과 마찬가지로 두 가지 이야기가 중첩된다. 여자들이 흰옷을 입은 젊은이로부터 갈릴리로 제자들이 가도록 부탁하는 말을 듣는다. 그리고 나서 갑자기 예수가 막달레나 마리아에게 나타난다. 다만 만나서 무슨 일이 있었는지는 더 이상의 설명이 없다. 그런데 〈마르코복음〉에서는 이후 예수가 갈릴리 지방에 가기도 전에 먼저 제자 두 명에게 나타난 이야기가 이어진다.

그 뒤 그들 가운데 두 사람이 걸어서 시골로 가고 있을 때, 예수님께서 다른 모습으로 그들에게 나타나셨다. 그래서 그들이 돌아가 다른 제자들에게 알렸지만, 제자들은 그들의 말도 믿지 않았다. 마침내, 열한 제자가 식탁에 앉아 있을 때에 예수님께서 나타나셨다. 그리고 그들의 불신과 완고한 마음을 꾸짖으셨다. 되살아난 당신을 본 이들의 말을 그들이 믿지 않았기 때문이다. 예수님께서는 이어서 그들에게 이르셨다. "너희는 온 세상에 가서 모든 피조물에게 복음을 선포하여라. 믿고 세례를 받는 이는 구원을 받고 믿지 않는 자는 단죄를 받을 것이다. 믿는 이들에게는 이러한 표징들이 따를 것이다. 곧 내 이름으로 마귀들을 쫓아내고 새로운 언어들을 말하며, 손으로 뱀을 집어 들고 독을 마셔도 아무런 해도 입지 않으며, 또 병자들에게 손을 얹으면 병이 나을 것이다." 주 예수님께서는 제자들에게 말씀하신 다음 승천하시어 하느님 오른쪽에 앉으셨다. (마르 16, 12-18)

여자들이 흰옷 입은 젊은이의 이야기를 전했는지 알 수 없는데 제자 두 사람이 다시 다른 제자들에게 예수를 만난 이야기를 전했지만, 여전히 불신했다는 말만 나온다. 그러자 아예 예수는 열한 제자, 아마도 사도들을 의미하는 이들 앞에 직접 나타나 그들에게 복음 선포와 세례, 그리고 이적 행위의 실천을 명령한다. 그리고는 바로 승천해 버린다. 그런데 여기서 끝이 아니다.

제자들은 떠나가서 곳곳에 복음을 선포하였다. 주님께서는 그들과 함께 일하시면서 표징들이 뒤따르게 하시어, 그들이 전하는 말씀을 확증해 주셨다. 그 여자들은 자기들에게 분부하신 모든 것을 베드로와 그 동료들에게 간추려서 이야기해 주었다. 그 뒤에 예수님께서도 친히 그들을 통하여 동쪽에서 서쪽에 이르기까지, 영원한 구원을 선포하는 거룩한 불멸의 말씀이 두루 퍼져나가게 하셨다. 아멘.

(마르 16, 20)

제자들은 갈릴리에 갈 것도 없이 바로 복음 선포를 시작했다. 그런데 그다음에 갑자기 다시 여자들이 베드로와 동료들에게 흰옷 입은 젊은이가 한 말을 이제야 전달한다. 사실 막달레나 마리아가 제자들에게 이미 말을 전한 다음인데 또 말을 전하고 있다. 그러나 결국 제자들은 복음 선포 사명을 실천한다는 것으로 결론을 내고 있다. 여러 이야기가 순서 없이 뒤죽박죽으로 나열된 셈이다.

사실 이러한 혼란은 모두 복음사가가 자신이 모은 여러 자료를 편집하면서 발생한 일이다. 〈마르코복음〉은 〈마태복음〉과 〈루카복음〉의 기초 자료가 된 책이다. 그런 근원적인 자료가 되는 책인데도 불구하고 〈마르코복음〉 자체도 여러 자료를 취합 정리한 것이 이러한 분석을 통하여 확인된다. 그러나 〈마르코복음〉의 자료가 되는 문서가 무엇이었는지는 알 수 없다.

신약성경 내용의 27% 가까운 분량을 차지하는 루카로 알려진 저자가 썼다고 전해지는 〈루카복음〉에는 이러한 〈마르코복음〉을 바탕으로 한 예수의 부활에 관한 전설적인 매우 긴 이야기가 나온다.

주간 첫날 새벽 일찍이 그 여자들은 준비한 향료를 가지고 무덤으로 갔다. 그런데 그들이 보니 무덤에서 돌이 이미 굴려져 있었다. 그래서 안으로 들어가 보니 주 예수님의 시신이 없었다. 여자들이 그 일로 당황하고 있는데, 눈부시게 차려입은 남자 둘이 그들에게 나타났다. 여자들이 두려워 얼굴을 땅으로 숙이자 두 남자가 그들에게 말하였다. "어찌하여 살아 계신 분을 죽은 이들 가운데에서 찾고 있느냐? 그분께서는 여기에 계시지 않는다. 되살아나셨다. 그분께서 갈릴래아에 계실 때에 너희에게 무엇이라고 말씀하셨는지 기억해 보아라. 사람의 아들은 죄인들의 손에 넘겨져 십자가에 못 박히셨다가 사흘 만에 다시 살아나셔야 한다고 말씀하셨다." 그러자 여자들은 예수님의 말씀을 기억해 내었다. 그리고 무덤에서 돌아와 열한 제자와 그 밖의 모든 이에게 이 일을 다 알렸다. 그들은 마리아 막달레나, 요안나, 그리고 야고보의 어머니 마리아였다. 그들과 함께 있던 다른 여자들도 사도들에게 이 일을 이야기하였다. 사도들에게는 그 이야기가 헛소리처럼 여겨졌다. 그래서 사도들은 그 여자들의 말을 믿지 않았다. 그러나 베드로는 일어나 무덤으로 달려가서 몸을 굽혀 들여다보았다. 그곳에는 아마포만 놓여 있었다. 그는 일어난 일을 속으로 놀라워하며 돌아갔다. (루카 24, 1-12)

여기에서는 마리아 막달레나, 요안나, 그리고 야고보의 어머니 마리아 말고도 여러 명의 여자에게 '눈부시게 차려 입은 남자'가 예수의 부활을 설명한다. 여자들은 11명의 사도와 나머지 제자들에게 이 일을 알려준다. 그런데 다른 공관복음과는 달리 여기에는 갈릴리 지역으로 가라는 부탁이 전혀 나오지 않는다. 그리고는 이어서 〈마르코복음〉에서와 마찬가지로 예수가 두 제자를 만난 이야기가 나온다. 그런데 그 이야기가 매우 장황하다.

바로 그날 제자들 가운데 두 사람이 예루살렘에서 예순 스타디온 떨어진 엠마오라는 마을로 가고 있었다. 그들은 그동안 일어난 모든 일에 관하여 서로 이야기하였다. 그렇게 이야기하고 토론하는데, 바로 예수님께서 가까이 가시어 그들과 함께 걸으셨다. 그들은 눈이 가리어 그분을 알아보지 못하였다. 예수님께서 그들에게 "걸어가면서 무슨 말을 서로 주고받느냐?" 하고 물으시자, 그들은 침통한 표정을 한 채 멈추어 섰다. 그들 가운데 한 사람, 클레오파스라는 이가 예수님께, "예루살렘에 머물렀으면서 이 며칠 동안 그곳에서 일어난 일을 혼자만 모른다는 말입니까?" 하고 말하였다. 예수님께서 "무슨 일이냐?" 하시자 그들이 그분께 말하였다. "나자렛 사람 예수님에 관한 일입니다. 그분은 하느님과 온 백성 앞에서, 행동과 말씀에 힘이 있는 예언자셨습니다. 그런데 우리의 수석 사제들과 지도자들이 그분을 넘겨, 사형 선고를 받아 십자가에 못 박히시게 하였습니다. 우리는 그분이야말로 이스라엘을 해방하실 분이라고 기대하였습니다. 그 일이 일어난 지도 벌써 사흘째가 됩니다. 그런데 우리 가운데 몇몇 여자가 우리를 깜짝 놀라게 하였습니다. 그들이 새벽에 무덤으로 갔다가, 그분의 시신을 찾지 못하고 돌아와서 하는 말이, 천사들의 발현까지 보았는데 그분께서 살아 계시다고 천사들이 일러 주더랍니다. 그래서 우리 동료 몇 사람이 무덤에 가서 보니 그 여자들이 말한 그대로였고, 그분은 보지 못하였습니다." 그때에 예수님께서 그들에게 이르셨다.

"아, 어리석은 자들아! 예언자들이 말한 모든 것을 믿는 데에 마음이 어찌 이리 굼뜨냐? 그리스도는 그러한 고난을 겪고서 자기의 영광 속에 들어가야 하는 것이 아니냐?" 그리고 이어서 모세와 모든 예언 자로부터 시작하여 성경 전체에 걸쳐 당신에 관한 기록들을 그들에게 설명해 주셨다. 그들이 찾아가던 마을에 가까이 이르렀을 때, 예수님께서는 더 멀리 가려고 하시는 듯하였다. 그러자 그들은 "저희와 함께 묵으십시오. 저녁때가 되어 가고 날도 이미 저물었습니다." 하며 그분을 붙들었다. 그래서 예수님께서는 그들과 함께 묵으시려고 그 집에 들어가셨다. 그들과 함께 식탁에 앉으셨을 때, 예수님께서는 빵을 들고 찬미를 드리신 다음 그것을 떼어 그들에게 나누어 주셨다. 그러자 그들의 눈이 열려 예수님을 알아보았다. 그러나 그분께서는 그들에게서 사라지셨다. 그들은 서로 말하였다. "길에서 우리에게 말씀하실 때나 성경을 풀이해 주실 때 속에서 우리 마음이 타오르지 않았던가!"(루카 24, 13-32)

여기에서는 예수의 고난과 부활과 영광이라는 기독교의 기본 교리가 예수의 입을 통해서 잘 정리되어 나온다. 게다가 예수는 구약의 모세와 모든 예언자에서 시작하여 자신에 관한 기록을 다 설명해 주었다. 이른바 예형론으로 예수가 자신의 삶과 죽음과 부활에 관하여 설명한 것이다. 예수의 제자들은 예수가 살아 있는 동안 아무리 예수가 자신의 삶과 사명에 대하여 가르쳐도 알아듣지 못한 이들이다. 그래서 답답했던 예수가 부활 이후, 곧 자신에 관한 모든 일이 다 이루어진 다음에 다시 한번 상세히 그 일을 설명한 것으로 보인다. 그런데 그것도 모자랐는지 다시 한번 예수가 제자들에게 직접 나타나서 다음과 같이 자신이 부활한 예수임을 증명해 준다.

그들이 곧바로 일어나 예루살렘으로 돌아가 보니 열한 제자와 동료들이 모여, "정녕 주님께서 되살아나시어 시몬에게 나타나셨다." 하고 말하고 있었다. 그들도 길에서 겪은 일과 빵을 떼실 때에 그분을 알아보게 된 일을 이야기해 주었다. 그들이 이러한 이야기를 하고 있을 때 예수님께서 그들 가운데에 서시어, "평화가 너희와 함께!" 하고 그들에게 말씀하셨다. 그들은 너무나 무섭고 두려워 유령을 보는 줄로 생각하였다. 그러자 예수님께서 그들에게 이르셨다. "왜 놀라느냐? 어찌하여 너희 마음에 여러 가지 의혹이 이느냐? 내 손과 내 발을 보아라. 바로 나다. 나를 만져 보아라. 유령은 살과 뼈가 없지만, 나는 너희도 보다시피 살과 뼈가 있다." 이렇게 말씀하시고 나서 그들에게 손과 발을 보여 주셨다. 그들은 너무 기쁜 나머지 아직도 믿지 못하고 놀라워하는데, 예수님께서 그들에게 "여기에 먹을 것이 좀 있느냐?" 하고 물으셨다. 그들이 구운 물고기 한 토막을 드리자, 예수님께서는 그것을 받아 그들 앞에서 잡수셨다.(루카 24, 33-43)

여기에서는 부활한 예수의 모습에 대하여 매우 자세한 설명이 나온다. 그는 살과 뼈가 있는 사람이었다. 심지어 구운 물고기 한 토막도 먹었다. 부활이 영혼만이 아니라 뼈와 살이 있는 육신과 더불어 이루어지고 부활한 몸은 부활 전의 몸과 근본적으로 다르지 않고 육체적 활동을 한다는 것을 보여 주었다. 물론 이는 〈루카복음〉에만 나오는 내용이다. 다른 복음사가와 달리 루카가 자신만이 가지고 있던 자료를 활용하여 정리한 내용으로 보인다. 사실 부활 이후 예수의 몸의 상황에 관하여 이처럼 정확하게 설명한 내용은 성경 어디에서도 찾아볼 수 없다. 그래서 부활을 논할 때, 특히 죽고 나서 다시 살아난 몸에 관하여 논할 때 결정

적 자료가 된다.

이다음에 이어지는 구절에서 예수는 다른 복음서와 마찬가지로 자신의 수난과 죽음과 부활에 관한 구약의 예언을 자세히 설명해 준다. 그러고 나서 예수의 승천에 관한 내용이 다음과 같이 나온다.

예수님께서는 그들을 베타니아 근처까지 데리고 나가신 다음, 손을 드시어 그들에게 강복하셨다. 이렇게 강복하시며 그들을 떠나 하늘로 올라가셨다. 그들은 예수님께 경배하고 나서 크게 기뻐하며 예루살렘으로 돌아갔다. 그리고 줄곧 성전에서 하느님을 찬미하며 지냈다.(루카 24, 50-53)

결국 예수는 베타니아까지 제자들과 함께하고 나서는 승천한다. 그러나 사도행전에서 예수는 예루살렘에 모여 있는 제자들과 함께 있다가 승천한다. 어느 복음에서 말하는 것이 맞는지는 알 수 없다. 다만 승천이 그리 굉장한 사건으로 묘사되지는 않고 있다. 〈사도행전〉에서 승천은 약간 더 자세히 묘사된다.

예수님께서는 이렇게 이르신 다음 그들이 보는 앞에서 하늘로 오르셨는데, 구름에 감싸여 그들의 시야에서 사라지셨다. 예수님께서 올라가시는 동안 그들이 하늘을 유심히 바라보는데, 갑자기 흰옷을 입은 두 사람이 그들 곁에 서서, 이렇게 말하였다. "갈릴래아 사람들아, 왜 하늘을 쳐다보며 서 있느냐? 너희를 떠나 승천하신 저 예수님께서는, 너희가 보는 앞에서 하늘로 올라가신 모습 그대로 다시 오실 것이다."(사도 1, 9-11)

흰옷 입은 사람은 기독교에서 흔히 천사를 의미하는 것으로 해석된다. 이들은 친절하게 예수의 재림까지 예고하고 있다. 그런데 그리스어 원어로 보면 예수는 스스로 하늘로 오른 것이 아니라 신이 그를 데리고 간 것으로 해석된다.

καὶ ἐγένετο ἐν τῷ εὐλογεῖν αὐτὸν αὐτοὺς διέστη ἀπ᾽ αὐτῶν καὶ ἀνεφέρετο εἰς τὸν οὐρανόν.(루카 24, 51)

καὶ ταῦτα εἰπὼν βλεπόντων αὐτῶν ἐπήρθη, καὶ νεφέλη ὑπέλαβεν αὐτὸν ἀπὸ τῶν ὀφθαλμῶν αὐτῶν.(사도 1, 9)

〈루카복음〉의 '아나페로'(ἀναφέρω)든 〈사도행전〉의 '에파이로'(ἐπα
ίρω)든 모두 수동적으로 들려져 위로 올라가는 것을 말한다. 이는 기독
교 교리에서 말하는 예수와 마리아의 승천의 구분과는 차이가 난다. 교
리적으로는 예수는 스스로 올라갔고 마리아는 신이 끌어 올렸다고 구분
한다. 신적인 존재는 스스로 올라가는 것이기 때문이다. 그러나 성경에
는 분명히 예수도 피동적으로 신의 힘으로 끌려 올라간 것으로 묘사되
고 있다. 그럼에도 대부분의 한글 번역본은 예수가 스스로 승천한 의미
로 나와 있다. 이는 예수의 신성을 강조하기 위함이다. 다른 나라에서
도 성경은 이런 식으로 미묘한 의미 차이를 무시하고 교리에 맞추어 번
역하는 경우가 많다. 그래서 성경을 제대로, 곧 그리스 원어로 읽는 이
들에게 불신을 불러일으키는 경우가 많다.

다시 부활 이야기로 돌아가 보자. 〈루카복음〉에서는 부활한 날의 묘
사가 매우 정밀하다. 부활 이야기의 기본적인 뼈대에 여러 가지 살을 붙
였다. 천사가 말했다는 "어찌하여 살아 계신 분을 죽은 이들 가운데에
서 찾고 있느냐"는 문장의 '살아 계신 분'은 사실 구약에서 흔히 사용되
는 살아 있는 자의 신인 '야훼'를 상투적으로 묘사하는 단어다. 그런데
여기 등장하는 여자 세 명 가운데 〈마르코복음〉에 나오는 살로메 대신
요안나가 등장한다.

승천 장소가 예루살렘이나 갈릴리 지방이 아니라 예루살렘에서 서
쪽으로 3km 정도 떨어진 베타니아라는 점이 특이하다. 베타니아는 예
수가 죽은 지 나흘이나 된 나자로를 부활시킨 마을이다. 예루살렘에서
갈릴리 지역까지는 약 150km 떨어져 있으니 통상적인 걷는 속도(4km/
h)로 하루 8시간을 걸어도 5일이나 걸리는 먼 거리다. 그러니 예수가

갈릴래아에서 만나자고 했어도 그 거리를 단숨에 달려갈 수는 없었다.

그런데 공관복음서와 전혀 다른 전통의 〈요한복음〉은 예수의 부활에 대하여 매우 장황한 이야기를 하고 있다. 이는 당연히 요한 공동체의 신앙을 반영한 것으로 보인다. 특이한 것은 바로 의심 많은 토마스 이야기가 나오는 점이다.

> 예수님께서 "마리아야!" 하고 부르셨다. 마리아는 돌아서서 히브리 말로 "라뿌니!" 하고 불렀다. 이는 '스승님!'이라는 뜻이다. 예수님께서 마리아에게 말씀하셨다. "내가 아직 아버지께 올라가지 않았으니 나를 더 이상 붙들지 마라. 내 형제들에게 가서, '나는 내 아버지시며 너희의 아버지신 분, 내 하느님이시며 너희의 하느님이신 분께 올라간다.' 하고 전하여라." 마리아 막달레나는 제자들에게 가서 "제가 주님을 뵈었습니다." 하면서, 예수님께서 자기에게 하신 이 말씀을 전하였다.(요한 20, 15-18)

> 여드레 뒤에 제자들이 다시 집 안에 모여 있었는데 토마스도 그들과 함께 있었다. 문이 다 잠겨 있었는데도 예수님께서 오시어 가운데에 서시며, "평화가 너희와 함께!" 하고 말씀하셨다. 그러고 나서 토마스에게 이르셨다. "네 손가락을 여기 대 보고 내 손을 보아라. 네 손을 뻗어 내 옆구리에 넣어 보아라. 그리고 의심을 버리고 믿어라." 토마스가 예수님께 대답하였다. "저의 주님, 저의 하느님!" (요한 20, 26-28)

막달레나 마리아에게는 승천하기 전이니 부활한 자기 몸을 만지면

안 된다고 경고한 예수가 토마스에게는 직접 손가락을 상처에 대보라고 한다. 부활 이후 여드레가 지난 시점까지 예수가 어디에 있었는지에 대한 설명도 전혀 안 나온다. 그러나 승천 이전인 것은 분명하다. 그 여드레 동안 예수의 몸은 만져도 되는 상태가 된 것은 분명해 보인다.

〈요한복음〉은 복음서 가운데 가장 늦게 작성된 문서답게 전해져 오는 이런저런 이야기를 다 모아서 정리한 다음 〈요한복음〉에만 나오는 구체적인 이야기까지 추가하고 있다. 여기에 나오는 세 여자의 이름은 마리아 막달레나, 요안나, 그리고 야고보의 어머니 마리아로 다른 복음서와 차이가 난다. 그런데 한사코 야고보의 어머니 마리아라고 지칭된 여자의 정체는 더 이상 구체적으로 설명되지 않는다. 물론 정통 교리에서는 여기에 나오는 야고보의 어머니 마리아는 예수의 어머니가 아니다. 그러나 야보고는 예수의 형제로 이야기된 인물이니 만약 야고보가 예수의 친동생이라면 결국 이 여자가 바로 예수의 어머니 마리아일 개연성도 크다. 사실 부활 이후 예수의 어머니 마리아의 행적은 거의 나오지 않는다. 사도행전에서 제자들이 그를 모시고 살았다는 언급 말고는 없다. 기독교의 기초가 되는 예수의 어머니가 이렇게 푸대접을 받는다는 것이 매우 낯설지만, 그 당시 유대인들의 골수에 박힌 가부장제도를 생각해 보면 이해 못 할 일도 아니다.

일단 네 복음서에 묘사된 예수의 부활에 관하여 공통적으로 나타난 것을 정리해 보면 무엇보다 먼저 예수의 시신을 보관했던 무덤이 비어 있었다는 사실을 알 수 있다. 그리고 예수가 처음으로 부활한 자기 모습을 보여 준 상대방은 그가 선택한 사도들도 아니고 어머니 마리아도 아닌 막달레나 마리아와 그 밖의 여자들이었다. 최대 3명의 여자가 등장하는데 〈마르코복음〉에 나오는 그들의 이름은 마리아 막달레나, 야고보의 어머니 마리아, 살로메였다. 〈요한복음〉에서는 살로메 대신 요안나가 등장한다. 그 이후 길을 가던 두 제자에게 나타난 이야기도 〈마르코복음〉과 〈루카복음〉 그리고 〈요한복음〉에만 등장한다. 그리고 그 이후 마침내 사도들을 찾는 예수 이야기는 모든 복음서에 나온다. 그런데도 예수의 승천 이야기는 다시 〈마르코복음〉과 〈루카복음〉에만 나온다.

〈사도행전〉에서도 예수의 승천 이야기가 나오지만, 예수의 사도와 직제자들이나 기독교 신자들, 그리고 온 인류가 예수와 마찬가지로 궁극적으로 부활할 것이라는 이야기는 명료하게 나오지 않는다. 부활 후의 삶에 대해서도 간략한 이야기는 나오지만 '너희들이 반드시 부활할 것이다!'라는 확신을 주지 않고 있다. 그리고 여기에서 처음으로 예수의 재림 이야기가 나온다. 복음서 어디에도 예수가 다시 온다는 말은 없었다.

〈마태복음〉에서는 승천을 언급하지 않는다. 그저 세상이 끝날 때까지 함께하겠다는 약속만 한다.

"내가 세상 끝날 때까지 언제나 너희와 함께 있겠다."(마태 28, 20)

〈마르코복음〉은 승천을 말한다. 그리고 신의 오른쪽, 곧 권능의 자리에 오르는 것까지 이야기한다.

"주 예수님께서는 제자들에게 말씀하신 다음 승천하시어 하느님 오

른쪽에 앉으셨다."(마르 16, 19)

〈루카복음〉에서는 승천 전에 '신이 약속한 존재'를 보내겠다는 약속을 한다.

"그리고 보라, 내 아버지께서 약속하신 분을 내가 너희에게 보내 주겠다. 그러니 너희는 높은 데에서 오는 힘을 입을 때까지 예루살렘에 머물러 있어라." 예수님께서는 그들을 베타니아 근처까지 데리고 나가신 다음, 손을 드시어 그들에게 강복하셨다. 이렇게 강복하시며 그들을 떠나 하늘로 올라가셨다."(루카 24, 49–51)

〈요한복음〉에는 승천에 대한 언급이 전혀 없다. 다만 다음과 같은 말이 나온다.

예수님께서는 "내가 올 때까지 그가 살아 있기를 내가 바란다 할지라도, 그것이 너와 무슨 상관이 있느냐? 너는 나를 따라라." 하고 말씀하셨다. 그래서 형제들 사이에 이 제자가 죽지 않으리라는 말이 퍼져 나갔다. 그러나 예수님께서는 그가 죽지 않으리라고 말씀하신 것이 아니라, "내가 올 때까지 그가 살아 있기를 내가 바란다 할지라도, 그것이 너와 무슨 상관이 있느냐?" 하고 말씀하신 것이다.(요한 21, 22–23)

바로 이 구절 때문에 예수의 재림이 임박했다는 생각이 그 당시 신자들 사이에 널리 퍼져 있었을 것이라는 추측을 할 수 있었다. 실제로 초대교회의 신자들의 언행을 보면 예수의 재림이 얼마 남지 않았다고 확신했다는 것을 알 수 있다. 그런데 〈요한복음〉은 여기에서 끝나는 것이 아니다. 21장이 이어진다.

사실 앞에서 말한 대로 〈요한복음〉의 마지막 21장은 후대에 익명의 인물이 추가한 내용이다. 원래의 〈요한복음〉은 20장으로 마무리된다. 그런데 그것이 너무 시시하다고 여긴 누군가가 예수가 티베리아스호수, 곧 갈릴리 호수에 제자들에게 세 번째이자 마지막으로 나타난 이야기를 첨부하게 된다. 그런데 그 자리에 모든 제자가 있었던 것은 아니다.

"시몬 베드로와 '쌍둥이'라고 불리는 토마스, 갈릴래아 카나 출신 나타나엘과 제베대오의 아들들(야고보와 요한), 그리고 그분의 다른 두 제자가 함께 있었다."(요한 21, 2)

이 6명 말고 나머지 5명의 사도들이 어디로 갔는지에 대해서는 전혀 추가 설명이 없다. 그리고는 바로 위에서 인용했던 베드로와의 감동적인 대화가 이어진다. 이러한 추가적인 내용은 〈요한복음〉을 중심으로 한 기독교 공동체만의 신앙을 나타낸 것이다. 공관복음서에는 안 나오는 내용이라서 그런 특징을 더욱더 강하게 추론해 볼 수 있다.

잘 알려진 대로 복음서 가운데 〈마르코복음〉이 가장 오래된 것이다. 서기 약 70년경에 저술된 것으로 알려져 있다. 그런데 마르코는 예수의 사도에 속하지도 않는 인물이다. 또한 그가 언제 기독교인이 되었는지도 불분명하다. 더구나 그는 바나바와 함께 떠난 소아시아 지방 전도 여행을 중도에 포기하고 돌아오고 만다. 신앙의 열정이 강한 자도 아니었던 것으로 보인다. 더 나아가 그는 바울과 싸우고 갈라서게 된 인물이다. 성경에서도 그의 위치는 그리 높은 존경을 받는 자리가 아니다. 그런데 그런 그의 이름으로 된 가장 오래된 복음서가 전승되고 있으니 아이러니가 아닐 수 없다. 루카는 〈루카복음〉과 〈사도행전〉을 저술한 것으로 알려진 인물이다. 〈루카복음〉과 〈사도행전〉을 합치면 〈신약성경〉의 거의 27%나 되는 분량이다. 기독교 교리의 주요 기반이 〈신약성경〉임을 감안해 보면 교회 역사에서 그가 기록한 것의 비중이 매우 높을 수밖에 없다는 것을 잘 알 수 있다. 그런데 직업이 의사였을 것으로 추정되는 루카 또한 열두 사도에 속하지 않는 인물이다. 그리고 예수에 관한 루카의 주장과 바울의 주장은 서로 맞지 않는 부분이 많다. 아마도 루카가 바울과 함께 선교를 다녔음에도 예수에 관한 생각이 서로 달랐던 것으로 보인다. 어쨌든 루카는 마르코보다 20년 후인 서기 90년경에 〈루카복음〉을 저술하여 마르코 다음으로 가장 오래된 복음사가로 여겨지고 있다. 그러나 서기 70~90년이면 예수가 죽고 나서 사흘 만에 부활하고 승천한 지 최소한 40~60년의 세월이 흐른 다음이라는 말이다. 세대로 따지면 2~3세대가 지난 다음에 쓰인 셈이다. 당시 유대인의 풍습과 기독교인들의 평균 학력을 감안해 보면 그동안 제대로 기록된 문서가 남아 있을 리가 없었다고 봐야 한다. 그래서 구두로 전승된 예수 이야기와 자신이 수집한 자료에 더하여 지금은 전해지지 않는 이른바 〈Q문서〉(Quelle), 〈마르코복음〉을 바탕으로 〈루카복음〉이 저술된 것으로 여겨지고 있다. 연대기적으로 볼 때 오늘날 사복음서의 관계는 비교적 잘 정리되어 있다. 〈마르코복음〉과 〈Q문서〉가 공관복음서의 바탕을 이루고 이를 바탕으로 〈루카복음〉과 〈마태복음〉이 쓰였다. 〈요한복음〉은 전혀 별개의 내용이 담겨 있는 별종이지만 〈루카복음〉과 〈요한복음〉과

몇 가지 점에서 매우 유사한 내용을 담고 있다. 무엇보다도 〈루카복음〉은 〈요한복음〉과 마찬가지로 '유대인'이라는 표현을 즐겨 쓴다. 베타니 마을의 마리아와 마르타, 그리고 나자로에 관한 이야기는 이 두 복음서에만 나온다. 그리고 예수가 체포될 때 종의 귀가 잘린 묘사도 이 두 복음서에만 나온다.

물론 〈마르코복음〉과 〈루카복음〉 말고 〈마태복음〉과 〈요한복음〉에서는 예수의 승천은 너무나 당연한 것이라서 굳이 그 내용을 상세히 적지 않은 것으로 해석할 수도 있다. 그러나 기독교 교리에서 부활, 승천, 재림은 늘 삼위일체 교리만큼이나 매우 중요한 역사적 사건이기에 이토록 허술히 다룬다는 것은 이해하기 힘든 일이다. 그래서 궁금증이 발동될 수밖에 없다. 왜 그랬을까? 그리고 이리 허술한 이야기에서 어떻게 그렇게 강력한 교리가 수립된 것일까? 결국 후대의 많은 신학자와 교회 지도자들이 그런 이야기를 꾸며낸 것으로밖에 해석되지 않을 수 없다. 사실 승천이 모든 인간에게 보장된 것은 아니다. 그러나 기독교 교리로는 예수가 영생을 약속했다. 과연 영원히 사는 것은 누구인가? 다음 장에서 자세히 살펴보자.

예수가 영과 육의
영생을 약속했나

예수는 원래 지구라는 이 세상을 구하러 온 것이 아니다. 사람의 영혼을 구하러 왔다. 그런데 왜 세상을 구하러 왔다고 했는가? 흔히 예수의 세상 구원의 근거로 드는 것이 〈요한복음〉에 나오는 말이다.

"하느님께서는 세상을 너무나 사랑하신 나머지 외아들을 내주시어, 그를 믿는 사람은 누구나 멸망하지 않고 영원한 생명을 얻게 하셨다."(요한 3, 16)

그리스어 원어로는 다음과 같다.

Οὕτως γὰρ ἠγάπησεν ὁ θεὸς τὸν κόσμον, ὥστε τὸν υἱόν τ
ὸν μονογενῆ ἔδωκεν, ἵνα πᾶς ὁ πιστεύων εἰς αὐτὸν μὴ ἀπ

ὅληται ἀλλ' ἔχῃ ζωὴν αἰώνιον.

세상을 사랑해서 외아들을 보냈지만 구하려는 것은 지구가 아니라 오로지 인간이다. 구원받은 인간은 영생을 누리게 된다는 말이다. '외아들'은 그리스어 원문에 보면 '모노게네스'(μονογενής)를 번역한 것이다. 그런데 공관복음에서 예수가 스스로를 이렇게 부른 적이 없다. 예수 사후 100~200년이 지나고 〈요한복음〉이 저술될 무렵 기독교인들의 신앙관에서 이미 예수가 신의 외아들이라는 확신이 들었음을 알 수 있는 부분이다. 그리고 '세상을'은 '코스모스'(κόσμος)를, '사랑하다'는 '아가포'(ἀγαπάω)를 번역한 것인데 당시 '세상'은 우리가 알고 있는 우주가 아니다. 원래는 지상에서 사는 인간, 곧 인류를 의미한다. 원래 기독교적인 해석으로 '코스모스'는 오히려 예수와 적대적인 물질적 세계를 의미한다. 그래서 기독교의 근본 교리에서 세상을 사랑한다는 것은 있을 수 없는 일이다. 그렇다면 신이 이 세상을 사랑해서 세상을 구원하려고 예수를 보낸 것이 아니라 인류가 영원한 생명을 얻도록 외아들을 보낸 것으로 봐야 한다. 그리고 멸망은 '아폴뤼미'(ἀπόλλυμι)를 번역한 것이다. 원래 '파괴된다'라는 뜻인데 그 의미가 확대되어 지옥에 가지 않는다는 의미가 더해졌다. 생명은 '쪼에'(ζωή)를 번역한 것인데 '생기가 있다'라는 원래의 의미에서 확대되어 신과 예수의 은총을 받아 최후의 심판 이후에 부활하여 영원히 행복한 삶을 누린다는 뜻을 가지게 되었다. 그런데 이런 복잡한 신학적, 교리적 내용이 담긴 말을 예수가 자신을 '감히' 외아들이라고 지칭하면서까지 직접 했다고 보기에는 너무 무리가 있다. 공관복음에서 예수는 한결같이 하늘나라가 가까웠으니 회개하라고 권고했을 뿐이다. 〈요한복음〉이 저술된 시기에 완성되고 있던 예수에 대한 숭배 사상이 이 복음서에 반영되어 있다고 보는 것이 더 타당하다.

그런데 문제는 이 영생이라는 것이 기독교에서는 일단 육체적 죽음을 전제로 한다는 점이다. 사실 영혼의 영생에 대한 논리는 기독교에서 매우 취약하다. 오늘날 기독교는 〈사도신경〉을 기독교의 기본 교리로 받아들인다. 그런데 이 〈사도신경〉은 〈니케아─콘스탄티노폴리스신경〉에서 나온 것이고, 이 이른바 〈니케아신경〉은 다시 〈로마신경〉(Romanum)에서 나온 것이다. 원래 그리스어로 작성된 〈로마신경〉은 루피누스(Rufinus de Aquileia, 344~411)가 라틴어로 번역하면서 로마제국 전체에 알려졌다는 전설이 있다. 그러나 좀 더 많은 신학자들은 〈로마신경〉의 원저자가 마르셀루스(Marcellus de Ancyra, 285~374)이고 이 신경이 문서로 확인되는 것은 로마교회의 주교였던 율리우스 1세가 서기 340년에 받은 서한에 나타난 것이라고 주장한다. 물론 나중에 다른 문서가 발견되면 이 주장도 수정될 수 있다. 기독교에 관련된 많은 문서가 위조되었거나 저자가 불분명한 경우가 많은데 이 문서도 마찬가지이다.

루피누스의 라틴어 번역본은 다음과 같다.

Credo in deum patrem omnipotentem；

et in Christum Iesum filium eius unicum, dominum nostrum,

qui natus est de Spiritu sancto ex Maria virgine,

qui sub Pontio Pilato crucifixus est et sepultus,

tertia die resurrexit a mortuis,

ascendit in caelos,

sedet ad dexteram patris, unde venturus est iudicare vivos et mor—

tuos；

et in Spiritum sanctum,

sanctam ecclesiam,

remissionem peccatorum,

carnis resurrectionem.

마루셀루스의 그리스어 원문은 다음과 같다.

Πιστεύω οὖν εἰς θεὸν πατέρα παντοκράτορα·

καὶ εἰς Χριστὸν Ἰησοῦν, τὸν υἱὸν αὐτοῦ τὸν μονογενῆ, τὸ

ν κύριον ἡμῶν,

τὸν γεννηθέντα ἐκ πνεύματος ἁγίου καὶ Μαρίας τῆς παρθέ

νου,

τὸν ἐπὶ Ποντίου Πιλάτου σταυρωθέντα καὶ ταφέντα

καὶ τῇ τρίτῃ ἡμέρᾳ ἀναστάντα ἐκ τῶν νεκρῶν,

ἀναβάντα εἰς τοὺς οὐρανούς

καὶ καθήμενον ἐν δεξιᾳ τοῦ πατρός, ὅθεν ἔρχεται κρίνειν ζ

ῶντας καὶ νεκρούς ·

καὶ εἰς τὸ ἅγιον πνεῦμα,

ἁγίαν ἐκκλησίαν,

ἄφεσιν ἁμαρτιῶν,

σαρκὸς ἀνάστασιν,

ζωὴν αἰώνιον.

두 신경은 거의 동일한 내용을 담고 있다. 결정적 차이는 그리스어 신경의 맨 마지막에 나오는 '쪼엔 아이오니온'(ζωὴν αἰώνιον), 곧 '영원한 생명'뿐이다. 라틴어 번역본에는 이 문장이 아예 없다. 그러나 바로 위에 있는 육체의 부활은 모든 신경에 남아 있다. 이는 예수가 3일 만에 부활하여 제자들과 먹고 마시며 대화를 나눈 것이 기독교 신자들에게는 성령보다 더 깊은 감명을 남겼기 때문으로 보인다. 사실 그 당시 기독교인들에게는 영혼의 부활을 이해하는 것은 크게 문제가 되지 않았다. 헬레니즘 문화가 지배하던 그 당시 세상에서 그리스 철학에서 흔한 영혼불멸은 쉽게 받아들일 수 있는 사상이었다. 그러나 몸이 다시 살아난다는 것은 매우 충격적인 일이었다. 이집트 시절부터 많은 사람이 노력을 했지만 육체가 다시 살아나는 경우는 없었기 때문이다. 그런데 기독교에서는 예수가 육체적으로 죽었다가 살아나는 모범을 보여 주었다. 사실 부활 신앙이 아니면 기독교가 이렇게 세력을 얻지 못했을 가능성이 크다.

영생은 민족과 국가 그리고 종교와 사상을 초월하여 인간의 본능에서 나오는 욕구였다. 죽음에 대한 두려움과 맹목적인 생의 의지가 결합된 영생의 기원은 특히 여러 종교의 교리에서 좋은 소재가 되었다. 그러나 그 동일한 인물의 몸이 다시 살아나는 것을 주장하는 경우는 매우 드물다. 대부분 육체는 소멸하고 영혼만이 다시 살아나는 영혼 불멸의 사상을 내세웠다. 그러나 기독교는 예수의 부활로 몸이 다시 살아나는 부활 신앙을 확신하게 된 셈이다. 그런데 바울은 부활한 몸은 영적인 것으로 지상에서 지닌 살과 피가 있는 육체와는 전혀 다른 것이라고 다음과 같이 주장한다.

"물질적인 몸으로 묻히지만 영적인 몸으로 되살아납니다. 물질적인 몸이 있으면 영적인 몸도 있습니다."(코린토전서 15, 44)

그리스어 원문은 다음과 같다.

Σπείρεται σῶμα ψυχικόν, ἐγείρεται σῶμα πνευματικόν. εἰ ἔστιν σῶμα ψυχικόν, ἔστιν καὶ πνευματικόν.

여기에 나오는 '소마 프시키콘'(σῶμα ψυχικόν), 곧 물리적인 육체와 '소마 프누마티콘'(σῶμα πνευματικόν), 곧 영적인 몸의 구분은 사실 복음서의 부활한 몸의 해석과 정면으로 대립하는 개념이다. 부활한 예수의 몸을 제자들이 직접 만지고 확인했기 때문이다. 〈루카복음〉에서 그 사실을 정확히 볼 수 있다.

"내 손과 내 발을 보아라. 바로 나다. 나를 만져 보아라. 유령은 살과 뼈가 없지만, 나는 너희도 보다시피 살과 뼈가 있다."(루카 24, 39)

그리스어 원문은 다음과 같다.

ἴδετε τὰς χεῖράς μου καὶ τοὺς πόδας μου ὅτι ἐγώ εἰμι αὐτός· ψηλαφήσατέ με καὶ ἴδετε, ὅτι πνεῦμα σάρκα καὶ ὀστέα οὐκ ἔχει καθὼς ἐμὲ θεωρεῖτε ἔχοντα.

여기에서 예수는 분명히 '프시라페사테 메 카이 이데테'(ψηλαφήσατέ με καὶ ἴδετε), 곧 나를 만지고 보라고 한다. 그리고 바로 '프뉴마 사르카 카이 오스테아 우크'(πνεῦμα σάρκα καὶ ὀστέα οὐκ), 곧 영적인 존재, 다시 말해서 유령은 살과 뼈가 없다고 단언했다. 여기에 나오는 명사 '프뉴마'(πνεῦμα)는 바울의 주장에 나온 형용사 '프뉴마티콘'(πνευματικόν)과 같은 의미를 지닌 단어이다. 왜 바울은 예수가 하지 않은 이야기를 만들어 낸 것일까? 한마디로 그는 예수의 부활한 모습을 본 적이 없기 때문이다.

그러나 기독교 역사에서 바울이 미치는 영향력이 매우 강력하였기에 부활 이후 인간이 지니는 몸이 죽기 전의 몸과 다르다는 결론을 내릴 수밖에 없었다. 이 경우 복음서에 나오는 부활의 의미는 달라진다. 바울에 따르면 예수는 부활 이전과 동일한 몸으로 제자들과 함께 있다가 승천한 것이 아니라 다른 몸을 가진 존재가 된다. 그렇다면 논리적으로 예수는 과거의 몸에서 새로운 몸으로 영혼만 이동한 것이 된다. 그러나 예수는 부활 후 제자들이 만질 수 있는 살과 뼈를 지녔고 그들과 함께 식사도 했다. 바울이 말한 영적인 몸만 가진 이가 식사를 할 리가 만무하다. 이 모순을 교회가 제대로 해결할 수는 없는 일이기에 계속 이 모순에 대한 신학적 해석을 지속해 왔다. 그러나 어차피 답이 없다. 지금까지 부활을 체험한 기독교 신자는 단 한 명도 없기에 증명할 길이 없기 때문이다.

물론 기독교의 부활은 불교의 윤회와는 전혀 다른 개념이다. 불교에서는 열반에 이르기까지 계속 다시 태어난다고 한다. 그런데 그 윤회하는 주체가 누구인지는 명확하지 않다. 영혼인지, 정신인지, 아니면 자아인지 구분하기 어렵다. 불교에서는 윤회의 주체에 대한 분석보다는 윤회와 열반의 조건에만 더 심혈을 기울여 연구하였다. 그래서 특히 〈유식론〉에서는 윤회를 둘러싼 엄청난 이론을 정립하였지만 정작 그 윤회와 열반의 주체에 대한 이론은 거의 찾아볼 수가 없다. 사실 불교에서는 '나'라는 존재 자체가 허상인 것이니 그러한 나에 대한 분석 자체가 무의미한 구조적 문제가 있기 때문으로 보인다. 이 세상이 공허한 것이고 또 공허한 것이 세상이며 그 세상이 있다고 생각하고 집착하는 자아가 허상이니 분석 대상 자체가 될 수 없다. 원래 마음이 실체가 없는 무아인데 그 무아가 윤회한다는 주장은 논리적으로 설명될 수 없는 모순이다. 문제는 불교에서도 기독교와 마찬가지로 윤회한 사람이 없다는 사실에 있다. 물론 티벳 불교의 경우 달라이 라마가 계속 윤회한다고 믿지만 그것은 문자 그대로 믿음일 뿐이다.

그런데 오늘날 물리학적 지식으로 볼 때 오히려 몸이 부활하고 영혼은 사라진다. 우리 몸을 구성하는 요소는 다른 물질적 존재에서 왔다. 지구도 이미 이전에 존재했던 별이 폭발하고 나서 다시 모인 물질들로 만들어졌다. 인간의 몸은 그 지구의 구성요소가 모여서 형성된 것이다. 인간이 죽으면 그 몸을 구성한 요소들은 다시 분해되어 다른 물질의 구성요소가 된다. 물질은 이런 식으로 윤회한다. 그러나 영혼의 윤회는 단 한 번도 객관적으로 증명된 적이 없다. 그저 모든 종교와 사상에서 설을 만들고 전파할 뿐이다. 객관적으로 검증할 수 없는 것은 아무리 진리라 해도 여기 지금 사는 사람들에게 아무런 소용이 없다.

그런데 기독교에서도 불교와 비슷한 윤회를 주장한 교부가 있었다. 대표적인 것이 117년부터 138년까지 활동한 영지주의자 바실레데스(Βασιλείδης, 생몰 불명)였다. 그러나 그는 이단으로 몰렸기에 그가 저술한 〈해석〉(Exegetica)은 현재 남아 있지 않다. 그의 윤회론은 사실 유대인들이 지닌 부활 의식과 유사한 면이 있다. 그러나 이 문제는 여기에서 중요하지 않으니 다음 기회에 논하기로 한다.

다시 바울이 이야기한 물질적인 몸과 영적인 몸으로 돌아가자. 앞에서 말한 대로 이러한 몸의 구분은 예수가 전혀 말한 적이 없다. 그리고 복음서에서도 나오지 않은 개념이다. 그래서 부활을 논할 때 복잡한 신학적 변명이 만들어질 수밖에 없었다.

예수는 우리에게 무엇을 바란 것인가?

예수는 인간이 이미 완성된 천국으로 가고자 노력하라고 말한 적이 없다. 천국은 그런 식으로 어딘가 이미 존재하는 장소가 아니다. 예수는 우리가 이 세상을 천국으로 만드는 데 자신에게 협조할 것을 요청하였다. 그 협력의 첫걸음이 바로 회개이다. 회개는 죄를 전제로 한다. 그 죄를 기독교에서는 흔히 원죄로 설명한다. 그러나 그 죄는 회개로 씻어지는 것이 아니다. 그러므로 예수가 우리에게 요구한 회개는 원죄 의식을 가지고 반성하는 것이 아니다. 오히려 이 세상을 천국으로 만들지 못한 죄를 회개하라는 의미이다. 천국은 어디 다른 곳에 있는 것이 아니라 우리가 사는 여기 지금 존재하는 것이다. 그 천국은 예수가 이 땅에 온 것으로 시작되었다. 그리고 이제 그 천국은 완성을 향해 나가고 있다. 그런데 인간이 협력하지 않으면 이 천국은 완성되지 않는다. 그리고 천국이 완성되지 않으면 우리가 사는 지금 여기는 바로 지옥이 되고 만다. 그래서 예수는 우리가 지옥에 살지 않기를 바라는 마음으로 신의 뜻이 하늘에서와 같이 땅에서도 이루어지기를 바란다고 하였다.

사실 모든 인간의 부활에 관하여 복음서보다 훨씬 앞서 예수의 부활을 이야기한 사람은 바울이었다. 그는 〈코린토전서〉 15장에서 예수의 부활과 승천에 대하여 자기 나름대로, 그러나 기독교 교리와 신학에서 매우 결정적인 이야기를 다음과 같이 하고 있다.

그리스도께서는 성경 말씀대로 우리의 죄 때문에 돌아가시고 묻히셨으며, 성경 말씀대로 사흘날에 되살아나시어, 케파에게, 또 이어서 열두 사도에게 나타나셨습니다. 그다음에는 한 번에 오백 명이 넘는 형제들에게 나타나셨는데, 그 가운데 더러는 이미 세상을 떠났지만 대부분은 아직도 살아 있습니다. 그다음에는 야고보에게, 또 이어서 다른 모든 사도에게 나타나셨습니다. 맨 마지막으로는 칠삭둥이 같은 나에게도 나타나셨습니다.(코린토전서 15, 3-8)

이어서 바울은 같은 편지에서 인간의 부활에 관한 논리를 전개하면서 예수나 그의 제자들이 전혀 하지 않을 이야기를 하고 있다.

그리스도께서 죽은 이들 가운데에서 되살아나셨다고 우리가 이렇게 선포하는데, 여러분 가운데 어떤 사람들은 어째서 죽은 이들의 부활이 없다고 말합니까? 죽은 이들의 부활이 없다면 그리스도께서도 되살아나지 않으셨을 것입니다. 그리스도께서 되살아나지 않으셨다면, 우리의 복음 선포도 헛되고 여러분의 믿음도 헛됩니다. 우리는 또 하느님의 거짓 증인으로 드러날 것입니다. 죽은 이들이 정말로 되살아나지 않는다면 하느님께서 그리스도를 되살리지 않으셨을 터인데도, 하느님께서 그리스도를 되살리셨다고 우리가 하느님을 거슬러 증언한 셈이기 때문입니다. 죽은 이들이 되살아나지 않는다면 그리스도께서도 되살아나지 않으셨을 것입니다. 그리스도께서 되살아나지 않으셨다면, 여러분의 믿음은 덧없고 여러분 자신은 아직도 여러분이 지은 죄 안에 있을 것입니다. 그리스도 안에서 잠든 이들도 멸망하였을 것입니다. 우리가 현세만을 위하여 그리스도께 희망을 걸고 있다면, 우리는 모든 인간 가운데에서 가장 불쌍한 사람일 것입니다. 그러나 이제 그리스도께서는 죽은 이들 가운데에서 되살아나셨습니다. 죽은 이들의 맏물이 되셨습니다. 죽음이 한 사람을 통하여 왔으므로 부활도 한 사람을 통하여 온 것입니다. 아담 안에서 모든 사람이 죽는 것과 같이 그리스도 안에서 모든 사람이 살아날 것입니다. 그러나 각각 차례가 있습니다. 맏물은 그리스도이십니다. 그다음은 그리스도께서 재림하실 때, 그분께 속한 이들입니다. 그러고는 종말입니다. 그때에 그리스도께서는 모든 권세와 모든 권력과 권능을 파멸시키시고 나서 나라를 하느님 아버지께 넘겨드리실 것입니다. 하느님께서 모든 원수를 그리스도의 발아래 잡아다 놓으실 때까지는 그리스도께서 다스리셔야 합니다. 마지막으로 파멸되어야 하는 원수는 죽음입니다. 사실 "하느님께서는 모든 것을 그의 발아래 굴복시키셨습니다." 그런데 모든 것이 굴복되었다고 말할 때, 모든 것을 그에게 굴복시키신 분이 제외된다는 것은 명백합니다. 그러나 아드님께서도 모든 것이 당신께 굴복할 때에는, 당신께 모든 것을 굴복시켜 주신 분께 굴복하실 것입니다. 그리하여 하느님께서는 모든 것 안에서 모든 것이 되실 것입니다. 그렇지 않다면, 죽은 이들을 위하여 세례를 받는 사람들은 무엇을 하겠다는 것입니까? 죽은 이들이 전혀 되살아나지 않는다면 무엇 때문에 그들을 위하여 세례를 받습니까? 우리는 또 무엇 때문에 늘 위험을 무릅쓰고 있습니까?

(코린토전서 15, 12-30)

복음서에서는 제대로 설명되지 못한 죽음과 부활의 관계를 바울은 매우 단호한 어조로 설명한다. 예수를 만나지도, 가르침을 직접 받지도 않은 사람이 이 정도의 확신으로 말할 수 있다는 것이 놀라울 따름이다. 그런데 여기에서 한 걸음 더 나아가 바울은 아예 영혼과 함께 하는 몸의 부활에 대하여 이야기한다.

그러나 "죽은 이들이 어떻게 되살아나는가? 그들이 어떤 몸으로 되돌아오는가?" 하고 묻는 이가 있을 수 있습니다. 어리석은 사람이여! 그대가 뿌리는 씨는 죽지 않고서는 살아나지 못합니다. 그리고 그대가 뿌리는 것은 장차 생겨날 몸체가 아니라 밀이든 다른 종류든 씨앗일 따름입니다. 그러나 하느님께서는 당신이 원하시는 대로 그 씨앗에 몸체를 주십니다. 씨앗 하나하나에 고유한 몸체를 주시는 것입니다. 육체라고 다 같은 육체가 아닙니다. 사람의 육체가 다르고 집짐승의 육체가 다르고 날짐승의 육체가 다르고 물고기의 육체가 다릅니다. 하늘에 속한 몸체들도 있고 땅에 속한 몸체들도 있습니다. 그러나 하늘에 속한 몸체들의 광채가 다르고 땅에 속한 몸체들의 광채가 다릅니다. 해의 광채가 다르고 달의 광채가 다르고 별들의 광채가 다릅니다. 별들은 또 그 광채로 서로 구별됩니다. 죽은 이들의 부활도 이와 같습니다. 썩어 없어질 것으로 묻히지만 썩지 않는 것으로 되살아납니다. 비천한 것으로 묻히지만 영광스러운 것으로 되살아납니다. 약한 것으로 묻히지만 강한 것으로 되살아납니다. 물질적인 몸으로 묻히지만 영적인 몸으로 되살아납니다. 물질적인 몸이 있으면 영적인 몸도 있습니다. 성경에도 이렇게 기록되어 있습니다. "첫 인간 아담이 생명체가 되었다." 마지막 아담은 생명을 주는 영이 되셨습니다. 그러나 먼저 있었던 것은 영적인 것이 아니라 물질적인 것이었습니다. 영적인 것은 그다음입니다. 첫 인간은 땅에서 나와 흙으로 된 사람입니다. 둘째 인간은 하늘에서 왔습니다. 흙으로 된 그 사람이 그러하면 흙으로 된 다른 사람들도 마찬가지입니다. 하늘에 속한 그분께서 그러하시면 하늘에 속한 다른 사람들도 마찬가지입니다. 우리가 흙으로 된 그 사람의 모습을 지녔듯이, 하

늘에 속한 그분의 모습도 지니게 될 것입니다. 형제 여러분, 내가 말하려는 것은 이렇습니다. 살과 피는 하느님의 나라를 물려받지 못하고, 썩는 것은 썩지 않는 것을 물려받지 못합니다. 자, 내가 여러분에게 신비 하나를 말해 주겠습니다. 우리 모두 죽지 않고 다 변화할 것입니다. 순식간에, 눈 깜박할 사이에, 마지막 나팔 소리에 그리될 것입니다. 나팔이 울리면 죽은 이들이 썩지 않는 몸으로 되살아나고 우리는 변화할 것입니다. 이 썩는 몸은 썩지 않는 것을 입고 이 죽는 몸은 죽지 않는 것을 입어야 합니다. 이 썩는 몸이 썩지 않는 것을 입고 이 죽는 몸이 죽지 않는 것을 입으면, 그때에 성경에 기록된 말씀이 이루어질 것입니다. "승리가 죽음을 삼켜 버렸다. 죽음아, 너의 승리가 어디 있느냐? 죽음아, 너의 독침이 어디 있느냐?" 죽음의 독침은 죄이며 죄의 힘은 율법입니다. 우리 주 예수 그리스도를 통하여 우리에게 승리를 주시는 하느님께 감사드립시다. 그러므로 사랑하는 형제 여러분, 굳게 서서 흔들리지 말고 언제나 주님의 일을 더욱 많이 하십시오. 주님 안에서 여러분의 노고가 헛되지 않음을 여러분은 알고 있습니다.(코린토전서 15, 35-58)

이렇게 정교한 부활 논리는 사도들은 물론 예수 자신의 입에서도 나온 적이 없다. 바울은 기독교인들을 박해하다가 갑자기 회심하고 기독교를 열정적으로 전파하는 선교사로 전향한 사람이다. 그래서 사도들은 그의 정체성에 대하여 의심하고 베드로와 대립하기까지 하였다. 그런데 사도들이 예수의 가르침을 교리화하는데 전혀 관심 없고 그저 예수의 언행을 사람들에게 알리고 그가 당부한 대로 이웃사랑을 실천하는데 몰두하는 동안 바울이 재빠르게 주도권을 장악한 것이다. 그리고 기독교 교리의 핵심인 부활에 관하여 이런 논리를 확립하였다.

사실상 기독교의 교리에서 가장 중요한 부활과 승천에 관한 내용은 이것이 전부라고 할 수 있다. 그 나머지는 기독교 신자들의 신앙고백의 차원에서 해석한 것일 뿐이다. 특히 바울의 고유한 해석은 예수에 대한 숭배의 틀을 확립하는 데에 결정적인 이바지를 하였다. 부활을 확신하던 바리사이파에 속한 바울이 이런 주장을 한 것은 어찌 보면 당연하다. 그리고 이렇게 예수에 대한 숭배로 기울면서 정작 예수의 가르침, 곧 자기희생과 세상에 대한 부정, 그리고 하늘나라의 도래를 위한 준비를 실천하는 것의 중요성 뒤로 물러나게 되었다. 그 대신에 예수에게 모든 세상적 복을 비는 기복신앙의 형태로 변형되게 된다. 사실 예수는 자신을 숭배하라는 요구를 단 한 번도 한 적이 없음에도 말이다. 매우 오랫동안 교회에서는 예수의 부활과 승천에 관한 교리만을 신자들에게 가르쳤을 뿐 정작 그 교리의 기초가 되는 성경 내용에 대한 비판적 분석은 신경을 쓰지 않았다. 19세기의 역사비평적 성경 연구가 시작되면서 비로소 예수의 참모습과 그 가르침의 본질에 대한 접근이 가능해졌다. 그래서 예수가 말한 부활도 현대에 와서야 비로소 그 본질적 의미가 본격적으로 드러나게 된 셈이다.

특히 기독교의 부활에서 중요한 것은 영혼과 더불어 몸도 부활한다는 점이다. 다만 이때 부활하는 몸(Leib)은 죽기 전에 지니고 있던 육체(Körper)와는 전혀 다른 것이다. 세례를 통하여 새로운 영의 사람이 되듯이 부활을 통하여 인간은 전혀 다른 몸의 사람이 된다. 그 몸으로 천국에서 살면 더 이상 병들지도 늙지도 않고 영원한 생명을 누린다. 그런데 과연 그런가?

사실 부활은 기독교의 고유한 개념이 아니다. 기독교의 모태가 된 유대교에도 부활 사상이 들어 있다. 그러나 〈다니엘서〉에 나오는 부활은 영혼만 관련된다.(다니엘서 12, 1-3 참조) 〈구약성경〉에서 부활 사상이 강하게 나오는 것은 단연 〈마카베오기〉다. 이 성경 저자는 전장에서 죽어간 유대 민족의 전사들이 결국 부활할 것이기에 그들을 위하여 기도하였다.

그가 전사자들이 부활하리라고 기대하지 않았다면, 죽은 이들을 위하여 기도하는 것이 쓸모없고 어리석은 일이었을 수 있다. 그러나 경건하게 잠든 이들에게는 훌륭한 상이 마련되어 있다고 내다보았으니, 참으로 거룩하고 경건한 생각이었다. 그러므로 그가 죽은 이들을 위하여 속죄한 것은 그들이 죄에서 벗어나게 하려는 것이었다.(마카베오기 하권

12, 44-45 참조)

　이 전통은 다시 예수 시절에 이미 파벌 간의 알력에 따라 다르게 해석된다. 당시 종교적으로 막강한 세력을 부리던 사두가이파는 영혼과 더불어 육체도 죽음과 더불어 소멸한다고 믿었다. 그리고 쿰란 동굴 문서로 유명해진 에세네파는 영혼만이 영원하고 육신은 소멸된다고 믿었다. 율법에 관하여 예수에게 욕을 많이 먹던 바리사이파는 영혼은 불멸하고 몸도 그 영혼을 담는 도구로 부활한다고 믿었다. 그런데 개종하기 전에 열정적인 바리사이파에 속했던 바울은 〈코린토전서〉 15장 35절 이하에서 매우 장황한 논조로 그 몸이 지상에서 살고 있을 때 지녔던 것과는 전혀 다른 것임을 강조한다. 그러나 이는 명백히 공관복음서에 나오는 예수의 부활한 몸과 거리가 있는 해석이다. 예수는 분명히 부활하기 전과 동일한 몸을 가지고 제자들 앞에 나타났다. 십자가에 매달릴 때 입은 상처도 그대로였고 제자들이 구운 생선도 함께 나누어 먹었다. 유령이 아니라 피와 살이 있는 몸을 지닌 존재였다. 그러나 부활한 예수를 만나본 적이 없는 바울로서는 신과 다름없는 예수가 '더러운' 인간의 몸을 지니고 있다는 것을 상상할 수 없는 일이었다.

　부활에 대하여 예수가 직접 이야기한 것은 〈마태복음〉에 나온다.

　"너희가 성경도 모르고 하느님의 능력도 모르니까 그렇게 잘못 생각하는 것이다. 부활 때에는 장가드는 일도 시집가는 일도 없이 하늘에 있는 천사들과 같아진다. 그리고 죽은 이들의 부활에 관해서는 하느님께서 너희에게 하신 말씀을 읽어 보지 않았느냐? '나는 아브라함의 하느님, 이사악의 하느님, 야곱의 하느님이다.' 하고 말씀하셨다. 그분께서는 죽은 이들의 하느님이 아니라 산 이들의 하느님이시다." 군중은 이 말씀을 듣고 그분의 가르침에 감탄하였다.(마태 22, 29-33)

여기에서도 예수는 부활의 사정에 대한 자세한 설명보다는 부활 이후의 삶에 대하여 간단히 말하고 있다. 예수의 말에 따르면 부활 때 인간은 천사와 같아진다. 이어서 예수는 신이 죽은 이들이 아니라 산 이들의 신이라고 일갈한다. 그러나 이 말의 의미는 해석하는 사람에 따라 얼마든지 다른 설명이 가능하다. 곧 죽은 이들, 곧 구원받지 못한 이들에게는 부활이 없고 오로지 구원받아 영생을 누리는 이들에게만 신과 함께 영생하는 특권이 가능하다는 해석이 먼저 나올 수 있다. 그리고 또다른 해석은 죽은 이들의 부활에 대해서는 사실상 논의하는 것이 의미가 없다는 것이다.

그런데 같은 이야기를 〈루카복음〉에서는 다른 뉘앙스로 이야기하고 있다.

"이 세상 사람들은 장가도 들고 시집도 간다. 그러나 저세상에 참여하고 또 죽은 이들의 부활에 참여할 자격이 있다고 판단받는 이들은 더 이상 장가드는 일도 시집가는 일도 없을 것이다. 천사들과 같아져서 더 이상 죽는 일도 없다. 그들은 또한 부활에 동참하여 하느님의 자녀가 된다. 그리고 죽은 이들이 되살아난다는 사실은, 모세도 떨기나무 대목에서 '주님은 아브라함의 하느님, 이사악의 하느님, 야곱의 하느님'이라는 말로 이미 밝혀 주었다. 그분은 죽은 이들의 하느님이 아니라 산 이들의 하느님이시다. 사실 하느님께는 모든 사람이 살아 있는 것이다."(루카 20, 34-38)

여기에서는 선택된 이들만이 부활할 수 있다는 점이 강조되고 있다. 결국 하느님의 자녀가 될 사람만 부활하는 것이다. 그리고 영원히 살게 되는 이들과 마찬가지로 영원히 죽게 되는 이들도 있다는 말이다. 〈루카복음〉의 설명을 보면 〈마태복음〉에서 애매하게 설명했던 '죽은 이들의 하느님이 아니라 산 이들의 하느님'이라는 말의 의미가 명료해진다. 곧 신에게는 모든 인간이 최후의 심판을 받아 천국에 갈 때까지도 죽지 않는다. 지옥에 가는 인간도 결국 죽지 않는다. 영원한 형벌을 받을 뿐이다. 지옥에서 인간은 영원히 꺼지지 않는 불로 고통을 당한다. 그런데 그 불로 고통을 당하는 것이 영혼인지 아니면 몸인지 알 수 없지만 일단 기독교 종말론에서는 모든 인간이 몸과 더불어 부활하여 신의 최후의 심판을 받는 것이니 지옥에 가는 이들도 결국 몸을 가지고 가는 것으로 상정될 수밖에 없다. 그래서 지옥에서 고통을 받는 것은 영혼과 더불어 몸도 된다고 본다.

예수 이전에 승천한 인물로 이야기되는 경우는 〈구약성경〉에 두 명이 나온다. 바로 에녹과 엘리야다. 다만 이들은 죽지 않은 상태로 하늘로 올랐다. 예수의 경우는 부활하고 승천한 것이니 경우가 다르다. 아담의 육대손인 에녹은 신과 동행하는 가운데 신이 데려갔다고 설명되어 있다.

에녹은 하느님과 함께 살다가 사라졌다. 하느님께서 그를 데려가신 것이다.(창세기 5, 24)

〈구약성경〉에는 그가 아담의 칠 대손이라고 하는데 이는 아담 자신을 제1대로 보고 계산하는 유대인들의 습속 때문이다. 그런데 문제가 있다. '신이 데려갔다'라는 표현이 죽었다는 것을 의미할 수도 있기 때문이다. 다만 에녹에 관한 족보가 나오는 〈창세기〉 5장에서 에녹을 제외한 모든 인물이 '죽었다'라고 표현되었으나 유독 에녹만 '신이 데려갔다'라는 표현을 사용했고 다른 인물들에 비해 365살이라는 짧은 나이로 사라졌기에 그런 상상력을 발휘할 수 있게 된 것으로 보인다. 그런데 〈신약성경〉에서 바울이 단정적으로 그가 죽음을 보지 않았다고 말한다.

> 믿음으로써, 에녹은 하늘로 들어 올려져 죽음을 겪지 않았습니다. "하느님께서 그를 하늘로 들어 올리셨기 때문에, 아무도 그를 더 이상 볼 수가 없었습니다." 그는 하늘로 들어 올려지기 전에 "하느님의 마음에 들었다."고 인정을 받았습니다. (히브리서 11, 5)

물론 이 문장은 바울이 가장 중요하게 여기는 믿음을 강조하다 보니 나온 말로 보인다. 그러나 성경 무오류설을 믿는 이들에 의해 기독교에서는 에녹은 죽지 않고 승천한 인물로 해석된다. 단 한 문장에 불과한 바울의 주장을 근거로 말이다.

그런데 엘리야의 경우는 에녹과 전혀 다르다. 〈구약성경〉에서 그의 승천에 관한 분명한 묘사를 찾아볼 수 있다.

강을 건넌 다음 엘리야가 엘리사에게 물었다. "주님께서 나를 너에게서 데려가시기 전에, 내가 너에게 해주어야 할 것을 청하여라." 그러자 엘리사가 말하였다. "스승님 영의 두 몫을 받게 해 주십시오." 엘리야가 말하였다. "너는 어려운 청을 하는구나. 주님께서 나를 데려가시는 것을 네가 보면 그대로 되겠지만, 보지 못하면 그렇게 되지 않을 것이다." 그들이 이야기를 하면서 계속 걸어가는데, 갑자기 불 병거와 불 말이 나타나서 그 두 사람을 갈라놓았다. 그러자 엘리야가 회오리바람에 실려 하늘로 올라갔다. 엘리사는 그 광경을 보면서 외쳤다. "나의 아버지, 나의 아버지! 이스라엘의 병거이시며 기병이시여!" 엘리사는 엘리야가 더 이상 보이지 않자, 자기 옷을 움켜쥐고 두 조각으로 찢었다. 엘리사는 엘리야에게서 떨어진 겉옷을 집어들고 되돌아와 요르단강 가에 섰다.(열왕기 하권 2, 9-13)

예언자로서 왕성하게 활동하던 엘리야는 불마차를 타고 회오리바람에 실려 하늘로 올라갔다. 그리고 이런 일이 이미 벌어질 것을 엘리사도 알고 있었다. 예정된 사건인 것이다. 그러나 여기에서도 예수처럼 죽었다가 사흘 만에 부활하는 구조는 보이지 않는다. 이런 의미에서 예수의 죽음과 부활 그리고 승천은 기독교의 고유한 교리로 여겨질 수 있다. 사실 신적 존재가 죽었다가 부활하는 이야기는 다른 종교와 신화에서 흔히 나타나는 모티브이다. 그러나 죽은 몸이 다시 살아나서 영혼과 합쳐진 상태로 새로운 삶을, 그것도 온전한 몸을 가진 영혼이 영원한 삶을 산다는 것은 기독교의 고유한 도식으로 자리 잡아 여전히 핵심 교리가 되고 있다. 이 모든 교리의 근거는 예수가 신의 아들이라는 도그마이다. 그런데 그 신의 아들이 성경에는 많은 가족과 함께 살았던 것으로 나온다. 어찌 신이 지상의 인간을 가족으로 함께 살 수 있었는가? 예수의 가족을 살펴보지 않을 수 없다.

예수의 가족

신은 왜 예수의
아버지가 되었나

기독교 기도문의 정점인 '주기도문'은 〈신약성경〉의 〈마태복음〉과
〈루카복음〉에 나오는 '예수의 기도'를 편집하여 만들었다.

먼저 〈마태복음〉에 나오는 기도문을 보자.
"하늘에 계신 우리의 아버지시여 당신의 이름이 거룩해지기를 빕니
다."(Πάτερ ἡμῶν ὁ ἐν τοῖς οὐρανοῖς, ἁγιασθήτω τὸ ὄνομά σου,
마태 6, 9)

〈루카복음〉에 나오는 말도 비슷하다.
"아버지, 당신의 이름이 거룩해지기를 빕니다."(Πάτερ, ἁγιασθήτω
τὸ ὄνομά σου, 루카 11, 2)

기독교에서 신은 아버지다. 그렇다면 신은 남자인가? 〈가톨릭교회교리서〉에는 그렇지 않다고 나온다.

"그러므로 신이 인간의 성의 구분을 초월한다는 것을 명심해야 한다. 신은 남자도 여자도 아니다. 신은 신이다."(Recordari igitur oportet, Deum humanam sexuum transcendere distinctionem. Ille nec vir est nec femina, Ille est Deus., 〈가톨릭교회교리서〉, 239항)

그런데 바로 이어서 다음과 같은 말이 나온다.

"신은 인간의 부성과 모성을 초월한다. 신이 그것들의 기원과 잣대가 되지만 말이다. 그 누구도 신이 아버지인 것처럼 아버지가 될 수는 없다."(Paternitatem etiam et maternitatem transcendit humanas, licet earum sit origo atque mensura: nemo pater est, sicut Deus est Pater.)

매우 모순적으로 들리는 말이지만 '아버지'(Pater)를 대문자로 표기하여 유대인의 민족신인 '야훼'(יהוה)만을 지칭하는 고유명사로 처리하면서 모순을 해결하고자 노력하고 있다. 결론적으로 신은 아버지이지만 남자나 여자가 아니라 남녀의 상대성을 초월한 절대적인 존재라는 말이다. 논리적으로 이는 타당하다. 기독교 신자가 아닌 이들에게는 이러한 주장이 심정적으로 받아들이기 어려운 말장난처럼 들릴 수도 있다. 사실 기독교 이전에 유대교에서도 신을 '아버지'라고 불렀다. 이스라엘의 조상인 아담은 신이 만든 존재이니 아담을 낳은 의미에서 아버지인 것이 논리적으로 맞는 말이다. 이 논리로 보자면 인간은 신이 직접 생산한 자기 자녀이다. 그런데 이는 다른 많은 문명권과는 사뭇 다른 독특한

해석이다. 신이 세상과 인간을 창조한다는 신화는 많지만, 인간이 신의 자녀라고 주장하는 민족은 거의 찾아보기 힘들다.

그러나 신은 신이다. 유대교에서 인간과 거룩한 호흡, 곧 성령은 신의 경지에 결코 이르지 못하였다. 또한 다른 여러 종교에서 볼 수 있는 남성신에 대비되는 여성신의 개념도 유대교에서는 찾아볼 수가 없다. 철저한 남성중심주의적인 유대교 문화에서 아버지만이 강조되는 것은 당연한 일이었다. 그러나 후대에 양성평등 사상이 대두되면서 신의 '남성성'이 페미니즘의 공격 대상이 되어 신학계에서는 신의 성을 논하는 것 자체의 무의미성을 내세우는 것으로 방어에 나서게 되었다.

그런데 유대교의 남성중심주의를 기독교가 고스란히 받아들이면서 아버지 신은 오로지 아들 예수와만 배타적 관계를 맺는 존재로 해석되었다. 그리고 더 나아가 이 유일한 아들의 개념과 존재의 의미가 강화되고 확대되었다. 곧 예수가 자신의 아버지인 신과 본질적으로 같은, 곧 서로가 서로의 본질 안에 침투하는 존재가 된 셈이다. 그런데 유대교와 달리 기독교의 아버지 신은 예수를 낳는 데에 구약처럼 신의 말씀이 아니라 마리아라는 평범한 인간인 여성을 필요로 하였다. 사실 여기에서는 유대교와 무관한 그리스 신화적인 모티브가 작용하고 있다. 그런데 그리스 신화에서는 제우스의 여러 자녀들이 신적인 존재이지만 결코 제우스를 능가할 수 없는데 비하여 예수는 신의 유일한 아들이며 본질적으로는 신 자신이기도 하다. 곧 신이 아들의 몸이라는 형상을 통하여 세속 사회에 자신을 드러낸 셈이다. 그리고 그 예수는 신의 아들이지만 인간들 앞에서 신을 대리할 뿐 아니라 신 자체인 존재가 되어 버렸다. 이는 당연히 유대인들의 눈에는 신성모독에 해당되는 일로 죽음으로 그 대가를 치러야만 하는 일이었다.

그런데 기독교의 신은 왜 이리 유대교 전통에서는 매우 낯선 방법으로 인간 세계에 강생(incarnatio), 곧 내려온 것일까? 그것은 전적으로 인간의, 정확히는 아담의 잘못으로 어긋난 신과 인간의 관계를 회복하려는 '자비로운' 신의 뜻에서 나왔다. 그런데 놀라운 점은 인간이 지은 죄를 반성도 하지 않은 상황에서 신이 몸소 지상으로 내려와 그 죄를 무상으로 용서하여 주었다는 사실이다. 인간이 죄를 용서해 달라고 요청하기도 전에 신이 알아서 인간을 용서하고 인간을 사랑했다는 말이다. 이렇게 기독교의 신은 인간이 기도하거나 청원하기도 전에 자신의 판단에서 필요하다고 여기는 경우 인간을 위하여 최선을 다하는 존재로 해석되었다. 이는 전적으로 자신이 직접 흙의 먼지에서 빚어 만든 자녀인 아담의 후예들, 특히 카인의 후예들의 죄를 용서하고 다시 자기 자녀로 받아들이는 아버지의 완전하고 아무런 대가도 없이 거저 주는 사랑을 보여 주기 위함이다. 이 부성(父性, paternitas)은 전적으로 신적인 것이기에 인간이 요청한 것이 아니다. 그리고 요청할 수도 없다. 그저 아버지의 처분만을 바랄 뿐이다. 그것도 인간에게 이로운 방향으로 말이다.

신이 인간의 죄로 신과 인간 사이에서 어긋나게 된 관계를 회복하기 위하여 자신에게 인간이 저지른 죄, 곧 선악과를 따먹지 말라는 명령을 어긴 죄를 용서하고 원상회복, 곧 인간의 영원한 삶을 회복시켜주었다. 인간이 반성하지 않았음에도 기독교의 신은 일방적으로 인간을 사랑하여 몸소 인간의 몸을 취하는 과정까지 서슴지 않았다. 정말로 진한 자식 사랑이 아닐 수 없다. 다른 어떤 종교 체계에서도 이런 지극한 부성이 강조된 경우는 거의 보기 힘들다. 다른 종교의 신은 인간계를 초월한 존재이고 궁극적으로는 전지전능한 존재이기에 인간을 특별히 사랑해야 할 의무가 전혀 없다. 자기 피조물에 대한 책임을 지고자 했다는 논리도 있지만 이미 신은 모든 짐승만이 아니라 하늘과 땅도 창조한 존재이다. 그런데 삼라만상 중에 하필 인간만을 특별히 자기 모습으로 만들어 세상에 보내는 것도 모자라 자신에게 대적하여 죽을죄를 지은 인간을 특별히 보호하고 우주에서의 인간의 지위를 최고로 격상시켰다.

바로 이 점에 대하여 현대의 생태론자들 가운데 상당수는 거부감을 보인다. 인간이 다른 생명체보다 더 우월하다는 근거는 없다는 주장이다. 그리고 실제로 인간은, 이런 글을 쓰는 나를 포함해서 모두 이기주의자들이다. 그러므로 인간이 신의 사랑도 배타적으로 소유하려는 경향을 보이는 것은 어찌 보면 인간의 근원적인 본성에서 나온 욕심이라고 볼 수도 있겠다. 나 자신이 아무리 부도덕해도 무조건 용서하고 사랑해 주는 존재를 모든 인간은 바란다.

기독교에서 현실의 인간에게 요구하는 아버지의 사랑, 곧 부성도 이와 같다. 아버지는 자녀의 태도와 반응에 무관하게 무한에 가까운 용서와 사랑을 베풀어야 하는 존재가 되어야 한다. 그런데 문제는 아담이 지었다는 이 원죄의 개념은 정작 유대교에서는 찾아볼 수가 없다는 사실이다. 복잡한 율법 체계로 신의 용서를 비는 제도를 완비한 유대교이지만 정작 기독교에서 가장 핵심적인 원죄는 없다. 그래서 그들의 조상인 아담의 죄에 대한 부채 의식을 유대교에서는 찾아볼 수가 없다. 그러니 유대교에서는 원죄를 용서받고 영생을 보장받을 이유도 없다. 그런데 엉뚱하게도 유대교에서 출발한 기독교에서는 이 원죄 개념이 그 교리에서 핵심을 차지한다. 그래서 사실 원죄가 없다면 예수가 등장할 필요가 없었다. 이러한 독특한 해석으로 기독교와 유대교의 예수에 대한 해석도 전혀 다르다. 유대교에서는 예수가 인류의 죄를 대신 용서한다는 개념 자체를 이해하지 못한다.

원래 유대교의 신은 인간의 아버지를 부르는 호칭인 '아바'(אבא)로 불린다. 예수도 신을 아빠라고 불렀다.

그런 다음 앞으로 조금 나아가 땅에 엎드리시어, 하실 수만 있으면 그 시간이 당신을 비켜 가게 해주십사고 기도하시며, 이렇게 말씀하셨다. "아빠! 아버지! 아버지께서는 무엇이든 하실 수 있으시니, 이 잔을 저에게서 거두어 주십시오. 그러나 제가 원하는 것을 하지 마시고 아버지께서 원하시는 것을 하십시오."(마르 14, 35-36)

그러나 유대교 신학에서 신은 기독교와는 달리 반드시 인격신은 아니다. 유대교의 민족신인 '야훼'(יהוה)를 아버지가 아니라 자연의 이법,

자연의 힘으로 여기는 유대교 교파도 적지 않다. 2008년에 미국에 사는 유대인들을 대상으로 조사한 결과에 따르면 야훼가 비인격적인 힘이라고 생각하는 이들의 숫자가, 야훼가 인간이 직접 관계를 맺을 수 있는 인격적 존재라고 생각하는 이들보다 2배가 많았을 정도이다. 곧 유대인들은 신을 반드시 인격적 존재로 여기지는 않는다는 말이다.

그럼에도 기독교에서 신은 인간의 모습을 한 아버지이다. 인간의 아버지와 마찬가지로 자신이 생산한 자녀, 곧 인류를 위해서 사랑밖에 모르는 존재이다. 모든 것을 용서하고 모든 것을 받아들이는 존재이다. 왜 이리되었을까? 그것은 전적으로 예수 때문이다. 기독교 신학에서 예수는 인간의 죄를 대신하여 갚아준 존재이다. 그리고 지상 생활에서도 인간을 사랑하는 것 말고는 아무것도 하지 않은 존재이다. 자신의 언행으로 신이 인간을 무한히 용서하고 무한히 사랑하는 존재로 정의해 버렸다. 그러니 이제 인간은 그 사랑을 믿고 마음대로 살아도 될 것만 같다.

그런데 예수는 경고한다. 아무나 아버지의 나라에 갈 수 있는 것은 아니라고.

"나에게 '주님, 주님!' 한다고 모두 하늘나라에 들어가는 것이 아니다. 하늘에 계신 내 아버지의 뜻을 실행하는 이라야 들어간다.(마태 7, 21)

여기에서 모순이 발생한다. 인간을 그토록 사랑해서 자기 외아들의 모습으로 지상에 와서 인간을 저주받은 죽음에서 구해 내고 영원한 생명을 선물한 존재가 다시 자신의 사랑을 받을 조건을 인간에게 제시한 셈이다. 유대교에서 야훼의 속성에 대한 해석이 다양하듯이 기독교에서도 신의 속성에 대한 해석이 다양할 수밖에 없는 근본적인 이유이다. 인간이 원하지도 않았는데 인간에 대한 연민으로 스스로 강생을 한 신이 자신의 사랑을 받아 자신과 함께 영생을 누릴 조건을 추가로 다시 제시한다. 이 모순적인 신의 행동은 해석이 필요할 수밖에 없다.

현대에 들어와서, 특히 20세기의 양차 세계대전 이후 서양에서는 기독교 신의 인간에 대한 사랑에 대해 회의적 시각이 급격히 대두되었다. 신이 인간을 그토록 사랑한다면 그의 자녀들이 그렇게 서로 원수가 되어 무참히 학살할 수는 없는 노릇이기 때문이다. 더구나 야훼 신을 배타적인 민족신으로 섬기는 유대인들의 엄청난 희생을 보고도 '침묵'하는 신은 도저히 이해되지 않는 존재가 되어 버렸다. 그리고 이러한 경험으로 과거 기독교가 로마제국의 국교로 공인된 이후 기독교의 이름으로 자행된 살육의 역사에 대한 재평가도 이루어지게 되었다.

사실 기독교의 이름으로 순교한 이들의 숫자는 기껏해야 10만 명도 안 되지만 기독교의 이름으로 살육된 이들의 숫자는 수억 명에 이르는 역사적 사실 앞에서 그러한 평가는 너무나 당연한 일이었다. 비록 제2차 세계대전 때에 유대인들이 기독교의 이름으로 죽임을 당한 것은 아니지만 과거에 유대인들이 종교로 박해받고 추방당한 일은 자주 있었다. 서기 70년경 예루살렘의 파괴 이후 2천 년 가까이 지속된 디아스포라의 긴 역사에서 유대인들의 시련은 야훼 신의 뜻이 과연 유대인들의 지상에서의 행복을 궁극적으로 바란 것인지에 대한 회의를 불러일으키기에 충분하다.

물론 나중에 신학자들은 그 또한 구약에 자주 나오는 대로 인간의 타락에 대한 야훼 신의 '분노'의 연장선상에서 해석하지만, 이는 어느 모로 억지 노름이 아닐 수 없다. 신이 아버지라면 사랑하는 자녀들의 곤경을 보고 그 정도로 심하게 손을 놓을 수는 없는 노릇이다. 논리적으로 말이 안 된다. 물론 신의 뜻은 신비의 영역이라서 인간의 상식으로는 이해가 안 된다고 주장하는 신학자도 있다. 그러나 아무리 숨은 뜻이 있다고 해도 집단수용소의 유대인들처럼 인간의 상식과 인내의 한계를 훨씬 넘어서는, 문자 그대로의 비인간적인 대접을 받는 '자녀들'을 그저 바라만 보고 있다는 것은 인간의 지성으로 파악할 수 없는 일을 넘어서서 받아들일 수 없는 일이었다.

사실 유대교와 기독교의 신은 양차 대전 이전까지 철저히 인간을 위한 인간의 아버지였다. 또한 그 신은 가부장제도의 든든한 버팀목이 되어 주었다. 그런데 그런 신이 아버지이니 가장도 집에서 제사장으로서 신의 권한의 대리자, 적어도 중계자가 될 수 있었던 역사가 마침내 종말을 고하게 되었다.

여기에는 물론 세계대전 중에 여성들이 본격적으로 자본주의의 생산 구조 안에 편입되는 사건이 결정적 영향을 미치게 되었다. 남성들이 전쟁으로 많이 사라지고 부상을 입어 장애인이 된 상황에서 여성들이 적극적으로 자본주의 생산 구조의 운영에 참여하며 경제적 독립을 이루기 시작하였다. 그래서 그 부수적인 결과로 이혼율이 폭발적으로 늘어나게 되었다. 이른바 '커리어 우먼'의 등장과 더불어 나타난 현상이다. 가부장제도의 붕괴는 이와 맞물려 자연스럽게 진행되었다.

1970년대에 들어서서 미국의 이혼율은 20세기 초반에 비하여 700%나 증가하였다. 무능한데 권위주의만 내세우는 가장은 더 이상 필요 없게 된 것이었다. 더구나 자본주의의 노동착취 구조에서 실질 임금이 하락하는 상황에서 가장은 식구들을 먹여 살리느라고 과거보다 더 많이 일해야 했고 그만큼 가족과 보내는 시간은 줄어들게 되었다. 그러니 이러한 이중고에 시달리는 가장은 입지가 더욱 줄어들 수밖에 없는 노릇이었다.

서양 제국만이 아니라 한국의 아버지도 자녀와 보내는 시간이 매우 적다. OECD가 조사한 바에 따른 국가 평균으로도 OECD 회원국의 아버지들은 하루에 150분 정도만 자녀와 함께 시간을 보낸다. 물론 교육학자나 심리학자들은 부모 특히 아버지가 자녀와 의미 있는 시간을 보내는 것이 자녀들의 정서와 지능 발달에 긍정적인 영향을 미친다는 사실을 매우 강조한다. 그럼에도 현실은 그와는 반대의 방향으로 진행되고 있는 셈이다.

21세기에 들어와서 사회가 부성의 재발견을 강조하는 것에 발맞추어 교회도 참다운 부성의 회복에 관심을 기울이고 있다. 그러나 전 세계적으로 실질 임금은 감소하고 물가의 상승으로 지출이 증가하는 상황에서, 또한 노동에 투여되는 시간이 증가하는 상황에서 아버지가 자녀의 양육에 투자할 시간이 현실적으로 줄어드는 것은 너무나 당연한 결과이다. 그리고 여기에 더해 부권의 상실이라는 시대정신으로 아버지의 가정에서의 의미는 더욱 축소되고 있다.

신관도 마찬가지였다. 무수한 인간이 비참하게 죽어 나가도 침묵만 지킨 신에 대한 신뢰는 특히 제2차 세계대전 이후 급격히 줄어들게 되었다. 그리고 그 증거는 유럽에서의 기독교 신자 수의 감소로 구체적으로 드러났다.

  독일의 경우만 보아도 해마다 가톨릭과 개신교를 합쳐 40~50만 명의 신자들이 교회를 떠나고 있다. 이 추세는 제2차 세계대전 이후 변함없이 지속되고 있다. 그래서 이제 독일의 경우 종교와 관련하여 가장 큰 단일 세력은 무교, 곧 종교 자체가 없는 사람들이다. 가톨릭도 신자 수가 총인구에서 차지하는 비율에서 30%의 선이 무너진 지 오래되었고, 개신교도 마찬가지 상황에 부닥쳐 있다. 이제 곧 기독교 신자가 전 국민의 50% 아래로 줄어들어 실질적으로 비기독교 국가가 되는 상황이 곧 벌어질 것으로 보인다. 그럼에도 전 세계적으로 기독교 신자는 약 22억 명을 상회하고 있다. 이는 전적으로 아프리카나 남미와 같은 후진국에서 신자가 폭발적으로 늘고 있기 때문이다. 모든 선진국에서 기독교 신자는 줄고 있다. 미국에서 가톨릭 신자가 늘고 있지만 이는 남미의 라틴계 이민의 증가에 따른 것이지 순수 신자가 증가한 것이 아니다.

그래서 20세기 중반부터 무너지기 시작한 남성의 권위는 이제 페미니즘의 물결로 더욱 회복할 수 없는 지경에 이르게 되었다. 이러한 사회현상이 기독교에도 영향을 미치고 있다. 이제 교회는 더 이상 세상의 중심은 고사하고 사회의 중심도 되지 못하고 있다. 많은 사람에게 기독교는 이제 이른바 '그들만의 리그'로 보일 뿐이다. 곧 집단이기주의적 이익만 추구하는 소수로 여겨지는 셈이다. 특히 한국 사회에서 기독교 교회, 더 나아가 기독교는 공공의 복리를 전혀 고려하지 않고 자신의 예배, 자신의 헌금, 자신의 안녕만 추구하는 극단적인 이기주의자들의 모임으로 비치고 있다. 그런데 그 근본 원인은 많은 이들이 지적하는 것처럼 일부 목사들의 돈과 권력에 대한 집착이나 성추행이 아니다. 오히려 참다운 부성의 부재이다. 교회에서 성직자는 실질적으로 아버지, 가부장의 역할을 해왔다. 그러나 원래 가부장의 권위는 그의 지휘를 받는 '아래'로부터의 자발적 동의가 있을 때만 가능한 것인데 이제는 마치 매미의 헐벗은 껍질과 같은 형식적인 가부장으로만 남아 억지로 강요하는 가짜 권위, 곧 권위주의만 남은 셈이다.

이 아버지 개념이 가장 많이 남은 종교가 원래부터 가톨릭이다. 교회의 교리를 정립한 신학자들도 교부(教父, Pater Ecclesiae)로 불리고 교황도 아버지(Papa)로 불리며 주교도 아버지고 사제도 아버지(Pater)이다. 그러나 이제는 개신교의 목사들 또한 껍질만의 가부장의 기능만 수행할 뿐이다. 그래서 대형 교회만 집착하고, 박사학위가 허위로 밝혀져도 변명으로 일관하고, 성추행해도 다시 교회를 세워 가부장이 된다. 권위는 사라진 권위주의로 버티고 있는 셈이다.

과격한 페미니즘 신학자들은 주기도문에서 '하늘에 계신 우리 아버지'가 아니라 '하늘에 계신 우리 어머니'로 바꾸어 기도해야 한다고 주장한다. 그러나 이는 어불성설이다. 이는 부성만을 강조해온 가부장제도를 단어만 바꾸어 그대로 답습하는 것일 뿐이다. 곧 또 다른 권위주의이다. 모순적인 가부장제도의 틀은 놔둔 채 단순히 '부'를 '모'로 바꾼다고 하여 문제가 해결되는 것은 아니기 때문이다. 신이 가부장이나 이른바 '가모장'(家母長) 사회의 아이콘일 수는 없는 법이다.

　이런 상황에서 과연 예수가 말한 아버지는 어디 있는 것일까? 기독교가 철저히 인격신을 고수하는 한 신은 차가운 우주 원리와 같은 개념이 아니라 인간이 의존할 수 있는 자상한 아버지이기 때문이다. 예수가 신을 아버지, '아빠'로 부른 것은 이를 분명히 하고 있다. 그런데 그 아버지는 침묵하고 있다. 자상한 아버지가 왜 침묵하는 것인가? 그 침묵의 이유를 다음 장에서 더 자세히 알아보자.

아버지 신은
왜 침묵하는 것일까

구약에서 신은 인간과 자주 대화를 나눈다. 심지어 밤새 싸움도 한다. 그런데 신약에 들어와서 신은 예수와 단 한마디의 대화도 나누지 않는다. 심지어 예수가 십자가에 못 박혀 죽음을 앞두고 큰 고통에 아버지에게 호소해 보지만 아무런 대답이 없다. 다른 이도 아닌 이 세상을 너무 사랑하여 보낸 외아들이 너무 힘들어서 도대체 왜 나를 버리느냐고 소리를 질러도 아무 대답을 듣지 못하고 죽게 내버려 둔다.

〈성경〉에 보면 십자가 위의 예수는 그 당시 갈릴리 지방 사투리인 아람어로 다음과 같이 말한 것으로 나온다.

"E'li, E'li, la'ma sa·bach·tha'ni?"

이를 성경에서는 그리스어로 음역하였다.

Ηλι ηλι λεμα σαβαχθανι(마태 27, 46)

Ελωι ελωι λεμα σαβαχθανι(마르 15, 34)

"나의 하느님, 나의 하느님, 왜 나를 버리시나요?"라는 말이 된다. 예수가 아버지인 신을 원망하는 말을 하는 장면은 이 두 복음서에만 나온다. 〈루카복음〉과 〈요한복음〉에서 예수는 "제 영을 아버지 손에 맡깁니다"(루카 23, 46) "다 이루어졌다"(요한 19, 30)라는 말을 하고 마지막 숨을 내쉰다. 아무래도 예수에 대한 존경심에서 마태나 마르코 공동체에서 솔직하게 표현한 것이 맘에 안 든 것 같다.

그런데 사실 이는 이미 구약의 시편에 나오는 말이다.

"אֵלִי אֵלִי לָמָה עֲזַבְתָּנִי רָחוֹק מִישׁוּעָתִי דִּבְרֵי שַׁאֲגָתִי"(시편 22, 2)

이를 직역해 본다면 다음과 같다.

"나의 아버지 나의 아버지 왜 나를 버리시나요? 왜 나를 돕지 않고 멀리 계시나요? 내 울부짖는 소리를 멀리하시나요?"

신약의 기자들이 예수가 메시아라는 것을 정당화하기 위하여 구약을 많이 이용한 것은 잘 알려진 일이다. 이른바 예형론(typology)이다. 곧 구약에 나온 이야기를 예수를 예언한 것으로 해석해 내는 것이다. 그래서 이 부분도 복음 기자들이 각색한 것으로 볼 수도 있다.

그러나 예수는 구약에 능통한 유대인이었으니 큰 고통 속에서 유대인들이 즐겨 암송하던 시편 구절을 절규하듯 무의식적으로 말한 것일 수 있다. 역사적으로 그 어떤 해석이든 다 가능하니 이를 두고 굳이 논쟁할 필요는 없는 일이다. 중요한 것은 예수가 죽음을 목전에 두고 엄청난 고통 속에서 아버지인 신을 찾은 것은 분명함에도 신이 대답하거나 사람들이 들을 수 없어도 인간이 인식할 수 있는 그 어떤 표징을 보여주지 않았다는 사실이다.

예수를 신과 동일시하는 신학을 전개한 요한이 쓴 것으로 전해진 복음에서는 아예 이런 울부짖는 예수의 모습은 나오지 않는다. 〈마태복음〉과 〈마르코복음〉에서는 예수가 숨을 거두자마자 하늘이 어두워지고 땅이 흔들리며 신전의 장막이 둘로 갈라지는 이적이 나타났다는 보고가 나온다. 심지어 〈마태복음〉에서는 무덤이 갈라지고 죽은 이들이 부활했다는 묘사까지 나온다.

예수님께서는 다시 큰 소리로 외치시고 나서 숨을 거두셨다. 그러자 성전 휘장이 위에서 아래까지 두 갈래로 찢어졌다. 땅이 흔들리고 바위들이 갈라졌다. 무덤이 열리고 잠자던 많은 성도들의 몸이 되살아났다.(마태 50, 52)

그러나 〈요한복음〉에서는 이와 같은 이상한 현상에 관련된 그 어떤 설명도 나오지 않는다. 이는 당연히 각 복음서를 쓴 기자들의 예수에 대한 신학적 해석의 차이에서 나온 듯하다. 그리고 이 당시와 비슷한 시기의 로마제국의 그 어떤 문서에도 이러한 천재지변 수준의 자연현상에 대한 기록은 남아 있지 않다. 그래서 어떤 학자들은 예수를 사랑한 사람들의 심리적 충격을 빗대어 표현한 것으로 해석하기도 한다. 흔히 '하늘이 무너지는 아픔'이라는 표현을 사용하는 경우처럼 말이다.

그런데 신은 예수에게만 침묵한 것이 아니라 예수의 죽음과 부활 이후에도 늘 인류에게 침묵했다. 그래서 이러한 신의 긴 침묵에 대한 신학적 해석이 나올 수밖에 없는 일이었다. 가장 결정적인 사건은 제2차 세계대전이었다. 이 전쟁에 참여한 이들은 소련을 빼고는 모두 기독교 신자들이었다. 자기들끼리 살육을 하는 것도 모자라 야훼 신을 인간 역사 안에 드러낸 유대인마저 대량 살상을 해도 신은 침묵했다.

물론 일부 신학자들은 신이 말을 했으나 인간이 귀를 닫아서 못 들었다는 해석을 한다. 그리고 이미 성경에 할 말을 다 했으니 더 할 말이 없다는 주장도 한다. 그러나 이는 설득력이 매우 부족한 말이다. 기독교의 신은 매우 자상한 아버지이다. 그럼 자녀가 알아들을 수 있도록 해야 마땅하다. 그것이 인간의 가청 주파수로 들리는 소리가 아니라고 해도 일단 '소리'이어야 하는 것은 분명하다. 자비로운 아버지가 자녀가 듣지 못 하는 말을 한다는 것은 논리적으로 맞지 않는 일이다.

인류의 차원이 아니라 개인적 차원에서도 신의 말을 들은 사람은 아직 없다. 물론 일부 기독교 신자들 가운데에는 '분명히' 신의 목소리를 들었고 심지어 '신을 보았다.'라는 주장을 하는 이도 있다. 그러나 이는 개인적 체험에 머무는 것이기에 객관적 타당성을 확보할 수 없는 주장들일 뿐이다. 그리고 그러한 신적 체험을 오히려 개인의 이익을 위하여 이용하는 경우 더욱 신의 목소리일 리가 없는 법이다.

창조 이후 인간과 자유롭게 교제하던 구약의 신은 이집트 탈출 시대부터 오로지 자신이 선택한 예언자와만 대화를 나누었다. 그 외의 인간들은 그 예언자의 신탁을 통하여 신의 말을 간접적으로 전해 들을 뿐이었다. 그러나 신약 시대에 들어와서는 아예 예언자와도 대화를 끊었다. 물론 바울이 신의 목소리를 들었다는 성경 구절이 나오지만, 그것이 신인지 예수인지 아니면 천사인지 객관적으로 증명할 길은 전혀 없으니 타당성이 부족하다. 외아들인 예수에게도 침묵한 신이 바울에게 말을 걸었다고? 말이 안 되는 일이다.

그런데 2000년 가까이 신이 침묵하고 있음에도 많은 기독교인은 여전히 신과의 대화를 추구한다. 그리고 그 대화의 유일한 방법은 기도이다. 그런데 적지 않은 기독교 신자들, 특히 20세기 들어와 발흥한 오순절 교파 계통의 신자들은 마치 무당이 접신을 하듯 신적 경험을 했다고 주장하고 있다. 그리고 예수의 목소리와 모습을 직접 체험하고 그 은총을 몸으로 느꼈다는 보고도 심심치 않게 들린다.

그런데 가톨릭의 경우는 신과의 직접 대화에 대한 보고는 거의 없고 대부분이 성모 마리아의 메시지라는 형식으로 체험한 신적 계시에 관한 이야기가 자주 등장한다. 그리고 그 성모 마리아는 유럽을 중심으로 발현하다가 시간이 흐르면서 아메리카와 아프리카 그리고 마침내 아시아 대륙에서도 발현했다는 보고가 심심치 않게 등장한다.

그러나 그 어떤 경우에도 신이 직접 자신과 대화를 나누었고 그것이 제삼자의 객관적인 검증까지 받았다는 사례는 실질적으로 단 한 번도 없다. 왜 그런가? 신은 자신이 너무 사랑해서 외아들마저 서슴없이 내어준 인류에게 왜 그리도 끈질기게 침묵하는 것일까?

어떤 이들은 신의 목소리를 듣거나 모습을 보면 인간이 죽기 때문이라는 다분히 구약적인 해석을 내놓는다. 그러나 이는 시대착오적인 생각이다. 그런 설명은 유대인의 민족 신에 대한 것일 뿐이기 때문이다. 예수가 팔레스티나 지역에서 설파하고 유럽으로 건너가 성숙된 오늘날의 기독교는 비록 그 뿌리를 유대교에 두고 있지만 유대교가 아니다.

사실 이 기독교 신의 침묵은 신의 본질이다. 그래서 인간의 감각 기관으로 파악할 수 없는 초월의 세계에 존재하는 신과의 대화는 역설적으로 침묵일 수밖에 없다.

침묵으로 말하는 신에 침묵으로 다가가는 인간만이 대화할 수 있다. 침묵 속에서 대화하는 방법이 바로 기도인 이유가 여기에 있다. 그러나 현대에 들어와서 이러한 기도는 개인화되어 중세 교회 전통에서의 신과 나누는 집단적 대화를 대체하는 경향을 보인다. 더 나아가 교회의 신은 죽어 버린 것으로 이해되고 있다. 다시 말해서 교회라는 제도 안에서 형식화된 신과의 만남의 의미 자체가 소멸해 버린 것이다. 그런 의미에서 신은 죽은 것이다. 그 의미를 다음 장에서 자세히 살펴보자.

아버지 신이
결국 죽은 이유가 궁금하다고

니체가 신의 죽음을 선언했다고 알려져 있다. 그런데 과연 니체가 어떤 의미로 이런 말을 한 것인지를 잘 알고 있는 사람은 드물다. 특히 기독교에서는 니체가 마치 신성모독이나 저지른 사람, 더 나아가 이른바 적그리스도인인 것처럼 난리를 피우는 이들도 있다. 단언하는데 그런 사람들은 니체의 책의 표지도 안 본 사람들이다. 니체만이 아니라 많은 유명 저자의 책을 제대로 읽지 않고 해석하고 판단하는 경우가 적지 않게 발생하는 경우가 현실이기는 하다.

니체의 저서 〈즐거운 학문〉(Die fröliche Wissenschaft)에 보면 신의 죽음에 관한 다음과 같은 문장이 나온다. 조금은 길지만, 니체가 신의 죽음을 논한 것의 전후 맥락을 파악하는 데 필요해서 전문을 인용해 보았다.

Der tolle Mensch. —Habt ihr nicht von jenem tollen Menschen gehört, der am hellen Vormittage eine Laterne anzündete, auf den Markt lief und unaufhörlich schrie: "Ich suche Gott! Ich suche Gott!" —Da dort gerade Viele von Denen zusammen standen, welche nicht an Gott glaubten, so erregte er ein grosses Gelächter. Ist er denn verloren gegangen? sagte der Eine. Hat er sich verlaufen wie ein Kind? sagte der Andere. Oder hält er sich ersteckt? Fürchtet er sich vor uns? Ist er zu Schiff gegangen? ausgewandert? —so schrieen und lachten sie durcheinander. Der tolle Mensch sprang mitten unter sie und durchbohrte sie mit seinen Blicken. „Wohin ist Gott? rief er, ich will es euch sagen! Wir haben ihn getödtet, —ihr und ich! Wir Alle sind seine Mörder! Aber wie haben wir diess gemacht? Wie vermochten wir das Meer auszutrinken? Wer gab uns den Schwamm, um den ganzen Horizont wegzuwischen? Was thaten wir, als wir diese Erde von ihrer Sonne lo—

sketteten? Wohin bewegt sie sich nun? Wohin bewegen wir uns?

Fort von allen Sonnen? Stürzen wir nicht fortwährend? Und

rückwärts, seitwärts, vorwärts, nach allen Seiten? Giebt es noch

ein Oben und ein Unten? Irren wir nicht wie durch ein unend—

liches Nichts? Haucht uns nicht der leere Raum an? Ist es nicht

kälter geworden? Kommt nicht immerfort die Nacht und mehr

Nacht? Müssen nicht Laternen am Vormittage angezündet werden?

Hören wir noch Nichts von dem Lärm der Todtengräber, welche

Gott begraben? Riechen wir noch Nichts von der göttlichen Ver—

wesung? —auch Götter verwesen! Gott ist todt! Gott bleibt todt!

Und wir haben ihn getödtet! Wie trösten wir uns, die Mörder aller

Mörder? Das Heiligste und Mächtigste, was die Welt bisher besass,

es ist unter unseren Messern verblutet, —wer wischt diess Blut von

uns ab? Mit welchem Wasser könnten wir uns reinigen? Welche

Sühnfeiern, welche heiligen Spiele werden wir erfinden müssen?

Ist nicht die Grösse dieser That zu gross für uns? Müssen wir nicht

selber zu Göttern werden, um nur ihrer würdig zu erscheinen? Es

gab nie eine grössere That, —und wer nur immer nach uns geboren

wird, gehört um dieser That willen in eine höhere Geschichte, als

alle Geschichte bisher war!" —Hier schwieg der tolle Mensch und

sah wieder seine Zuhörer an: auch sie schwiegen und blickten

befremdet auf ihn. Endlich warf er seine Laterne auf den Boden,

dass sie in Stücke sprang und erlosch. „Ich komme zu früh, sagte er dann, ich bin noch nicht an der Zeit. Diess ungeheure Ereigniss ist noch unterwegs und wandert, —es ist noch nicht bis zu den Ohren der Menschen gedrungen. Blitz und Donner brauchen Zeit, das Licht der Gestirne braucht Zeit, Thaten brauchen Zeit, auch nachdem sie gethan sind, um gesehen und gehört zu werden.

Diese That ist ihnen immer noch ferner, als die fernsten Ge-stirne, —und doch haben sie dieselbe gethan!" —Man erzählt noch, dass der tolle Mensch des selbigen Tages in verschiedene Kirchen eingedrungen sei und darin sein Requiem aeternam deo angestimmt habe. Hinausgeführt und zur Rede gesetzt, habe er immer nur diess entgegnet: „Was sind denn diese Kirchen noch, wenn sie nicht die Grüfte und Grabmäler Gottes sind?"

(Die fröliche Wissenschaft, Verlag von E. W. Fritysch, 1887, ss. 154-155)

역시 좀 길고 현대와 다른 근세 독일어로 되어 있지만 직역해 본다.

미친 사람. —여러분은 밝은 오전에 등불을 켜고 시장으로 달려가 계속 외쳤던 그 미친 사람에 대해 들어 보지 않았나? "나는 신을 찾고 있다! 신을 찾고 있어!"—그곳에는 신을 믿지 않는 이들이 많이 모여 있었기에 그 사람은 큰 웃음거리를 불러일으켰다. (신이) 길을 잃었나? 한 사람이 말했다. 애처럼 길을 잃었나? 또 다른 사람이 말했다. 아니면 숨이 막힌 것인가? 우리를 두려워하나? 뭔가 잘못된 것인가? 떠나 버린 거야? —그러면서 그들은 서로 뒤섞여 소리 지르며 웃어 댔다. 그 미친 사람은 그들 한가운데로 뛰어들어 그들을 뚫어질 듯 바라보았다. 그가 소리 질렀다. "신은 어디로 갔냐고? 내가 말해주지! 우리가 그를 죽였다 – 너희들과 내가! 우리는 모두 그를 죽인 살인자다! 그런데 우리가 어떻게 죽였냐고? 우리가 어떻게 바닷물을 다 마실 수 있겠는가? 지평선 전체를 지울 해면을 누가 우리에게 주었나? 우리가 지구를 태양에서 분리하면서 무슨 짓을 한 것이지? 지금 그들은 어디로 가는 것이지? 우리는 어디로 가는 거야? 모든 태양에서 멀어지는 것인가? 우린 계속 넘어지는 것 아냐? 그리고는 뒤로, 옆으로, 앞으로, 모든 방향으로? 여전히 위와 아래가 있어? 우리는 무한한 무(無) 안에서 헤매고 있는 것 아냐? 허공이 우리에게 숨을 내뱉는 것 아냐? 더 추워진 것 아냐? 밤만 계속 찾아오는 것 아냐? [그래서] 아침에도 등불을 켜야 되는 것 아냐? 신을 묻은 무덤 파는 이들의 소리를 전혀 못 들은 거야? 신이 부패한 냄새를 전혀 못 맡은 거야? —신 또한 부패하지! 신은 죽었어! 신은 죽어 있는 거야! 그런데 우리가 신을 죽인 거야! 가장 사악한 살인자인 우리 자신을 어떻게 위로할까? 지금까지 세상에 있었던 존재 가운데 가장 신성하고 가장 강력한 이가 우리 칼 아래서 피를 흘리며 죽음을 맞이했어. 누가 우리에게 묻은 피를 닦아줄까? 어떤 물로 우리 자신을 깨끗이 할 수 있을까? 어떤 속죄 예식, 어떤 신성한 예식을 만들어 내야 할까? 이 일이 우리에게 너무 지나친 것 아닌가? 그런 일에 합당해 보이기 위해서 우리가 스스로 신이 되어야 하지 않을까? 이보다 더 큰 일은 없었어. 그리고 우리의 후손들은 이 일로 말미암아 이

전의 모든 역사보다 더 높은 역사에 속하게 되지!"—여기서 그 미친 사람은 침묵하고 청중을 다시 바라보았다. 그들도 침묵하며 그 사람을 낯설어하며 바라보았다. 마침내 그 사람은 등불을 바닥에 던졌다. 등불이 깨져 꺼졌다. 그리고 그 사람이 다시 말을 했다. "내가 너무 일찍 왔어. 아직 내 때가 아닌 것을. 이 엄청난 일은 여전히 진행 중이야. —아직 사람들의 귀에 들어가지 않았어. 번개와 천둥이 치기까지 시간이 걸리지, 천체의 빛에도 시간이 필요하지. 이 일에는 시간이 걸려. 그리고 이 일을 벌이고 나서도 그것을 보고 들을 수 있으려면 시간이 걸리지. 이 일은 그들에게 여전히 가장 멀리 있는 천체들보다 더 멀리 떨어진 것이야!"—또한 사람들은 이날 그 미친 사람이 여러 교회에 침입하여 신의 장송곡(Requiem Aeternam Deo)을 연주했다고 이야기하였다. 밖으로 끌려 나와 사람들이 말을 하라고 요구하자 그 사람은 늘 이 말만 했다고 한다. "신의 무덤과 묘비가 아니라면 이 교회가 무엇이란 말인가?" 〈즐거운 학문〉(Verlag von E. W. Fritysch, 1887년 판, 154~155면)

니체를 전혀 읽지 않은 기독교 신자들은 마치 니체가 신을 죽인 '놈'으로 매도한다. 그러나 이 글을 읽어보면 니체는 오히려 기독교인이 기독교의 신을 죽인 현실을 통박하고 있다. 예수가 지키라고 한 계명을 죽어도 안 지키는 기독교인들 앞에서 예수의 신과 예수는 죽을 수밖에 없음을 니체는 통찰하고 있다. 그래서 결국 신을 죽인 자들이 교회를 신의 무덤과 묘비로 만들어 버렸다고 말한다.

그가 말한 대로 신은 그 누구도 아닌 그 당시 '우리', 곧 유럽과 미국의 기독교인들이 죽인 셈이다. 그리고는 인간은 그 엄청난 충격을 극복하기 위하여 인간 자신이 스스로 신이 되고자 하는 경향도 보이게 된다. 특히 현재의 인간종을 초월하는 수준의 인류의 출현을 말해 주는 '트랜스휴머니즘'(transhumanism)과 '포스트휴머니즘'(post-humanism)이 화두가 되고 있는 오늘날에 팽배한 과학만능주의, 곧 인간의 지식으로 모든 질병을 극복하여 영생까지도 스스로 확보하고자 하는 모습을 보면 인간이 곧 신이 되고자 한다는 니체의 말이 허구가 아님을 알 수 있다.

그런데 뭔가 이상하다. 신은 불생불멸의 존재인데 어찌 죽을 수 있다는 말인가? 더구나 신의 피조물에 불과한 인간에 의해 죽임을 당하다니? 더욱 이상한 논리가 아닐 수 없다.

그러나 현상학적으로 신은 분명히 죽었다. 2000년 가까이 그는 침묵하고 있다. 그래서 죽은 것이나 다름없다. 적어도 인간의 인식 안에서 신은 더 이상 신이 아닌 것은 분명하다.

　신의 지상명령을 듣지 않고 실천하지 않아도 아무 일도 안 생긴다는 것을 안 인간의 '간지'(奸智, List)가 신의 섭리를 능가하게 되었다. 이러한 인간의 간지는 이미 구약성경에도 나온다. 신이 인간을 에덴동산에서 쫓아낸 것도 근본적으로 바로 이런 간지 때문이다. 인간중심주의적 신관이 기독교만의 고유한 개념은 아니지만, 역사적으로 인간이 '신의 모상'(imago dei)으로서 고귀한 존재로 격상된 것은 기독교의 가장 눈에 띄는 점이다.

　창세기에 다음과 같은 말이 나온다.

דחַאַכ הָיָה סֹדַאָה זֶה סיֹהֹלַא הַנַהֹ; רמֵאַֹיַ
סַג הֹקֹלַוֹ וֹרָ; חַלַֹשַׁיֹ־זֹפ הַמַעַוֹ עַרַוֹ בוֹט תַעַדַל וַנֹמַֹמ
סֹלַֹעַל יַחַו לַבַאַו סיֹחַֹה יְעֵַמַ

　직역해 본다.

야훼가 말했다.
이제 인간이 우리와 같은 존재가 되었으니
선과 악을 알게 된 것이다.
인간이 손을 내밀어
생명의 나무에서 [열매를] 따서 먹어
영원히 산다면
어찌 될 것인가?(창세기 3, 22)

결국 신은 인간이 이미 자신과 맞먹는 지혜를 가진 것을 알고 이제 인간이 자신과 마찬가지로 영생을 누릴 것을 경계하여 인간을 신의 동산인 에덴에서 쫓아내지 않을 수 없게 되었다. 그런데 그 쫓겨난 인간이 이제 신의 도움 없이도 영생을 누릴 가능성이 커지고 있다. 인공장기로 신체를 대체할 뿐만 아니라 자기 복제와 두뇌의 정보 복제도 시도하고 있다. 그런 인간에게 유대-기독교 전통의 신은 죽은 존재이다.

사실 기독교는 역사적으로 계몽주의의 등장으로 몰락의 길을 걸어온 것이 엄연한 사실이다. 물론 결정적인 것은 자연과학의 발달에 따른 우주와 인간에 대한 과학적 이해의 힘의 등장이다.

세계와 인간에 관한 기독교 신학적 해석의 오류가 과학적 검증을 통하여 속속들이 드러나면서 기독교, 특히 기독교 교회는 더 이상 객관적 진리의 수호자가 될 수 없다. 이제 기독교는 겨우 개인적 신앙 체험으로 근근이 버티는 중이다. 결코 과학적으로, 곧 객관적으로 검증할 수 없는 이 개인적 신앙 체험은 그 비과학성에도 불구하고 여전히 많은 사람에게 매력을 주고 있다. 결국 인간은 불확실한 미래를 마주해야만 하는 나약한 존재이기 때문이다. 마치 부적을 몸에 지니듯이 십자가를 몸에 지니고 마치 주문을 외듯 기도문을 외면서 이 세상에서의 출세와 부를 간구하는 자가 버젓이 유대-기독교 전통의 야훼 신을 믿는다고 나서는 세상이다. 이들이 믿는 신은 철저히 자기중심적일 수밖에 없다.

그래서 비록 전통에서 말하는 신은 죽었지만, 여전히 개인적 에고 (ego) 안에 자리 잡은 이른바 '나의 신'은 존재하고 그 명맥을 유지하고 있는 셈이다. 그리고 유대인들의 토속신이었던 야훼가 보편적 유일신의 자리를 차지한 지 2000년 만에 다시 제자리로 돌아가는 현상도 목

격되고 있다. 이러한 의미에서 과거의 신은 죽었다고 볼 수 있다. 이는 마치 조로아스터교의 신, 이집트 종교의 신이 아직 명맥은 유지하지만, 실질적으로는 보편적 유일신으로서는 사망선고를 받은 것과 마찬가지이다.

물론 현재 세계의 기독교 신자는 가톨릭, 개신교, 기타 교파를 포함하여 22억 명으로 추산되어 2위인 이슬람교의 19억 명을 능가하고 있다. 그러나 힌두교 11억, 불교 5억 등 여러 다양한 종교를 포함한다면 기독교가 전 세계 인구의 30% 정도만 차지하니 배타적으로 절대적인 종교라고 할 수는 없는 노릇이다.

이러한 변화는 서양 문명에 1700년 가까이 거의 절대적인 영향을 미쳐온 기독교의 측면에서 볼 때 받아들이기 힘든 부분이다. 그러나 종교사를 살펴보면 인류 문화 안에 존재한 종교 가운데 생성 소멸을 거치지 않은 종교는 단 하나도 없으니 특별히 슬퍼할 일은 아니다. 기독교가 소멸되면 다른 종교가 또 나타날 수밖에 없다. 인간은 근원적으로 식욕, 수면욕, 색욕과 더불어 종교성이라는 욕망도 지닌 존재이기 때문이다. 그 욕망을 충족해야 하기에 종교는 인류가 존속하는 한 계속 존재하게 되어 있다. 물론 현대 사회 안에서는 기독교를 대체하는 종교들이 이미 나타나고 있기도 하다.

그것들을 뭉뚱그려서 이른바 '뉴에이지 영성'(new age spirituality)으로 통칭하고 있다. 그러나 아직은 대부분 기독교의 아류에 불과하여 독창적이고 체계적인 종교적 틀을 갖추고 있지는 못하다. 무엇보다 그 추종자들의 숫자가 너무 적다. 기독교가 여전히 힘을 쓰는 현실적으로 가장 큰 이유는 서양의 정치—경제력과 그 신도 수에 있다. 새로운 종교가 기독교를 이기려면 이런 상황을 전복시켜야 하는데 아직은 갈 길이 멀다.

그러나 신이 죽은 이 현실에서 인간은 또 다른 신을 이미 만들어 숭배하고 있다. 인간의 종교적 본성이 초월자에 대한 숭배에서 세속적인 숭배를 향하고 있다. 이러한 인간은 이기주의와 쾌락주의는 물론 구체적으로 현실지상주의, 물질만능주의, 과학만능주의에 탐닉하고 있다.

그리고 이 모든 것의 뒤에 똬리를 틀고 있는 신자유주의라는 이름의 자본주의는 이미 신을 죽이고 그 자리를 차지하고 있다. 그래서 이른바 '개같이 벌어 정승같이 쓰다 죽는 것'이 많은 사람의 종교가 되고 만 셈이다. 이것이 집단의식이자 시대정신이 된 것은 이미 오래되었음에도 이를 인식하는 사람들은 아직 드물다. 너무나 널리 그리고 깊이 퍼져 있어서 매우 자연스러워졌기 때문이다. 그래서 이는 이제 마치 공기처럼 모든 인간이 매일 호흡하는 정신이 되어 버렸다.

그럼에도 신이 죽은 이 세상에서 여전히 예수에 관한 생각은 긍정적이다. 기독교에 지극히 부정적인 간디마저도 예수에 대해서는 깊은 존경을 표했다. 예수의 신성을 부인하는 이슬람교에서도 그의 인격적 예언자적 품위에 대해서는 반론을 제기하지 않는다. 왜 신은 죽었는데 예수는 여전히 사람들의 마음 안에서 살아 있는 것일까? 그것이 궁금하다. 그래서 예수 주변 사람들의 이야기를 풀어나가 본다. 먼저 예수의 어머니 이야기부터 시작해 본다.

예수를 키운 어머니 마리아

성경의 기록에 따르면 예수는 단 한 번도 마리아를 어머니로 부른 적이 없다. 예수와 마리아가 직접 대화를 나눌 때 마리아에 대한 호칭은 '여자여'(γύναι)였다. 그리고 동네 사람들이 어머니가 밖에 와 있다고 이야기하여도 흔히 말하는 대로 '모시러' 나가지 않고 자신 앞에 있는 사람들에게 하던 이야기를 계속하였다. 예수 공동체에 마리아가 계속 함께 한 사실을 보면 사람들이 예수의 어머니로 일컬어지는 마리아를 홀대한 것으로 보이지는 않지만, 적어도 성경에 기록된 바로는 마리아가 특별한 대우를 받지도 않았다. 다른 제자들과 별반 다르지 않은 존재였다. 그리고 예수에게 마리아가 술을 더 마련해 달라고 부탁하는 장면에서는 예수가 투덜거리기까지 한다. 성경에는 예수와 마리아의 직접 대화 장면이 3번 나온다. 예수가 12살일 때 아버지 요셉과 어머니 마리아와 함께 유월절을 거행하기 위하여 예루살렘에 갔을 때의 장면에서 마

리아가 '아들아, 네 아버지와 내가 너를 걱정하며 찾았다.'라고 말하자 예수는 '내가 내 아버지 집에 있어야 한다는 것을 몰랐는가?'라고 말하면서 오히려 타박하는 모습을 보인다. 이때 법적으로 예수의 부모였던 요셉과 마리아는 예수를 3일이나 찾아다니다가 겨우 그를 발견한 터였다. 그런데 그 자리에서 이런 대화가 오갔던 것이다. 부모의 마음이 어땠을까?

예수가 30살이 된 무렵 혼인 잔치에 예수와 함께 간 일이 있었다. 그런데 잔칫집 일을 돕던 마리아가 예수에게 '술이 떨어졌네.' 하고 말하자 예수는 마리아를 꾸짖듯이 '당신이 나와 무슨 관계가 있는가? 여자여.'(Τί ἐμοὶ καὶ σοί, γύναι)라고 되묻는다.

그리고 십자가에 못 박힌 상태에서 아무 말없이 슬퍼하고 있던 마리아를 바라보며 예수가 말한다. '여인아. 봐라. 당신의 아들이다.'(Γύναι, ἴδε ὁ υἱός σου) 그리고 이것이 성경에 기록된 어머니 마리아가 아들 예수와 나눈 대화의 전부이다.

그나마 아버지 요셉과의 대화는 단 한마디도 등장하지 않는다. 오로지 '어머니' 마리아와의 대화, 그것도 전혀 모자간의 대화로 보기에는 이해할 수 없는 대화만이 성경에 남아 있다.

예수가 12살 되었을 때의 부모와 대화를 나누는 장면은 〈루카복음〉에만 나온다. 그리고 나머지 두 대화는 〈요한복음〉에만 나온다. 앞에서 말한 대로 복음사가들은 각자의 신앙 공동체의 사상을 반영하고 있기에 예수와 마리아에 대한 시각이 서로 다르다. 특히 〈요한복음〉은 예수를 신과 동등한 신격의 존재로 여기는 공동체가 기록한 것이기에 예수의 신성이 강조되며 그에 못 미치는 '인간'인 마리아와의 거리를 의도적으로 명시한 것으로 보인다. 비록 예수의 생물학적인 어머니라 하더라도 말이다.

루카는 〈루카복음〉과 〈사도행전〉을 저술한 인물로 바울의 주치의로서 그와 매우 친밀한 관계를 맺고 있었다. 그는 의사답게 예수 사건에 관한 것을 매우 과학적이고 객관적으로 기술한 것으로 잘 알려져 있다. 앞에서 말한 대로 〈루카복음〉과 〈사도행전〉을 합치면 그 양이 〈신약성경〉의 27%를 차지할 정도이다. 그러니 〈신약성경〉에서 그의 중요성은 상당하다. 더구나 예수 사망 이후 초대교회의 모습을 기록한 유일무이한 문서인 〈사도행전〉은 기독교 이해에 절대적인 영향을 미치는 문서이다. 이러한 사실을 통하여 〈신약성경〉의 필자가 10명이지만 그가 차지하는 무게를 알 수 있다.

그리고 루카는 바울과 마찬가지로 유대인보다는 이방인들의 선교에 무게를 둔 사람이라 굳이 여성 차별적인 유대인의 습속을 따를 필요는 없었을 것임에도 예수가 마리아와 그의 가족을 특별히 대하지 않았음을 담담하게 비교적 객관적으로 기록하고 있다. 그래서 그의 기록에는 신뢰성이 크다고 볼 수 있다.

〈요한복음〉을 쓴 것으로 알려진 인물은 십이 사도 가운데 예수가 가장 사랑했다는 요한이다. 그리고 요한은 〈사도행전〉에서 마리아의 아들로 묘사되었다. 십자가에서 예수가 그에게 마리아를 어머니로 모시라는 부탁을 실천한 것과 논리적으로 맞아떨어진다.

그러나 〈요한복음〉은 서기 100년쯤부터 시작해 긴 기간에 걸쳐 편집 저술된 것이니 요한이 직접 쓴 것으로 보는 것에는 매우 무리가 있다. 그와 관련된 공동체가 작성한 것이 거의 분명하다.

그러나 이 공동체의 정체에 관한 논의는 21세기에 들어와도 결론이 나지 않았다. 다른 많은 성경 구절에 관련된 내용과 마찬가지로 말이다. 더구나 〈요한복음〉은 여러 사람이 저술한 흔적이 너무나 분명하여 단독 필자의 작품일 수가 없는 문서이다.

사실 다른 복음서도 단독 필자가 기술한 것으로 볼 수 있을지에 대해서는 논란이 많다. 그리고 신약성경에서 기독교의 사상 체계의 근간을 마련해준 바울 서간들에서는 마리아에 대한 언급이 아예 없다. 바울은 회심 이후 선교활동을 한 것으로 알려져 있는데 그의 서간 가운데 테살로니키 공동체에 보낸 것이 50년경에 쓰인 것으로 가장 오래되었다. 예수의 죽음 이후 거의 20년이 흐른 다음의 기록이니 사실 이때 마리아의 생사 여부는 알 길이 없다.

여기에 더하여 이 당시 선교에서 마리아에 관한 언급은 별로 중요한 역할을 하지 않았다는 증거가 되기도 한다. 바울의 생각에는 예수가 신의 아들이자 경배의 대상이 되는 신 자체였기에 인간인 마리아의 역할을 강조할 필요 없이 예수에게만 초점을 맞추면 그만이었을 것으로 보인다. 더구나 그는 예루살렘 공동체와는 별도의 선교 공동체를 수립하고 관리하던 사람이니 더더욱 예루살렘의 사정을 심각하게 고려할 필요가 없었다.

사실 어느 모로는 초기 기독교 공동체에서 어머니 마리아 못지않게 막달레나 마리아의 역할이 상당했을 것으로 추측된다. 예수가 사형당하던 순간 모든 남자 제자들이 도망간 와중에도 어머니 마리아와 함께 막달레나 마리아는 예수의 임종을 함께했고 예수의 부활도 최초로 목격한 존재이기 때문이다.

당시 유대 사회에서 여성은 천대받는 계급에 속했음에도 성경에서 이러한 사실을 그대로 적을 정도라면 막달레나 마리아의 역할은 매우 중요했을 것으로 추론된다.

부활 사건 이후에 예수와 어머니 마리아의 접촉이나 대화에 대한 기록은 성경에 한 줄도 안 나온다. 아들이 죽고 나서 다시 살았다는 데도 누구보다도 놀랐을 어머니의 반응이 전혀 기록되지 않는다. 이러한 기록이 주는 의미는 상당하다고 보인다.

반면에 예수를 지극히 사랑하고 목숨을 내놓고 따른 막달레나 마리아는 부활한 예수를 최초로 목격한, 기독교 역사에 영원히 기록되는 인물로 남는다. 그리고 어머니 마리아는 예수의 탄생과만 관련된 인물로 역사에 남게 된다.

그래서 중세를 거쳐 현세에서도 어머니 마리아는 오로지 아기 예수를 안은 모습과만 연관되어 표현된다. 그리고 십자가에서 죽은 예수의 시신을 거두는 형상이 중세에 부활한 예수를 미켈란젤로가 탁월하게 묘사한 작품으로 마리아의 슬픔을 보여 주고는 있지만 그것이 전부이다. 기독교 역사 전체에서 어머니 마리아는 기독교 역사의 변두리에 있는 존재로 큰 관심을 받지 못하였다. 그러다가 가톨릭교회가 그 영화를 많이 상실한 20세기 초반에 '레지오 마리애'(Legio Mariae)라는 신심 단체가 설립되면서 마리아에 대한 신심이 한때 붐이 일었지만 이제 서양의 가톨릭교회에서는 그 흔적조차 찾아보기 힘들 정도이다. 오히려 한국과 같은 기독교 변방 국가에서 강력한 조직으로 남아 있는 기현상이 벌어지고 있다.

성경에는 예수와 가장 밀접하게 관련된 마리아가 3명이 등장한다. 예수를 낳은 마리아, 예수를 충실히 따른 막달레나 마리아, 그리고 나자로의 여동생 마리아이다. 이들은 예수의 죽음과 부활 사건 이후에도 계속 예수 공동체에 남아서 활동을 한 것으로 알려져 있다. 사실 그 당시 마리아는 유대인들만이 아니라 팔레스티나의 다른 지역과 종교에서도 가장 흔한 이름이었다.

이 세 마리아 가운데 기독교 역사에서 가장 돋보여야 할 존재는 예수의 어머니인 마리아이다. 예수의 생물학적 어머니이기 때문이다. 그러나 성경에서는 마리아의 행적과 죽음에 대한 기록이 전혀 없다. 그리고 다른 문서에서도 예수의 죽음과 부활 이후의 어머니 마리아의 삶에 대한 기록은 남아 있지 않다. 그래서 후대에서 마리아에 관한 '전설'이 생길 수밖에 없게 되었다. 그리고 이 전설은 교파만이 아니라 민족과 시대 상황에 따라 다양하게 만들어지게 된다. 사실 전설은 거의 모든 종교의 필수 요소이기도 하다.

사실 초대교회에서도 마리아를 특별히 존경하거나 공경한 흔적은 없다. 그러나 3세기부터 교회 안에서 마리아에 대한 공경을 넘어 숭배 사상이 신자들을 중심으로 들불처럼 퍼져나가기 시작하였다. 특히 12세기에 들어와서는 마리아가 예수에게 신자들의 청원을 전달해 주는 '전구자'(mediatrix)라는 믿음으로 마리아 숭배의 광풍이 일게 된다. 그래서 중세에는 한때 위경인 〈야고보복음〉에서 마리아의 부모라고 알려진 요아힘과 안나는 물론 조부모까지 숭배하는 민간신앙까지 나타나게 되었다. 그리고 가톨릭에서는 마리아에 관한 5가지 교리를 선포하고 이를 준수하고 있다. 마리아는 신의 어머니이며 처녀로 예수를 잉태하였고, 죽은 후에 하늘로 들어 올려졌으며 그 자신도 죄 없이 잉태되었고, 영원히 처녀라는 주장이다. 이 교리 가운데 일부는 다른 교파와도 공유되고 있다.

그러나 민간신앙에서 교리보다 중요한 것은 마리아의 중재자 역할이다. 마리아가 예수의 어머니이니 어머니가 중재에 나서면 아들이 그 말을 더 잘 들을 것이라는 소박한 믿음에서 마리아에게 전구 기도를 하는 관습이 고착되기 시작했다.

이렇게 마리아를 소망을 비는 대상으로 삼은 것은 그 기원이 오래되었다. 그래서 일부 학자들은 마리아에게 기도하고 숭배하는 것이 이미

중동지방의 고전적 신화나 종교에 있던 것이 기독교에 흡수된 것이라는 주장도 한다. 곧 이집트의 '이시스'(Isis), 그리스의 '아르테미스'(Ἄρτεμις), 소아시아의 '시빌레'(Κυβέλη)와 같은 토속 여신의 이미지가 기독교로 넘어와 마리아의 토착화를 촉진했다는 주장이다. 이 여신들은 모두 풍요와 인간의 행복을 주재하는 여신들로 기독교 이전에 여러 문화에서 혼합된 신으로 등장하게 된다. 예를 들어 시빌레는 기원전 6세기 소아시아에서 그리스로 유입되면서 '가이아'(Γαῖα), '레아'(Ρέα), '데메테르'(Δημήτηρ), 더 나아가 '아테나'(Ἀθηνᾶ)와 동격의 여신으로 받아들여진다. 기독교 이전에 있었던 이런 신이나 신적 존재를 시대정신과 문화에 맞게 변형하는 습속이 그대로 전수된 것으로 볼 수 있다.

중세 기독교에서는 이러한 여러 여신들의 요소와 더불어 무엇보다도 인류의 구세주인 예수의 어머니로서의 속성이 더해지면서 현세의 고난과 어쩔 수 없는 어려움에서 인간에게 위로가 되는 존재로 두드러졌다. 질병과 전쟁으로 고통이 끊일 날이 거의 없었던 중세에 기댈 곳이라고는 독점적 지위를 누리던 기독교밖에 없는 상황에서 마리아에게 기대며 기적적인 평안을 갈구하는 평민의 신심은 너무나 자연스러운 일이었다. 인간은 본래 어쩔 수 없는 사건 앞에서는 신적 존재의 자비를 갈구하기 마련이기 때문이다. 그러나 마리아가 교회에서 공식적으로 신적 존재로 숭배되는 경우는 없었다. 유일신교이며 가부장적 종교인 기독교에서 아버지와 아들만이 숭배받아 마땅한 존재였기에 여성이 그들과 동급의 지위에 오른다는 것은 용서할 수 없는 신성모독이었다. 다만 마리아에게는 여왕의 칭호가 부여되면서 지상에 태어나고 살았던 인간 가운데 최고의 지위에 있는 존재로 경배되기에 이른다. 이는 사실 대중신심과 이를 무시할 수 없었던 가톨릭교회의 권력자들이 내놓은 타협책이었다. 마리아는 성경에서도 보잘것없는 존재로 묘사되어 예수와는 비교가 안 되었지만, 신자들의 요구를 무시할 수만은 없는 일이었다.

종교개혁 이후에 개신교에서는 마리아에 대한 시각이 서로 엇갈리게 된다. 루터(Martin Luther)는 종교개혁 이후에도 마리아를 존경해야 한다는 입장을 밝혔다. 츠빙글리(Zwingli)도 마찬가지였다. 위클리프(John Wycliffe)와 칼뱅(John Calvin)도 예외가 아니었다. 다만 이들은 모두 마리아가 예수와 동격이거나 신성한 존재로 여겨지는 것에는 반대하였다. 아무리 가톨릭의 부조리를 극복하자고 나선 개신교라 하더라도 철저한 남성중심주의의 종교인 기독교에서 '여자'가 숭배되는 것은 견디기 힘든 일이었다. 그러다가 마침내 18세기 이후 개신교는 마리아 숭배(Mariolatory)라는 용어를 사용하며 마리아에 대한 경배와 신심을 공격하고 나서기 시작하였다. 이에 대한 반발로 가톨릭교회는 아예 마리아에 관한 두 교리, 곧 마리아의 무염시태와 승천 교리를 '무류적'(ex cathedra)인 진리로 선포해 버리는 무리수를 두게 된다. 비오 9세 교황은 1854년 12월 8일에 교황 교서 〈형언할 수 없는 하느님〉(Ineffabilis Deus)을 반포하여 마리아의 '무염시태'(Immaculata conceptio), 곧 예수처럼 마리아도 원죄 없이 잉태되었음을 믿을 '교의'(dogma)로 장엄하게 선포하였다. 신의 아들이며 본질적으로 신인 예수를 낳은 마리아의 신성성을 강조하다가 결국 이런 선포를 하기에 이르게 된 셈이다. 그러나 사실 이 무염시태는 어떤 성경적 근거가 있는 주장이 아니다. 그저 중세에 수도회를 중심으로 확산된 대중신심의 일종이었다. 사실 1206년 설립된 도미니코회(Ordo Fratrum Praedicatorum, O.P.)는 마리아의 무염시태를 반대하였다. 그러나 조금 후인 1209년에 세워진 프란치스코회(Ordo Fratrum Minorum)는 마리아 숭배에 가까운 신심을 보이며 무염시태를 강력하게 지지하였다. 여기에 1244년에 수립된 아우구스티노회(Ordo Fratrum Sancti Augustini)마저 무염시태 지지에 나서면서 문자 그대로 수도회 간의 진흙탕 싸움이 전개되었다. 이는 단순히 마리아에 관한 교리가 아니라 수도회의 자존심이 걸린 문제가 되어 버렸다. 특히 비슷한 시기에 설립되어 경쟁 관계에 있던 도미니코회와 프란치스코회는 무염시태를 명분으로 폭력 사태까지 벌였다. 기독교 역사에서 종교적인 교리 문제와 현실적인 세력 다툼 문제가 결부되면 결국 이런 결과가 나오고 심한 경우 교파가 갈라지곤 하였다. 그러나 늘 명분은 교리를 내세우곤 하였다. 예수 믿는다는 사람이 차마 현실적 이익 때문에 싸우는 모습을 보여 주기 민망했기 때문이다.

'복된 동정 마리아의 승천'(Assumptio Beatae Mariae Virginis in coelum)에 관한 교리는 더 최근의 것이다. 1950년 11월 1일 비오 12세 교황이 사도 헌장 〈지극히 관대하신 하느님〉(Munificentissimus Deus)을 반포하여 무류성의 진리로 선언하였다. 교리적으로 마리아는 무염시태로 태어나 원죄도 없는 유일한 인간이 된다. 그런데 마리아는 죽고 나서 어찌된 것일까? 성경에는 마리아의 죽음에 대하여 아무런 이야기도 안 나온다. 그뿐 아니라 아예 예수가 부활한 다음 마리아의 존재감은 거의 사라져 버렸다. 그러니 마리아의 죽음에 대해서도 알 길이 없다. 그런데 교회에서는 신의 독생자 예수의 어머니라는 지위를 고려하여 마리아의 사후 행적에 대하여 많은 고민을 하지 않을 수 없었다. 그래서 일단 예수처럼 죽음의 세계에 잠시 머물다가 하늘에 올랐다고 생각하는 믿음이 널리 퍼져 있었다. 사실 예수도 죽고 나서 저승에 잠시 머물다가 사흘만에 부활하고 나서 이 세상에 잠시 머물다가 다시 하늘에 올랐으니 이렇게 생각하는 것이 순리적이기는 하다. 그런데 마리아가 죽기 전에 하늘로 들어 올려졌다는 믿음도 그에 못지않게 퍼져 있었다. 구약에서도 살아 있다가 바로 하늘로 올라간 엘리야와 에녹의 사례가 있었기 때문이다. 7세기경에 등장한 전설에 따르면 마리아가 죽고 나서 무덤에 묻혔는데 임종하지 못한 토마스 사도의 주장으로 무덤을 다시 파보니 마리아가 수의만 남기고 사라졌다는 것이었다. 예수의 부활 사건에서 묘사된 장면과 비슷한 전설을 만들어 내었다. 또 다른 전설에서는 마리아가 하늘에 오른 다음 허리띠를 하늘에서 사도들에게 떨어뜨렸다는 이야기도 있었다. 이를 근거로 마리아가 최소한 죽고 나서 하늘로 올라갔다는 믿음이 신자들 사이에 퍼져나갔다.

사실 요셉보다는 덜 하지만 마리아가 성경에서 매우 관심 밖의 인물로 묘사되는 것은 초기 신학자들에게도 골치 아픈 문제가 되었을 듯하다. 예수 자신도 마리아를 단 한 번도 어머니라고 부르지 않았으니 말이다. 마리아에 대한 예수의 관심을 나타낸 구절은 성경 전체를 통하여 〈요한복음〉이 유일하다.

예수님의 십자가 곁에는 그분의 어머니와 이모, 클로파스의 아내 마리아와 마리아 막달레나가 서 있었다. 예수님께서는 당신의 어머니와 그 곁에 선 사랑하시는 제자를 보시고, 어머니에게 말씀하셨다. "여인이시여, 이 사람이 어머니의 아들입니다." 이어서 그 제자에게 "이분이 네 어머니시다." 하고 말씀하셨다. 그때부터 그 제자가 그분을 자기 집에 모셨다.(요한 19, 25-27)

그러나 이 구절 말고 성경 어디에서도 예수 사후에 요한이 마리아를 '끝까지 모셨다'는 기록은 전혀 없다. 예수 사후의 사도들과 제자들의 행적을 기록한 〈사도행전〉에 마리아의 이름은 단 한 번 등장한다.

그 뒤에 사도들은 올리브산이라고 하는 그곳을 떠나 예루살렘으로 돌아갔다. 그 산은 안식일에도 걸어갈 수 있을 만큼 예루살렘에 가까이 있었다. 성안에 들어간 그들은 자기들이 묵고 있던 위층 방으로 올라갔다. 그들은 베드로와 요한과 야고보와 안드레아, 필립보와 토마스, 바르톨로메오와 마태오, 알패오의 아들 야고보와 열혈당원 시몬과 야고보의 아들 유다였다. 그들은 모두, 여러 여자와 예수님의 어머니 마리아와 그분의 형제들과 함께 한마음으로 기도에 전념

하였다.(사도 1, 12-14)

이른바 초대교회의 시작인 '다락방'에 관한 이야기에서 마리아는 다른 여자들과 더불어 사도들과 공동체를 이루고 있었다. 그러나 마리아의 역할이나 활동은 전혀 언급되지 않는다. 승천한 예수를 최초로 발견하고 사도들에게 알린 막달레나 마리아는 이름조차 나오지 않는다. 철저히 남자들의 이야기만 나온다. 당시 매우 강력했던 남성중심주의가 기독교 공동체에서도 강력하게 자리 잡고 있었던 것으로 보인다. 그래서 성경의 여자들은 예수가 십자가에서 죽고 난 다음 사도행전이나 바울 서간에서 아무런 언급이 안 되었던 셈이다.

그럼에도 19세기 이후 마리아 신심에 관한 교의를 무류적인 것으로 선포하게 된 배경에는 가톨릭교회가 중세시대에 누리던 중심적 자리에서 밀려나면서 위기감을 느낀 것이 가장 큰 이유라고 볼 수 있다. 특히 마리아의 지위에 대한 개신교의 신랄한 공격에서 가톨릭의 고유한 신앙을 지킨다는 의도에서 인간인 마리아가 승천할 만큼 성스러운 존재로 여겨져야 한다고 확신하였다.

그러나 이런 논쟁을 해결하는 방법은 다시 성경으로 돌아가는 수밖에 없다. 기독교 교리의 일차적인 권위는 성경을 바탕으로 한 것이기 때문이다. 앞에서 말한 대로 성경에서는 마리아의 위치가 두드러지지 않는다. 예수를 낳은 존재이지만 그 혈연관계에서 오는 특권이 어디에도 묘사되지 않는다. 그런데 이는 마리아만이 아니라 예수의 아버지였던 요셉의 경우도 마찬가지이다. 아니 더 심한 박대를 받았다. 다음 장에서 자세히 다루어 보자.

예수를 돌본 계부
요셉

신약성경의 시작인 〈마태복음〉에는 위에서 살펴본 예수의 족보가 나온다. 유대인들은 혈통을 중시하였기에 유대인 공동체인 마태 공동체에서 복음을 족보로 시작하는 것이 당연할 수도 있다. 그러나 이 족보는 〈루카복음〉에 나오는 예수의 족보와 매우 다르다. 이 차이에 대한 합리적 설명은 아직도 안 나오고 있다. 혹자는 〈마태복음〉은 예수의 아버지 족보이고 〈루카복음〉은 예수의 어머니 족보라고 주장하지만 생각해 볼 가치도 없는 주장이다. 그저 왜 다른지를 아직 아무도 모른다는 것이 정답이다.

그리고 요셉에 관한 이야기는 복음서에서 매우 간결하게 나오기 때문에 명확한 족보를 따져가면서 예수의 혈통을 확인하는 것은 무의미한 일이다. 사실 요셉은 예수의 생물학적인 아버지도 아니니 예수가 굳이 다윗의 후손이라는 것을 강조할 필요도 없다. 그런데 신약성경의 첫

권의 제1장에 예수의 족보라는 제목으로 아브라함에서 시작된 긴 명단을 나열한 것은 오로지 유대인들의 남성중심주의적 족보를 강조하는 풍습에 충실하기 위한 것일 뿐으로 보인다. 더구나 〈마태복음〉과 달리 〈루카복음〉은 아예 신으로부터 시작하여 예수가 77대손임을 강조한데 비하여 〈마태복음〉은 아브라함에서 시작하여 41대손임을 보여 주고 있다. 원래 42대손이라고 해야 하는데 저자의 실수로 한 사람의 이름을 빼먹어가면서 말이다. 그리고 〈루카복음〉에서는 아브라함이 신을 포함하여 22대손으로 나오는데 산술적으로 볼 때 〈마태복음〉과 상당한 숫자의 차이가 난다. 이러한 모순을 초대교회에서 인지하였을 리가 없다. 그랬다면 서로 타협을 보고 족보를 정리했을 것이다.

그러나 각 복음서를 중심으로 한 공동체가 적극적 교류 없이 초대 예수 공동체가 남긴 문서를 취합하여 하나의 성경으로 꾸미기 시작한 것이 이러한 개별 공동체의 와해 이후 한참 지난 시기라서 더 이상 내용에 대하여 손을 쓸 수 없는 상황에 이른 듯하다. 전통적으로 내려오고 누가 썼는지도 모르는 문서를 그 어떤 자가 무슨 권위로 편집을 할 수 있었겠는가? 그래서 오늘날 볼 수 있듯이 많은 불합리하고 심지어 부도덕한 내용이 담긴 것이라도 수정하지 않고 모두 신의 뜻으로 받아들여 〈성경〉으로 삼았다. 그런데 이 책에 예수의 양아버지인 요셉에 관한 이야기는 거의 나오지 않는다.

또한 예수와 요셉의 관계, 그리고 요셉의 최후에 관한 이야기도 전혀 안 나온다. 그래서 사실 요셉에 관하여 아는 데에 〈성경〉은 거의 소용이 없는 책이 되고 말았다. 그렇다고 해서 요셉에 관한 다른 신뢰할 만한 문헌이 있는 것도 아니다. 그러니 매우 부족하지만, 다시 〈성경〉

으로 돌아갈 수밖에 없다. 그리고 여기에 더하여 초대교회의 교부들의 문서를 2차 자료로 삼을 수밖에 없다. 이 또한 양적으로나 질적으로나 매우 부족하지만 말이다. 결론적으로 요셉은 교회 안에서 찬밥 신세였다. 지금도 마찬가지이다.

여기에서 먼저 짚고 넘어갈 것이 있다. 〈마태복음〉에 나오는 단 하나의 구절로 흔히 요셉이 목수라고 알려져 있다.

예수님께서 고향에 가시어 회당에서 사람들을 가르치셨다. 그러자 그들은 놀라서 이렇게 말하였다. "저 사람이 어디서 저런 지혜와 기적의 힘을 얻었을까? 저 사람은 목수의 아들이 아닌가? 그의 어머니는 마리아라고 하지 않나? 그리고 그의 형제들은 야고보, 요셉, 시몬, 유다가 아닌가? 그의 누이들도 모두 우리와 함께 살고 있지 않는

가? 그런데 저 사람이 어디서 저 모든 것을 얻었지?"(마태 13, 54–56)

54절의 '저 사람은 목수의 아들이 아닌가?'의 그리스 원문은 다음과 같다.

οὐχ οὗτός ἐστιν ὁ τοῦ τέκτονος υἱός

여기에 나오는 '테크토노스'(τέκτονος)는 그리스어로 '기술자'라는 의미의 '테크톤'(τέκτων)의 2격 단수 명사이다. 그런데 많은 성경에서 이를 단순히 '목수'로 번역한 데서 오해가 시작되었다. 그 당시 손을 사용하여 나무, 돌, 쇠를 다루는 사람들을 모두 τέκτων이라고 하였다. 심지어 도자기를 만드는 사람도 당시에 테크톤으로 불렸다. 그러나 요셉은 전문 목수라기보다는 잡역부라고 할 수 있겠다. 동네에서 뭐든 수리가 필요한 일이면 달려가 해결해 주는 사람 말이다. 그래서 매우 작은 마을인 나자렛에서 쓸모가 많았던 사람이었을 듯하다. 그러나 예수가 공생활을 하던 때 예수의 어머니와 형제들이 예수를 찾은 이야기는 있어도 아버지 요셉이 예수를 찾은 내용은 없다.

그러나 초대교회의 교부인 유스티누스(Iustinus Martyr, 100~165)가 그 직업을 목수라고 단정한 이후 기독교 전통에서는 예수의 직업이 목수였다고 확정하여 해석해 왔다. 그런데 예수가 목수 일을 했다는 내용은 성경에 전혀 나오지 않는다. 다만 위에서 말한 대로 〈마태복음〉의 단 한 구절(13장 55절)에서 나온 이야기로 추정을 할 수 있을 뿐이다.

여기에서 사람들이 예수를 지칭하며 비웃는 어조로 '저 사람은 '기술자'(τέκτων)의 아들이 아니냐?'고 말하는 것에서 예수도 요셉과 비슷한 기술자였을 것으로 추정할 뿐이다. 그 당시에는 아들이 아버지의 직업을 물려받는 일이 흔했으니 말이다. 그러나 예수가 목수로 일했다는 묘사는 성경 어디에도 나오지 않는다. 그런데도 예수에 관한 영화나 글에서는 천편일률적으로 목수 일에 열심인 예수의 모습이 나온다. 선입견과 관행의 힘이 이리 무섭다. 예수 아버지의 직업에 관한 구절은 이것이 유일함에도 그러하다. 이 문장 하나로 예수의 아버지와 예수의 직업이 목수로 특정된 것이 기독교의 역사이다. 그것도 그 당시 지정학적으로 보잘것없는 나자렛이라는 갈릴리 호숫가 마을의 잡역부인 일꾼으로 단정해 버렸다.

어찌 되었든 성경에 따르면 요셉은 커다란 호숫가 마을인 갈릴리 사람이었다. 그런데 이 갈릴리는 오늘날에도 정확히 어디에 있는지 알 수 없는 마을이다. 다만 고고학적 유물로 판단해 갈릴리로 추정되는 지역을 조사한 결과 인구가 400명 정도인 시골 마을이었을 것으로만 여겨지고 있다. 그런 작은 마을에서 목수만 해서는 생계유지가 거의 불가능했을 것이니 요셉이나 예수나 닥치는 대로 목수도 하고 대장장이도 했을 것이 더 설득력 있어 보인다. 그런 주장을 하는 학자들도 적지 않다. 그러나 주류 신학자들과 교회가 요셉을 목수로 단정해 버리고 대중도 그리 받아들인 이상 예수와 요셉을 목수로 규정하는 것 이외에 별다른 방법은 없어 보인다. 원래 종교라는 것이 그 종교 집단의 지도자들의 주장을 도그마로 규정해 버리면 이에 맞설 때 분열을 피할 방법은 없다. 기독교 역사는 사실 이런 '사소한' 문제를 빌미로 삼은 권력 투쟁으로 끊임없이 분열해온 증거 자체이다. 그러면서 늘 상대방을 단죄하면서 말이다. 사실 이는 종교의 본질이고, 더 나아가 인간의 본성이기도 하다.

그러니 기독교만 비난받을 일도 아니다.

그러나 직업보다 더 문제가 되는 것이 요셉이라는 인물 자체의 정체이다. 성경에서 그에 대한 언급이 매우 적기 때문에 추론이 거의 불가능하다. 그래서 동방정교의 경우 위경인 〈야고보복음〉을 근거로 요셉이 마리아와 재혼을 한 사람으로 첫 번째 부인과 이미 자식이 여러 명 있었다고 주장한다. 이를 근거로 예수의 형제자매의 존재를 설명하고 있다. 그러나 가톨릭에서는 히에로니모스(Εὐσέβιος Σωφρόνιος Ἱερώνυμος, 342-347)의 주장에 힘입어 요셉도 마리아처럼 평생 동정을 지킨 사람으로 믿고 있다. 그래서 가톨릭에서는 성경에서 말하는 예수의 형제자매가 친형제가 아닌 친족을 의미하는 것으로 해석하고 있다.

그런데 이런 요셉의 예수와의 혈연관계도 성경에서는 예수의 유년기에 한정해서 이야기되고 있다. 정확히는 예수가 12세 될 무렵이다. 그 이후의 요셉의 행적에 관한 이야기는 한마디도 나오지 않는다. 그러니 요셉에 대한 그 이상의 이야기는 없다. 그래서 전설에 의존할 수밖에 없다. 그러나 기독교 전통에서 분명한 것은 요셉이 마리아와 약혼을 하였다는 사실이다. 앞에서 말한 대로 당시 유대인들은 약 1년 정도의 약혼 기간을 거쳐 혼인하고 그 기간에 양쪽 집안에서 신랑의 지참금을 놓고 흥정을 벌였다. 그런데 성경에 보면 요셉과 마리아가 약혼 상태에 있는 동안 마리아가 이미 다른 사람의 아이를 임신을 했고 이를 눈치챈 요셉이 마리아와 파혼하려 했으나 꿈에 계시한 대로 파혼하지 않고 관계를 유지하는 것으로 나온다. 그래서 나중에 동네 사람들이 예수를 요셉의 아들로 여기게 된 것으로 본다.

다시 정리해 보면 신약성경에서는 예수의 족보 두 가지가 나오지만

서로 맞지 않는다. 〈마태복음〉의 족보에서는 요셉이 다윗 가문 사람임을 강조하여 예수가 왕족의 피를 받은 존재임을 부각하고 있다. 그러나 예수는 요셉의 생물학적 아들이 아니므로 사실 이 왕족의 혈통은 아무런 의미가 없다고 봐야 한다. 그럼에도 〈마태복음〉은 이 족보로 예수 이야기를 시작하고 있다. 그래야 가부장제도 사회인 유대 문화권에서 권위가 서는 것이기 때문이다. '다윗의 후손'이라는 호칭은 혈통주의가 중요한 유대 사회에서 메시아가 되기 위한 매우 중요한 요소가 되지 않을 수 없다.

기독교 교리에서 예수는 성령으로 잉태하여 태어난 신의 아들이다. 그것도 신이 예수를 통하여 인간이 되었으니 예수가 곧 신이다. 그런데 막상 역사적 현실에서는 요셉의 아들이다. 아니 더 정확히는 마리아의 아들이다. 이는 커다란 혼란을 불러오는 문제였다. 그래서 기독교 역사에서 이는 반드시 풀어야 할 과제였다.

이른바 〈야고보복음〉을 동방정교에서 사용한 것은 이 난제를 합리적으로 풀기 위한 노력의 결과이다. 전처와의 사이에서 자식을 여러 명 둔 요셉이 마리아와 재혼을 한 것으로 설정하면 예수의 탄생과 형제자매와 얽힌 모든 문제가 간단히 풀리기 때문이다. 그런데 초기에는 없었던 마리아 자신의 동정에 관한 교리가 5세기경에 수립되면서 다시 골치 아픈 문제가 생긴다. 그래서 단순히 마리아가 약혼 기간에 예수를 낳은 것과 더불어 요셉과 마리아가 평생 오누이로 살면서 동정을 지켰다는 내용이 추가된다.

이를 합리화하기 위하여 6세기경에 나타난 책이 바로 〈목수 요셉 이야기〉(Historia Josephi Fabri Lignari)이다. 이 책에서는 전처와의 사이에서 이미 아들 4명과 딸 2명을 둔 요셉이 90살이 되어 12살의 마리아와 약혼한 이야기가 나온다. 그리고 예수가 탄생한 이후에도 두 사람은 평생 동정을 지킨 것으로 이야기된다. 사실 이 책이 나오기 이전부터 기독교 역사에서 많은 학자가 요셉이 나이가 많은 홀아비였다가 마리아와 혼인하고 나서 평생 동정 부부로 살았다고 주장하였다. 두 사람에 관한 너무나 빈약한 성경의 내용으로는 합리적인 설명이 불가능하다 보니 결국 이런 전설까지 만들지 않을 수 없게 되었다. 사실 이런 식으로 나중에 역사적 사실을 조작하는 책들은 중세에 무수히 등장하였다. 대표적인 것으로 콘스탄티누스 황제가 세속의 인간을 다룰 권리를 황제에게 인간의 영혼을 다룰 권리를 교황에게 주었다는 문서가 조작된 것도 중세이다.

이런 경우 차라리 성경에 충실하여 자세한 것은 모른다고 솔직히 고백하는 것이 지나친 전설을 조작하는 것을 막는 길이다. 실제로 요셉에 관해서는 알려진 것이 거의 없으니 말이다. 그러나 신자들의 궁금증을 어떻게든 설명해야만 하는 상황에서 교회가 할 수 있는 것은 전설에 더해 또 다른 전설을 만드는 길밖에는 다른 방법이 없었다.

앞의 장에서 본 대로 예수를 낳은 마리아에 대한 사실도 성경에 제대로 나오지 않고 있는데 하물며 실질적으로 예수의 양아버지인 요셉에 대해서 어떤 이야기를 기대할 수 있겠는가?

따라서 요셉에 대한 공경은 마리아에 비하여 매우 늦게 시작하였다. 신의 아들인 예수에게 비록 양부라 하여도 또 다른 아버지가 있다는 설정은 교리상으로 매우 껄끄러운 일이었기 때문이다. 9세기가 되어서야 요셉은 예수의 아버지가 아니라 '주님의 후견인'(Nutritor Domini)으로서 경배의 대상이 되기 시작하였다.

토마스 아퀴나스와 같은 신학자도 만약 요셉이 없었다면 마리아는 혼인도 하지 않은 상태에서 아이를 낳았다고 하여 그 당시 유대 풍습에 따라 돌에 맞아 죽을 수도 있었다고 설명하고 있다. 그러면서 예수는 12살, 곧 성인이 될 때까지 자신을 돌볼 후견인이 필요했을 것이라는 추론을 내세운다. 그래서 요셉은 아버지가 아니라 후견인으로 이해된 것이다. 이후 요셉을 성인으로 여기며 경배하는 추세가 강화되면서 19세기에는 요셉이 교회의 수호성인으로까지 격상되었다. 그러나 요셉의 역할은 언제나 마리아와 마찬가지로 유아기의 예수를 돌보는 것에 머문다. 성인이 된 예수와는 그 어떤 관계도 맺지 못하는 존재가 된다. 그래서 미술작품에 나오는 요셉은 언제나 아기 예수를 품에 안은 존재로만 나온다. 성인이 된 예수, 더 나아가 부활한 예수와 요셉은 전혀 무관한 존재인 셈이다.

부활 이후의 예수는 고사하고 12세 이후의 예수와 대화를 나누는 요셉의 모습조차 성경에 전혀 나오지 않고 있다. 과연 요셉이 얼마나 더 살았는지, 마리아와 관계를 계속 유지했는지 알 길이 없다. 다만 예수가 십자가 위에서 제자에게 마리아를 돌보아 주라고 부탁하는 장면에서 추론해 보면 요셉이 더 이상 마리아를 돌볼 수 없는 상황이었을 것이라고 학자들은 결론을 내린다. 그리고 〈사도행전〉에서 나오는 대로 마리아는 요한의 어머니로 묘사되어 더 이상 요셉 집안의 사람이 아닌 것으로 이해된다. 그러나 그 누구도 과연 요셉이 마리아와 정식 혼인을 했는지, 자식은 있었는지, 목수였는지 자신 있게 말할 수가 없다. 성경만으로는 알 길이 없기 때문이다.

이처럼 성경만으로는 예수의 지상 생활을 둘러싼 여러 의문점이 제대로 설명이 되지 않는다. 그래서 사람들은 규범이 되는 '정경'(κανων) 이외의 출처가 불분명한 외경(ἀπόκρυφος)과 교리에 어긋나는 '위경'(pseudepigrapha, ψευδής + ἐπιγραφή)을 찾게 된다.

사실 기독교만이 아니라 유대교와 이슬람교뿐만 아니라 불교에도 위경이 많다. 그러나 기독교에서 그러한 문서를 가장 많이 찾아볼 수 있다. 세속의 권력과의 역동적 관계와 더불어 민간신앙의 발전 과정이 매우 길었기 때문이다.

그러나 무엇보다도 성경 자체에 예수 주변에 관한 내용이 부족하였기 때문이다. 이러한 현상은 예수의 지상에서의 부모만이 아니라 그의 친척과 동료들에 관한 이야기에서 더욱 심각해진다. 다음 장부터 이를 더 자세히 다루어 보자. 먼저 그 유명한 막달레나 마리아부터 시작해 본다.

예수를 사랑한
막달레나 마리아

 사실 기독교에서 이스카리옷 유다와 더불어 막달레나 마리아는 가장 두드러진 인물이었다. 둘 다 예수와 누구보다도 가장 긴밀한 관계를 맺은 인물들이었으나 기독교 역사의 뒤안길로 사라져 버리고 말았다. 그러나 19세기 말부터 이들에 관한 관심이 다시 일기 시작하더니 20세기 후반에 들어와서는 대중매체에서 이들을 주인공으로 등장시킨 극적인 작품들이 많이 나오게 되었다. 가장 유명한 것이 웨버(Andrew Lloyd Webber)의 록 오페라인 〈지저스 크라이스트 수퍼스타〉(Jesus Christ Super Star)와 마틴 스콜세이지(Martin Charles Scorsese)감독이 영화로 만든 카잔차키스(Nikos Kazantzakis, 1883-1957)의 작품인 〈그리스도의 마지막 유혹〉(The Last Temptation of Christ)이다. 초기에는 두 작품 모두 많은 논란을 불러일으켰으나 전자는 이제 당당히 메인스트림에 들어갔고, 후자는 아직도 '경건한' 신자들의 비난을 받고 있지만 이른바 '컬트

무비'에 속하고 있다.

과연 예수와 막달레나 마리아는 어떤 관계에 있었을까? 기독교 교리에서 신의 외아들이며 신 자신이기도 한 예수와 깊이 관련된 여자라는 사실만으로도 사람들의 흥미를 끌기에 충분한 인물이다. 사실 〈성경〉만 보아도 막달레나 마리아는 열두 사도에 버금가는 매우 중요한 인물이다. 특히 예수의 부활 직후의 상황에서는 다른 12명의 사도들보다 앞서, 그리고 유일하게 예수를 직접 만나보고 대화를 나눈 인물이다. 게다가 복음서에서 막달레나 마리아의 실명이 12번이나 등장하는데 이는 대부분의 사도들보다 빈도수가 오히려 높다. 막달레나 마리아는 막달레나 출신의 마리아라는 이름을 지닌 여자라는 말이다. '막달레나'(מגדלא)는 갈릴리 호수 서안에 있는 작은 마을로 당시 대도시인 티베리아스에서 북쪽으로 5km 정도 떨어져 있었다. 예수가 자란 나자렛으로 가려면 서쪽으로 30km 정도 더 가야 했다. 성인의 걸음으로 하루에 도착하기에 벅찬 거리다. 예수와 갈릴리 호수가 매우 밀접한 관련을 맺지만 사실 나자렛이라는 마을은 그 당시 갈릴리 호수와 상당한 거리가 있었다. 그런데 예수의 공생활이 주로 갈릴리 호수 근처의 마을에서 이루어졌기에 막달레나 마리아도 그 여정에서 만나게 된 것으로 보인다.

일단 막달레나 마리아와 관련된 복음서 구절을 살펴보자.

안식일이 지나고 주간 첫날이 밝아 올 무렵, 마리아 막달레나와 다른 마리아가 무덤을 보러 갔다… 그때에 천사가 여자들에게 말하였다… 그 여자들은 두려워하면서도 크게 기뻐하며 서둘러 무덤을 떠

나, 제자들에게 소식을 전하러 달려갔다.(마태 28, 1.5.8)

안식일이 지나자, 마리아 막달레나와 야고보의 어머니 마리아와 살로메는 무덤에 가서 예수님께 발라 드리려고 향료를 샀다. 그리고 주간 첫날 매우 이른 아침, 해가 떠오를 무렵에 무덤으로 갔다… 예수님께서는 주간 첫날 새벽에 부활하신 뒤, 마리아 막달레나에게 처음으로 나타나셨다. 그는 예수님께서 일곱 마귀를 쫓아 주신 여자였다. 그 여자는 예수님과 함께 지냈던 이들이 슬퍼하며 울고 있는 곳으로 가서, 그들에게 이 소식을 전하였다. 그러나 그들은 예수님께서 살아 계시며 그 여자에게 나타나셨다는 말을 듣고도 믿지 않았다… 그 여자들은 자기들에게 분부하신 모든 것을 베드로와 그 동료들에게 간추려서 이야기해 주었다.(마르 16, 1-2.9-11.20)

예수님께서 [막달레나] 마리아에게 "여인아, 왜 우느냐? 누구를 찾느냐?" 하고 물으셨다. 마리아는 그분을 정원지기로 생각하고, "선생님, 선생님께서 그분을 옮겨 가셨으면 어디에 모셨는지 저에게 말씀해 주십시오. 제가 모셔 가겠습니다." 하고 말하였다. 예수님께서 "마리아야!" 하고 부르셨다. 마리아는 돌아서서 히브리 말로 "라뿌니!" 하고 불렀다. 이는 '스승님!'이라는 뜻이다. 예수님께서 마리아에게 말씀하셨다. "내가 아직 아버지께 올라가지 않았으니 나를 더 이상 붙들지 마라. 내 형제들에게 가서, '나는 내 아버지시며 너희의 아버지신 분, 내 하느님이시며 너희의 하느님이신 분께 올라간다.' 하고 전하여라." 마리아 막달레나는 제자들에게 가서 "제가 주님을 뵈었습니다." 하면서, 예수님께서 자기에게 하신 이 말씀을 전하였다.(요한 20, 15-18)

위에 나온 모든 복음서에서 묘사된 대로 막달레나 마리아는 예수 부활의 결정적인 증인이고 예수는 자신의 부활 사실을 막달레나 마리아를 통해 제자들에게 알린다. 당시 남성중심주의적인 유대 사회에서 그것도 예수 사후 최소 40년이 지나 저술된 복음서들에서 여전히 이 정도 수준으로 막달레나 마리아에 관한 기술이 나온다면 예수의 부활에서 그의 역할이 상당히 중요했음을 알 수 있다. 그런데 정작 성경의 나머지 부분에서는 기독교 역사에서 가장 중요한 사건인 부활의 결정적 증인인 막달레나 마리아에 관하여 더 이상 많은 내용을 할애하고 있지 않다. 〈사도행전〉 이후의 문헌에서는 아예 막달레나 마리아에 관한 이야기가 단 한마디도 안 나온다. 바울도 자신의 서간에서 막달레나 마리아를 전혀 언급하지 않고 있다. 예수 부활의 유일한 직접 목격자라는 매우 중요한 인물인데도 그 부활 사건으로 시작된 예수 공동체에서 그 존재감이 사라진다는 것은 매우 이상한 일이 아닐 수 없다. 그래서 마리아와 요셉의 경우와 마찬가지로 성경 이외의 문서에서 막달레나 마리아의 행적을 찾아보는 시도가 초기부터 있었다. 정경에서는 그 흔적을 더 이상 발견할 수 없기에 외경과 위경이 위세를 발휘하게 된 이유가 여기에 있다.

그러나 일단 다시 〈성경〉으로 돌아가 보자. '정설'로는 이 마리아가 갈릴리 호수 서안의 막달레나 마을 출신이어서 이런 이름으로 불린 것으로 알려져 있다. 복음서 가운데 그나마 막달레나 마리아의 이름을 정확히 이야기하는 것이 〈루카복음〉이다. 루카 복음사가에 따르면 그에게 일곱 악령이 들었다가 나갔다. 일곱 악령에 관한 이야기는 〈마르코복음〉에도 나온다. 그러나 사실 이 내용은 원래 없던 것이 2세기경에 〈루카복음〉을 바탕으로 추가된 부분이다. 그러므로 〈루카복음〉이 막달레나 마리아에 대한 원래 정보를 전달해 주고 있는 것으로 볼 수 있다.

원래 유대인들에게 7은 완전수를 의미한다. 그래서 막달레나 마리아가 일곱 악령에게 시달렸다기보다는 그만큼 정신적으로 육체적으로 매우 심한 고통을 당하던 인물이었다는 것을 말해 준다고 해석할 수 있다. 그런 막달레나 마리아가 다른 사도들이 다 도망간 사이에도 예수를 십자가 밑에서도 끝까지 지키고, 예수를 따르던 자들 가운데 그 누구도 관심이 없던 무덤까지 직접 찾아가는 행동을 보인 것은 그만큼 예수에 대한 집착이 강했음을 말해 주는 증거가 될 수 있다. 그러나 정작 예수가 막달레나 마리아의 악령을 쫓아낸 것을 직접 묘사하는 부분은 성경 어디에도 등장하지 않는다. 그저 이미 악령에서 치유된 상태에 있는 이들 무리에 함께 하였다는 말만 나온다. 성경에 나오는 여자들에 대한 설명은 아래 나오는 〈루카복음〉처럼 매우 무미건조한 경우가 대부분이다.

> 악령과 병에 시달리다 낫게 된 몇몇 여자도 그들과 함께 있었는데, 일곱 마귀가 떨어져 나간 막달레나라고 하는 마리아, 헤로데의 집사 쿠자스의 아내 요안나, 수산나였다. 그리고 다른 여자들도 많이 있었다. 그들은 자기들의 재산으로 예수님의 일행에게 시중을 들었다.(루카 8, 2-3)

여기에서 말하는 대로 막달레나 마리아가 멀쩡한 정신으로 예수 공동체를 물질적으로도 돕는다는 내용이 나오는 이상, 분명히 그는 아팠더라도 건강을 온전히 회복하였고 그 회복에 예수가 결정적 작용을 했을 것으로 짐작할 수 있을 뿐이다. 자기에게 생명의 도움을 준 이를 존경하고 따르는 것이 인지상정이 아니겠는가? 다만 그 이상의 문헌 기록이 존재하지 않기에 어디까지나 이는 추측에만 머물 뿐이다.

사실 예수가 십자가에서 죽은 다음 정작 그 시신을 내려 장례를 치른 사람은 열두 사도가 아니었다. 유다 이스카리옷은 죽었고 나머지 11명은 모두 도망갔다. 스승인 예수의 시신을 내버려 두고 말이다. 그래서 결국 아리마태의 요셉이라는 인물이 예수에게 사형 선고를 내린 빌라도를 찾아가 그 궂은일을 다 처리하겠다고 말하고 실제로 그 일을 하였다. 그리고 세 명의 마리아, 곧 어머니 마리아와 막달레나 마리아 그리고 또

다른 마리아가 그 곁에서 그를 도왔다.

　그런데 부활한 예수를 만난 사람은 그 가운데 막달레나 마리아밖에 없다. 그만큼 예수의 죽음과 부활에 결정적 증인이 된 사람이 바로 그였다. 그래서 초기 기독교 역사에서 예수와 관련된 인물 가운데 막달레나 마리아만큼 핵심적인 인물도 없을 것을 짐작할 수 있게 한다. 그럼에도 막달레나 마리아를 무시하는 사상이 기독교 역사 안에 널리 퍼져 있었다.

더 큰 문제는 상당수의 사람이 막달레나 마리아를 간음하다가 걸려서 돌에 맞아 죽을 뻔한 여인과 동일한 인물로 보았다는 점이다. 그리고 심지어 막달레나 마리아가 아예 창녀였다고 못 박고 있기도 하다. 그러나 정작 성경 어디에도 그런 단정적인 표현은 전혀 없다.

그런데도 그를 창녀로 '몰아간' 것은 6세기 이후부터다. 교황 그레고리오 1세(Gregorius, 540~604)가 591년 한 강론에서 막달레나 마리아와 베타니의 마리아와 간음하다 잡힌 여인이 동일 인물이라고 선언해 버린 탓이다. 이때부터 막달레나 마리아에 대한 '전설'이 걷잡을 수 없이 만들어지기 시작한다. 그러다가 1969년 가톨릭교회가 공식적으로 이 인물들을 별도의 존재로 간주하면서 오류가 시정되었다. 그러나 이미 천 년이 넘는 동안 '창녀'로만 여겨져 왔기에 대중들의 신앙에서는 여전히 그런 인물로 각인되어 있다.

게다가 바울 서간에서는 부활한 예수를 최초로 본 사람은 베드로라고 못 박으며 막달레나 마리아에 대한 언급은 전혀 없다. 복음서와 전혀 다른 주장을 바울이 하고 있다. 이는 바울이 예수만이 아니라 예수 공동체와도 제대로 된 접촉이 없었다는 결정적 증거가 될 수 있다. 바울이 세운 신앙 공동체에서는 막달레나 마리아의 존재 자체를 아예 몰랐던 것으로 보인다. 이는 바울이 예수의 어머니 마리아에 대해서도 별 언급이 없는 것과 마찬가지이다.

예수를 신격화하는데 매우 공을 들인 〈요한복음〉에서조차 예수가 직접 막달레나 마리아에게 유다를 제외한 11명의 사도와 다른 제자들에게 자신의 부활 소식을 알리라는 중차대한 임무를 수여할 정도로 묘사되어 있음에도 말이다. 왜 막달레나 마리아가 예수 부활 이후 어머니 마리아와 더불어 그 존재감이 완전히 사라지게 되었는지는 아무도 모른다. 그저 남성중심주의적인 유대 사회의 풍습을 기독교 공동체도 그대로 답습한 영향이 큰 것이었다고만 추측해 볼 수 있을 뿐이다.

아무리 예수가 만민평등주의를 내세웠다고 해도 그 당시의 집단의식과 시대정신을 뛰어넘을 수는 없었다고 본다. 기독교가 로마제국의 국교로 공인된 이후에도 기독교의 여성에 대한 대우가 특별히 개선된 흔적은 전혀 찾아볼 수가 없다. 이렇게 여성은 예수의 복음에도 불구하고 수천 년 동안 차별의 역사를 감내할 수밖에 없었다. 21세기의 시대정신이 양성평등이지만 오히려 기독교 공동체가 여성 차별이 가장 심한 집단으로 여전히 남아 있는 것은 역사의 아이러니가 아닐 수 없다. 예수의 만민평등주의가 선포된 지 2000년이 지나도 여전히 그 모양이니 말이다.

이러한 지경이니 기독교 역사에서 그토록 중요한 두 여자에 관한 이야기를 더 알고 싶은 사람들은 이른바 정경보다는 위경이나 외경에서 막달레나 마리아의 '본모습'을 더 찾아보게 된다. 사실 외경은 정경에 비하여 더욱 매력적인 문서들이다. 왜냐면 이미 기득권을 쥔 이들이 정경을 정할 때 그들의 권한에 도움이 되도록 하려는 의도를 숨길 수는 없는 법이기 때문이다. 그리고 정경의 확정에 여성이 개입된 흔적은 전혀 없다. 모두 남자들이 그것도 권력을 쥔 극소수의 남자들이 자신이 정한 원칙에 따라 성경에 들어갈 만한 책을 정했다. 막달레나 마리아에 관한 이야기가 상세히 나오는 외경에는 〈구세주의 대화〉(The Dialogue of Savior), 〈피스티스 소피아〉(pistis sophia), 〈토마스복음〉, 〈[막달레나]마리아복음〉이 있다. 이러한 외경에 따르면 사도들, 특히 베드로는 예수와 막달레나 마리아의 밀접한 관계를 매우 질투했다. 그러나 정경 목록에 들어 있는 성경에서는 부활 이후의 막달레나 마리아의 언행에 대한 기록이 완전히 소멸되었다. 기독교 역사에서 이 모든 책은 남성들이 정한 정경 목록에서 제외되었다. 예수가 치료해 주었고 십자가에서 죽을 때 함께 했고 부활하고 나서도 가장 먼저 만난 사람이 막달레나 마리아인데 부활 이후 그의 역할이 기독교 공동체 안에서 그렇게 완전히 단절된다는 것은 상식적으로 이해할 수 없는 일이다. 그래서 결론적으로 성경의 정경을 작성하는 과정에서 막달레나 마리아가 베드로에 대립할 뿐 아니라 오히려 예수와의 관계에서 그를 능가한다는 내용을 의도적으로 삭제했다는 추론을 내릴 수도 있다.

그러나 외경 또한 특별한 의도를 지니고 쓰인 문서이고 대부분이 남성들이 작성한 것이기에 그 정당성이나 정확성을 담보하는 일도 사실상 불가능한 일이기는 하다. 그럼에도 문서가 부족한 기독교의 주요 인물에 대한 정보를 취합하는 데에 참고로 사용될 수밖에 없는 것이 엄연한 현실이다. 정경을 정하면서 너무나 많은 문서들이 사장되어 버렸기 때문이다. 매우 안타까운 일이 아닐 수 없다. 그런데 이런 논쟁을 촉발한 일의 중심에 있는 인물이 그 누구보다도 막달레나 마리아와 더불어 바로 이스카리옷 유다이다. 다음 장에서 그에 대하여 논해 보자.

예수를 미워한
이스카리옷 유다

이스카리옷 유다는 기독교 역사에서 가장 비난을 받는 인물이다. 그러나 그는 죽는 순간까지 십이 사도에 속하는 예수의 정통 제자였다. 예수 자신도 그를 열두 사도에서 공식적으로 축출하지 않았다. 사실 그는 예수를 배신하기 전까지는 공동체의 자금관리도 하며 악령을 물리치는 일에도 참여하여 상당히 중요한 활동을 하는 사도였다.

성경에서는 그가 왜 예수를 배신했는지를 정확히 설명하지 않는다. 게다가 예수를 고발한 유다의 행위에 대해서도 복음서마다 다양한 해석을 하고 있다. 〈마태복음〉에 따르면 유다는 겨우 은전 30개를 받고 배신하였다.

그때에 열두 제자 가운데 하나로 유다 이스카리옷이라는 자가 수석

사제들에게 가서, "내가 그분을 여러분에게 넘겨주면 나에게 무엇을 주실 작정입니까?" 하고 물었다. 그들은 은돈 서른 닢을 내주었다. 그때부터 유다는 예수님을 넘길 적당한 기회를 노렸다.(마태 26, 14-16)

같은 이야기를 하는데 루카 복음사가는 아예 이스카리옷 유다에게 사탄이 들어가서 이런 일을 저질렀다고 확신한다.

그런데 사탄이 열두 제자 가운데 하나로 이스카리옷이라고 하는 유다에게 들어갔다. 그리하여 그는 수석 사제들과 성전 경비대장들을 찾아가 그들에게 예수님을 넘길 방도를 함께 의논하였다. 그들은 기뻐하며 그에게 돈을 주기로 합의를 보았다. 유다는 그것에 동의하

고, 군중이 없을 때에 예수님을 그들에게 넘길 적당한 기회를 노렸다.(루카 22, 3-6)

그런데 〈마태복음〉에서만 유다가 예수가 사형될 것이라는 사실을 알고는 반성하고 돈을 되돌려준다.

그때에 예수님을 팔아넘긴 유다는 그분께서 사형 선고를 받으신 것을 보고 뉘우치고서는, 그 은돈 서른 닢을 수석 사제들과 원로들에게 돌려주면서 말하였다. "죄 없는 분을 팔아넘겨 죽게 만들었으니 나는 죄를 지었소." 그러나 그들은 "우리와 무슨 상관이냐? 그것은 네 일이다." 하였다. 유다는 그 은돈을 성전 안에다 내던지고 물러가서 목을 매달아 죽었다.(마태 27, 3-10)

사실 그 당시 은전 30개는 오늘날의 화폐로 계산해서 20~30만 원 정도에 불과한 액수이다. 그런데 이는 그 당시 일용 육체노동자의 일당으로 지급하던 1데나리온이 은 4그램인 것을 고려해 보면 120데나리온, 곧 일용 육체노동자의 120일 치, 곧 4개월 치 일당이므로 아주 적은 돈은 또한 아니기도 하다.

그러나 기적을 언제든지 베푸는 메시아요 하느님의 아들인 자신의 스승의 죽음에 대하여 '겨우' 4개월 치 노동자 임금 정도의 돈을 요구했다는 것은 상식적으로 납득하기 어려운 일이다. 그래서 은전 30개를 강조한 것은 성경 저자의 예형론적 글쓰기 방식을 강조하기 위한 것이라는 해석이 더 설득력이 있다. 곧 〈마태복음〉에 나오는 다음과 같은 옹기장이의 밭 이야기를 더하기 위하여 은전 30개를 설정한 것이다.

수석 사제들은 그 은돈을 거두면서, "이것은 피 값이니 성전 금고에 넣어서는 안 되겠소." 하고 말하였다. 그들은 의논한 끝에 그 돈으로 옹기장이 밭을 사서 이방인들의 묘지로 쓰기로 하였다. 그래서 그 밭은 오늘날까지 '피밭'이라고 불린다. 그리하여 예레미야 예언자를 통하여 하신 말씀이 이루어졌다. "그들은 은돈 서른 닢, 값어치가 매겨진 이의 몸값, 이스라엘 자손들이 값어치를 매긴 사람의 몸값을 받아 주님께서 나에게 분부하신 대로 옹기장이 밭 값으로 내놓았다."(마태 27, 6-10)

그러나 〈예레미야서〉 어디에도 은돈 30개 이야기는 나오지 않는다. 오히려 〈즈카리아서〉에 관련 내용이 나온다.

내가 그들에게 말하였다. "당신들이 좋다고 생각하면 품삯을 주고, 그러지 않으면 그만두시오." 그러자 그들은 내 품삯으로 은 서른 세켈을 주었다. 주님께서 나에게 말씀하셨다. "그들이 나의 값어치를 매겨 내놓은 그 잘난 품삯을 금고에 넣어라." 나는 은 서른 세켈을 집어 주님의 집 금고에 넣었다.(즈카 11, 12-13)

여기에 더하여 〈예레미야서〉에 나오는 다음과 같은 옹기장이 이야기를 짜깁기하여 이런 전설을 만들어 낸 듯하다.

주님께서 이렇게 말씀하셨다. "가서 옹기장이의 단지를 하나 사라.

그러고 나서 백성의 원로들과 원로 사제 몇을 데리고, '토기 문' 곁에 있는 '벤 힌놈 골짜기'에 나가, 거기에서 내가 너에게 일러 줄 말을 선포하여라.(예레 19, 1-2)

예수의 죽음을 둘러싼 일들이 이미 구약성경에 다 예언되어 있었다는 기독교 신자들의 신념으로 이런 이야기가 만들어진 것으로 보인다. 이러한 예형론적 논술 방식은 복음서 전반에 나온다. 그러나 정밀하게 분석해 보면 〈구약성경〉과 정확하게 맞아떨어지는 인용의 경우가 드물다. 오히려 위에서 볼 수 있는 것처럼 복음사가의 임의로 편집하고 해석한 경우가 더 많다.

사실 은돈 30개는 예루살렘 전체를 뒤흔들고 기득권을 누리던 사제단의 미움을 사는, 그래서 그들에게는 공공의 적이 된 상당한 논란의 대상이 된 인물인 예수의 죽음에 대한 대가로는 매우 보잘것없는 돈이다. 그 정도 푼돈으로 예수를 팔아먹을 사람으로 여기기에는 유다가 열두 사도 가운데 차지하는 자리가 너무 크다. 어느 공동체에서나 돈 관리는 아무나 하는 것이 아니기 때문이다. 그가 돈을 관리했다는 것은 예수와 사도들의 상당한 신뢰를 받았다는 것을 의미한다.

예수가 시몬(또는 어느 바리사이)의 집에서 식사할 때 어떤 여자(또는 죄 많은 여자 또는 나자로의 누이 마리아)가 옥합을 깨뜨려 예수의 머리(또는 다리)에 향유를 붓자 유다는(또는 시몬은) 그 향유를 팔면 300데나리온이나 되어 가난한 이들을 도울 수 있다고 불평한 적이 있다. 〈요한복음〉에 그 이야기가 자세히 나온다.

예수님께서는 파스카 축제 엿새 전에 베타니아로 가셨다. 그곳에는 예수님께서 죽은 이들 가운데에서 다시 일으키신 라자로가 살고 있었다. 거기에서 예수님을 위한 잔치가 베풀어졌는데, 마르타는 시중을 들고 라자로는 예수님과 더불어 식탁에 앉은 이들 가운데 끼어 있었다. 그런데 마리아가 비싼 순 나르드 향유 한 리트라를 가져와서, 예수님의 발에 붓고 자기 머리카락으로 그 발을 닦아 드렸다. 그러자 온 집 안에 향유 냄새가 가득하였다. 제자들 가운데 하나로서 나중에 예수님을 팔아넘길 유다 이스카리옷이 말하였다. "어찌하여 저 향유를 삼백 데나리온에 팔아 가난한 이들에게 나누어 주지 않는가?" 그가 이렇게 말한 것은, 가난한 이들에게 관심이 있어서가 아니라 도둑이었기 때문이다. 그는 돈주머니를 맡고 있으면서 거기에 든 돈을 가로채곤 하였다. 예수님께서 이르셨다. "이 여자를 그냥 놔두어라. 그리하여 내 장례 날을 위하여 이 기름을 간직하게 하여라. 사실 가난한 이들은 늘 너희 곁에 있지만, 나는 늘 너희 곁에 있지는 않을 것이다."(요한 12, 1-8)

〈요한복음〉에서는 유다를 이미 예수를 팔아넘긴 자로 규정하고 이 장면에서 그에게 죄를 뒤집어씌운다. 그러나 〈마르코복음〉과 마찬가지로 〈마태복음〉에서는 이 사건이 벌어진 장면이나 불평한 자가 전혀 다르게 나온다.

예수님께서 베타니아에 있는 나병 환자 시몬의 집에 계실 때의 일이다. 어떤 여자가 매우 값진 향유가 든 옥합을 가지고 다가와, 식탁에 앉아 계시는 그분 머리에 향유를 부었다. 제자들이 그것을 보고 불쾌해하며 말하였다. "왜 저렇게 허투루 쓰는가? 저것을 비싸게 팔아 가난한 이들에게 나누어 줄 수도 있을 터인데." 예수님께서 그것을 아시고 그들에게 이르셨다. "왜 이 여자를 괴롭히느냐? 이 여자는 나에게 좋은 일을 하였다. 사실 가난한 이들은 늘 너희 곁에 있지만, 나는 늘 너희 곁에 있지는 않을 것이다. 이 여자가 내 몸에 이 향유를 부은 것은 내 장례를 준비하려고 한 것이다. 내가 진실로 너희에게 말한다. 온 세상 어디든지 이 복음이 선포되는 곳마다, 이 여자가 한 일도 전해져서 이 여자를 기억하게 될 것이다."(마태 26, 3-26)

사실 〈요한복음〉은 이미 예수가 신과 동등한 존재인 것을 전제로 쓰인 것이기에 일종의 '확증편향'(confirmation bias)에 해당되는 내용이 많다. 그래서 공관복음서와 같이 예수에 관한 역사적 사실을 확인하는 데 도움이 되지 않는다. 이런 이유로 예수에 관한 역사적 사실을 탐구할 때 〈요한복음〉은 최대한 피하는 것이 나아 보인다는 의견이 많다.

매우 평범한 여자가 300데나리온, 곧 일용 노동자의 1년 치 임금을 예수를 위하여 쏟아 부어 쓴 것을 생각해 보면 더욱 그렇다. 가난한 예수 공동체의 돈 관리를 도맡아 하던 유다가 계산을 허술하게 했을 리는 없다는 것을 전제로 하면 말이다. 참고로 성경에 나오는 금 1달란트는 6,000데나리온으로 당시 노동자의 16년 치 평균임금에 해당하는 어마어마한 돈이다. 적어도 예수 정도의 인물이라면 1달란트, 100달란트를 받아도 모자라지 않았을 것으로 보인다. 그래서 유다가 받은 은전 30개는 실제 액수라기보다는 상징성이 강한 것으로 여겨질 수밖에 없는 것이다.

유다의 죽음도 성경에서 서로 다르게 묘사되고 있다. 은전 30개를 특정한 〈마태복음〉에서는 유다가 후회하며 돈을 돌려주고 결국 자살했다는 결론을 내리고 있다. 그러나 유대교에서 자살은 기독교에서와 마찬가지로 커다란 죄악이다. 그래서 철저한 유대교인이었던 유다가 자살했다고 보기는 사실 매우 어려운 일이다. 그래서 이는 기독교인들이 만들어 낸 이야기일 가능성이 크다고 추측해 보게 된다.

〈사도행전〉에서는 유다가 그 돈으로 땅을 샀으나 결국 사고로 죽었다는 설명이 나온다. 어떤 결말이든 유다가 배신의 대가로 결국은 죽음을 맞이하게 된다는 공통점이 있다. 자살이든 사고사든 유다의 죽음이 강조된 것은 그에 대한 기독교 공동체의 증오를 나타낸 것이고 이러한 원한은 후세에 전통으로 이어지며 여러 가지 '전설'을 낳게 된다.

도대체 예수에 의해 직접 사도로 선택되는 특전을 누린 유다가 왜 예수를 배신한 것일까? 앞에서 말한 대로 성경에는 그 현실적 이유가 전혀 안 나온다. 그냥 배신한다는 말밖에 없다. 그래서 〈루카복음〉과 〈요한복음〉은 그저 '악마'가 그의 마음을 흐린 것으로 해석하고 만다.

그리고 〈요한복음〉이나 〈마태복음〉은 예수가 이미 유다의 배신을 충분히 예견하고 있었다고 전제한다. 이렇게 보면 모든 것은 신의 뜻이 이루어지기 위하여 진행된 사건이 된다. 어차피 예수는 사형당하여 인류의 죄를 씻어야만 했고 유다는 그 역사를 위하여 배신자의 역할을 해야만 한다는 것이었다. 그러나 이는 결과가 이미 나온 상태에서 과거에 벌어진 일을 추론하여 원인을 단정하는 이른바 자기충족적 예언이니 시간적 논리를 거슬러 뒤집는 것으로 설득력이 떨어진다. 신앙이 전제되지 않는 한 받아들이기 힘든 논리이다.

더구나 이러한 해석이 타당한 경우 유다는 신의 섭리의 실천을 위한

도구, 더 나아가 꼭두각시의 역할을 한 것이니 그의 죄를 묻기가 어려워진다. 죄라는 것은 자유의지를 지닌 인간이 자발적으로 어떤 행위를 죄에 해당되는 것을 알고도 스스로 자행하는 것을 전제로 하는 것이기 때문이다. 그래서 이러한 해석으로는 유다는 그저 신의 뜻을 충실히 따른 자이니 죄가 없다는 말이 된다.

이러한 신학적 해석 말고 또 다른, 좀 더 현실적인 해석은 유다의 출신과 관련된다. 열두 사도 가운데 열한 명은 모두 갈릴리 지방 출신이지만 이스카리옷 유다 한 명만이 유대아 지방 남부에 있는 마을인 카리오트 출신이었다. '이스카리옷'(Ἰσκάριωθ)이라는 말 자체가 카리오트 출신 사람이라는 뜻이다. 그렇다면 지방색이 매우 강하던 그 시절의 예루살렘에서 예수 공동체의 일원이 되어 사는 데에 갈등이 없을 수 없었을 것으로 보인다. 예수 자신조차도 사마리아 여자를 차별하지 않았던가? 솔로몬 이후 북부의 이스라엘 왕국과 남부의 유대 왕국으로 갈린 것도 모자라 지역으로 조각난 유대인의 민족적 특성이 성경에 그대로 반영되어 있다. 이런 정치적 분열 상황을 예수도 뛰어넘지 못한 것은 아니었을까? 적어도 성경에 나온 예수의 언행을 보면 말이다.

물론 유다의 정체에 대하여 해석도 다양하다. 그러나 근거가 없는 것이 대부분이다. 과연 유다가 왜 예수의 제자가 되었고 결국 배신자가 되었는지에 대한 논리적, 합리적 설명은 〈성경〉과 그 이외의 어느 문서에서도 찾아볼 수 없다. 그럼에도 그는 2000년 가까이 최악의 배신자로 낙인찍힌 인물이 된 셈이다. 그래서 기독교 문화권에서는 유다가 배신자와 동의어로 사용된 역사가 길다. 그러나 이는 사실 자의적 해석과 편견과 연관된 것이 대부분이다. 유다가 왜 '배신'했는지를 정확히 모르는 상태에서는 당연히 가짜 뉴스가 넘칠 수밖에 없다.

사실 배신으로 따지자면 자타가 공인하는 일등 제자인 베드로의 배신이 가장 충격적이지 않은가? 닭이 울기 전에, 곧 동이 트기도 전에 세 번이나 예수를 부인한 그 잘난 제자 말이다. 그런데도 베드로는 오늘날 교회 안에서 가장 추앙받는 인물이 되고 단지 사법 당국에 예수를 밀고한 유다는 최악의 인물로 묘사된다. 이는 사실 예수가 결정한 것이 아니라 전적으로 교회 전통이 만들어 낸 신화이다.

그렇지만 〈성경〉에 나온 내용만으로도 유다는 상반된 두 해석이 가능한 인물이다. 곧 예수를 따르다가 밀고한 배신자이기도 하고 신의 뜻에 따라 예수를 인간의 죄를 용서하기 위한 희생 제물로 바치는 데 조력한 인물이기도 하다. 특히 예수가 유다의 배신을 이미 알고 있었을 뿐만 아니라 그 배신행위를 실행할 것을 독촉한 장면에서 유다의 배신이 자유의지에 의한 것이기에 결국 스스로 책임을 져야 한다는 논리가 매우 약화되기도 한다. 이런 점을 강조한 것이 외경인 〈유다복음서〉에 나오는 내용이다. 여기에서는 유다가 없었다면 예수의 구원사가 완성되지 못했다고 주장하고 있다. 그러나 이 또한 결과를 놓고 한정된 원인을 거꾸로 추론하는 논리적 모순에 불과하다. 그래서 신뢰성이 떨어진다.

그런데 기독교가 유대인들의 권역에서 벗어나 이른바 이방인 지역에서 그 세력을 확장하면서 유다는 유대인에 대한 증오의 상징적 인물로 고착되고 이는 결국 먼 훗날 히틀러의 유대인 학살의 정당화에까지 이어지게 된다. 특히 교부학자인 크리소스토모스는 유대인을 차별하는 규정을 확립하는데 이는 중세를 관철하여 유대인 차별의 합법적 근거가 되었다. 이리하여 유다는 '예수를 살해한 유대인'의 대표 인물이 되었다. 그리고 그는 예수가 지명한 열두 명의 '정식' 사도에 속하는 인물이었음에도 기독교 역사에서는 사도가 아닌 '배신자'로 규정되고 있다. 그 대신에 나중에 예수 공동체가 선발한 마티아스가 정통 열두 사도로 기독교 역사에 기록된다. 그러나 사실 이는 예수가 유다를 사도단에서 직접 추방하고 마티아스를 대신 사도로 임명한 기록이 없기에 무의미한 행위이다.

예수와 사도들이 돈 관리를 맡길 정도로 신뢰한 유다가 예수를 배신한 것은 아이러니가 아닐 수 없기에 많은 추측이 있었지만, 그 어느 것도 신학적 해석이나 개인적인 추론의 차원을 벗어난 것은 없었다. 그저 신의 섭리의 신비 영역에 남을 수밖에 없는 일이다. 그리고 이는 예수의 형제자매들에 관해서도 마찬가지이다.

예수의 형제자매 존재 여부는 예수 자신보다는 마리아의 신성에 직접 관련된 일이다. 가톨릭 교리에서는 마리아가 인간적인 성적 접촉 없이 성령으로 예수를 잉태하여 출산하였고 그 이후에도 처녀로 남아 있다고 주장한다. 그리고 예수가 신의 유일한 아들이기에 신이 선택한 여자의 몸에서 세속적 인간이 나온다는 것은 있을 수 없는 일이었다. 그러나 성경에서는 분명히 예수의 형제자매에 관한 언급이 여러 번 나온다. 그럼에도 가톨릭 신학에서는 예수의 신성성을 강조하고 그에 편승한 마리아의 완벽성을 강조하는 가운데 마리아의 '무염시태'(Immaculata conceptio) 교리를 확립하였다. 곧 마리아의 어머니, 다시 말해서 예수의 외할머니가 마리아를 잉태하고 출산하는 과정도 죄 없이, 곧 육체적인 관계를 통하지 않고 이루어졌다는 말이다. 그런데 여기서 문제가 발생한다. 그럼 논리적으로 그 외할머니도 무염시태여야 한다. 또 그 위의 할머니도 거룩해야 하고. 이런 논리적 퇴행의 자가당착에 걸리게 되자 가톨릭교회는 그냥 마리아의 무염시태 교리에서 멈추기로 정해 버렸다. 그래서 위에서 말한 대로 1854년 12월 8일 비오 9세 교황이 사도 칙령 〈형언할 수 없는 하느님〉(Ineffabilis Deus)의 발표로 마리아의 '무염시태'가 무류성의 교리가 되었다. 사실 이 이전에 교회의 신학사에서 예수가 아니라 마리아의 탄생 신화에 대한 논쟁은 지속해서 이어져 왔다. 이에 대한 마침표를 마침내 19세기에 들어와서 찍은 셈이다. 그러나 그런데도 예수의 형제자매에 대한 성경의 이야기는 여전히 설득력 있는 설명이 필요한 미완의 과제로 남게 되었다. 그래서 다음 장에서 그 형제자매에 관한 이야기를 전개해 본다.

예수의 혈육인
형제자매

예수는 33살 무렵에 비참한 죽음을 맞이한 것으로 알려져 있다. 그러나 앞에서 말한 대로 예수가 정확히 몇 년 몇 월 며칠에 태어나서 몇 년 몇 월 며칠에 죽었는지는 아무도 모른다. 예수가 태어난 동네로 알려진 베들레헴도 지리적으로 정확히 어디에 있는지는 여전히 아무도 모른다. 그저 전설처럼 전해 오는 이야기에 따라 짐작되는 대로 대강의 시간과 대충의 장소만 알려져 있을 뿐이다. 그래서 예수가 탄생한 날짜와 죽은 날짜도 교파에 따라 다르게 기념하고 있을 정도이다. 대부분의 전설에 따르면 예수는 33세에 죽었지만, 역사적으로 계산해 보면 20대 후반에서 30대 후반에 이르기까지 오차 범위가 매우 크다.

그런데 사람들이 말하는 대로 예수가 33살에 죽임을 당한 것이라고 해도 그리 젊은 나이에 죽은 것은 아니다. 당시 유대인들의 평균 연령은

40세 정도였으니 말이다. 이에 비추어 본다면 예수는 장년에 죽음을 맞이한 것이 된다. 그 당시 유대인들의 풍습에 따르면 통상적으로 남성은 18세, 여성은 13세가 되면 혼인하였다. 유대인들은 야훼 신의 명령대로 부모를 떠나 한 몸을 이루어 번성하여 바닷가의 모래알과 하늘의 별만큼 그 인구를 늘리는 것을 지상명령으로 여긴 민족이었다.

그래서 그 당시 33살의 유대인 남성이면 본인이 아니라 자식의 혼인을 서서히 준비할 나이였다. 그런데 사실 그 나이에 예수는 혼인과는 무관한 삶을 살다가 비참한 죽음을 맞이하였다. 유대인들의 관점에서 본다면 결코 잘 살다가 잘 죽은 것이 아니다. 더구나 야훼 신의 제1계명인 번성하라는 명령을 따르지 않았으니 불경스럽다고도 할 정도이다.

그러나 기독교에서는 예수의 삶이야말로 인간이 따를 수 있는 것 가운데 가장 모범적인 방식이라고 이야기하고 있다. 그래서 모든 신자는 예수처럼 살아야 한다고 가르친다. 그러나 많은 기독교 신자들은 예수를 믿을 뿐, 예수처럼 사는 것을 무척 꺼린다. 단순히 그 삶이 비참한 죽음으로 끝나서가 아니다. 그의 삶 자체가 신산스러운, 나아가 너무나 고통스러운 것이었기 때문이다.

그 당시나 지금이나 흔히 사람들이 행복한 삶이라고 말하는 것은 그저 부유한 집안에 태어나, 물질적 풍요를 누리며, 좋은 배우자와 혼인하여, 무병장수하다가, 많은 자손을 남기고, 여러 사람의 애도 속에 편히 죽어, 후한 장례식을 치른 후에, 좋은 땅에 묻히는 정도이다. 그러나 예수는 이 조건 가운데 단 한 가지도 충족하지 못하였다.

당시 유대인들은 부모가 혼인을 서로 약속하게 되면 1년 정도 약혼 기간을 가지게 된다. 이 시기에 대부분 부모들은 흥정을 한다. 신랑 측

에서 신부를 '데려가는' 대가로 치르는 지참금이 있는데 이를 놓고 밀고
당기는 협상이 벌어진다. 신부 측에서는 '일꾼'이 없어지는 것이니 그에
대한 대가를 받는 것은 당연한 일이었다. 그 당시 유대 지방은 노동집약
적인 농경이 주업이었으니 가족은 곧 노동력을 의미하는 것이었다. 그
러니 장가를 가기 위해서는 돈이 있어야 했다. 그 당시 유대인들은 일부
다처 제도를 유지하였는데 대부분 부자들만이 여러 아내를 거느릴 수
있었던 것도 이러한 이유에서다. 대부분의 '평범한' 남자들은 한 여자와
살기에도 벅찼다.

그런데 예수는 무척 가난했다. 그래서 이 지참금을 마련하는 데 어
려움이 있을 수밖에 없었다. 게다가 당시로서는 장년에 해당되는 30살
무렵에 집을 나가서 돌아다니기 시작하였으니 재산을 쌓을 일은 더 없
었을 것으로 추정해 볼 수 있다. 성경에 보면 예수는 종일 돌아다니다가
저녁이 되면 이 집 저 집에서 저녁 식사를 하곤 하였다. 돌볼 가정이 없

었다.

　신약성경 〈마르코복음〉 3장 31절에 보면 예수가 사람들과 모여 있는 자리에 예수의 어머니와 형제들이 그를 찾아오는 장면이 나온다. 그때 누군가가 예수에게 당신의 어머니와 형제자매가 밖에 있다고 말해준다. 그러자 예수는 신의 뜻을 행하는 자들이 자신의 형제자매이고 어머니라는 대답을 한다. 예수는 혈연관계를 중요하게 여기지 않았다. 이는 당시 유대인들의 관습에서는 매우 낯선 대답이었다. 그들은 부모의 대를 잇는 것을 신의 지상명령으로 여기던 민족이었기 때문이다.
　그렇다고 해서 예수가 어머니와 형제자매를 등한시한 것으로 보이지는 않는다. 예수의 어머니는 예수가 사형당하는 순간 막달레나 마리아와 함께 그의 곁을 지켰던 유일한 혈족이었다. 예수를 따르던 무리는 물론 그의 핵심 제자들도 그가 사형당한다는 소식에 모두 도망가 버렸다. 그러나 예수의 부활 사건 이후에도 예수의 어머니와 그의 형제로 알려진 야고보는 예수 공동체에 계속 머물렀다. 여기에서 비록 예수가 혈연관계는 부인했지만, 그들과의 관계를 끊은 적은 단 한 번도 없었다는 것을 알 수 있다.

　성경에 나온 예수의 일생을 요약해 보면 가난한 가정 출신으로 어렵게 길에서 태어나 자란 다음 장가도 못 가고 중년이 다 된 30살 무렵에 친척인 세례자 요한을 따라 이른바 '출가'를 하여 자기 말을 받아들이는 것처럼 보이는 무리와 1년에서 3년 정도 함께 지내며 돈 한 푼 모으지 못하고 후손도 남기지 않은 채 비참한 죽음을 맞이한 존재이다. 그 당시 '보통' 유대인과는 너무나 다른 삶을 살았다. 그 당시 예수처럼 살고 싶어 하는 이들이 없을 만도 한 일이다. 그럼에도 분명히 예수는 형제자매와의 연을 끊은 적이 없다. 다만 그들과 혈연관계와는 다른 차원의 관계를 맺은 것이다.

신약성경 〈마르코복음〉 6장 3절에는 '예수의 형제'의 이름이 나온다.

저 사람은 목수로서 마리아의 아들이며 야고보, 요셉, 유다, 시몬과 형제간이 아닌가? 그의 누이들도 우리와 함께 여기에 살고 있지 않는가?" 그러면서 그들은 그분을 못마땅하게 여겼다.(마르 6, 3)

그리스어 원문은 다음과 같다.

οὐχ οὗτός ἐστιν ὁ τέκτων, ὁ υἱὸς τῆς Μαρίας καὶ ἀδελφὸς Ἰακώβου καὶ Ἰωσῆτος καὶ Ἰούδα καὶ Σίμωνος; καὶ οὐκ εἰσὶν αἱ ἀδελφαὶ αὐτοῦ ὧδε πρὸς ἡμᾶς; καὶ ἐσκανδαλίζοντο ἐν αὐτῷ.

교리적으로 마리아는 동정이고 예수만을 낳은 존재이기에 예수에게 형제자매가 있다는 사실은 기독교 믿음에서 받아들이기 힘든 사실이었다. 그래서 기독교의 일반적 교리로는 이 문장에 나오는 형제, 곧 '아델포스'(ἀδελφός)라는 단어를 친형제가 아니라 친척을 포함한 것으로 해석하는 것이 정설로 되어 있다. 그런데 위에 인용한 〈마르코복음〉에서는 아예 여자 형제, 곧 '아델페'(ἀδελφή)도 별도로 지칭하고 있다. 가부장제도를 고수하던 유대인들에게 여자 형제는 이름을 이야기할 필요도 없는 존재였으니 이름을 굳이 말할 것도 없는 일이었다.

예수는 공생활을 서른 살 무렵에 시작한 것으로 여겨지고 있다. 그런데 동네 사람은 그 나이의 예수를 보고 그의 부모와 형제를 정확히 지적하고 있다. 그렇다면 요셉과 예수의 관계가 사람들이 다 알 정도였다는 말이 된다. 또한 형제의 이름과 자매의 존재도 적시하고 있다. 이런 사람들의 지적에 대한 예수의 반응은 간단했다. 자신의 고향을 등진 것이다. 〈마르코복음〉은 고향 사람이 예수를 무시하는 것을 적시하고 있다.

> 그러자 예수님께서 그들에게 이르셨다. "예언자는 어디에서나 존경받지만 고향과 친척과 집안에서만은 존경받지 못한다." 그리하여 예수님께서는 그곳에서 몇몇 병자에게 손을 얹어서 병을 고쳐 주시는 것밖에는 아무런 기적도 일으키실 수 없었다. 그리고 그들이 믿지 않는 것에 놀라셨다.(마르 6, 4-6)

일반적으로 고향 사람은 더 끈끈한 정을 주고받는 법이다. 특히 유대인들과 같이 출신성분을 꼼꼼히 따지는 민족의 경우 그러한 지역주의가 강한 법이다. 그런데 예수는 자신의 고향만이 아니라 부모와 형제자매를 혈연관계와 무관하게 정의해 버린다. 〈마르코복음〉은 이를 다음과 같이 묘사한다.

> 그때에 예수님의 어머니와 형제들이 왔다. 그들은 밖에 서서 사람을 보내어 예수님을 불렀다. 그분 둘레에는 군중이 앉아 있었는데,

사람들이 예수님께 "보십시오, 스승님의 어머님과 형제들과 누이들이 밖에서 스승님을 찾고 계십니다." 하고 말하였다. 그러자 예수님께서 그들에게, "누가 내 어머니고 내 형제들이냐?" 하고 반문하셨다. 그리고 당신 주위에 앉은 사람들을 둘러보시며 이르셨다. "이들이 내 어머니고 내 형제들이다. 하느님의 뜻을 실행하는 사람이 바로 내 형제요 누이요 어머니다."(마르 3, 31-35)

일반적으로 어머니와 형제자매가 내가 일하는 곳에 찾아오면 어색한 것은 사실이다. 그러나 일단 반갑게 맞이하러 나가는 것이 상식이다. 그런데 여기에서만이 아니라 공관복음서 전체에서 예수는 단호하게 혈연관계를 초월한 형제자매를 이야기한다. 그렇다고 혈연관계로 맺어진 형제자매를 거부하는 것은 아니다. 단지 신의 뜻의 실천을 중요한 잣대로 제시하고 있을 뿐이다.

문제는 예수의 어머니인 마리아다. 기독교 전통에서 마리아는 독생자 예수를 낳은 동정녀로 확정되어 있다. 더구나 가톨릭교회에서 '동정 마리아'는 아예 'ex cathedra', 곧 절대적인 진리로 선포되었다. 곧 마리아는 예수를 낳기 전에도 그리고 낳고 난 다음에도 동정을 유지했다는 말이다. 그런데도 공관복음서에는 모두 예수의 형제자매에 관한 이야기가 나온다. 그러니 이 문제는 반드시 해결해야만 했다.

사실 마리아가 예수 탄생 이전이나 이후에도 완벽한 처녀였다는 교리는 3세기에 들어와서야 비로소 교회에서 확고한 진리로 내세워지기 시작하였다. 그러나 성경에 분명히 예수의 형제자매가 언급되어 있으니 이 모순을 해결해야만 했다. 그래서 교부들은 나름대로 다양한 해석을 제기하였다. 요셉이 원래 첫째 혼인에서 낳은 자녀를 마리아와 재혼하면서 데려온 것이라는 주장, 더 나아가 마리아의 언니인 또 다른 마리아의 자녀들이라는 주장도 있었다. 사실 그 당시 '마리아'는 너무나 흔한 이름이었으니 혼동했을 만도 하다는 말이다.

그리고 아예 그리스어로 형제를 의미하는 '아델포스'($\alpha\delta\epsilon\lambda\phi\acute{o}\varsigma$)라는 단어가 그 당시에는 직계 형제만이 아니라 조카까지 의미했다는 주장이 나왔다. 또한 〈구약성경〉에서도 이복형제를 형제로 지칭하는 사례가 얼마든지 나오니 예수에게도 이를 적용할 수 있다고도 하였다. 현재 가톨릭교회는 성경에 나온 형제자매는 예수의 사촌들이라고 규정하고 있고 동방정교는 요셉의 전처가 낳은 자녀들로 규정하고 있다. 그리고 루터교를 포함한 대부분의 개신교도 마리아가 평생 동정이라는 가톨릭의 교리를 진리로 받아들이고 있다.

예수의 형제자매에 대한 해석의 어려움이 일어난 것은 전적으로 마리아가 평생 동정이었다는 교리 때문이다. 마리아가 그 당시의 '보통' 여자들이 흔히 하던 대로 혼인해서 최대한 자녀를 많이 낳는 일에 충실했다는 해석이 불가능한 이유는 그가 신의 아들을, 그것도 성령으로 잉태하여 낳았기 때문이다. 그런 신성한 분을 낳은 여자가 지상의 남자와 '불결한 접촉'을 하여 지상의 인간을 낳아 자기 몸을 '더럽히는' 것은 있을 수 없는 일이었다.

그런데 여기서 마리아 자신의 존엄과 가치를 수호하기 위해 예수의 형제자매에 대한 해석이 분분해진 것이 아니다. 이는 오로지 예수의 신성 때문에 벌어진 일이다. 여기서도 당시 유대 사회는 물론 기독교 공동체에서의 가부장제적 여성관을 찾아볼 수 있다. 곧 여성은 탁월한 남성을 세상에 보내는 단순한 도구의 역할에 머문다는 점이다. 특히 가부장제적 정서가 강한 유대교 사회에서 이는 별로 이상하지 않은 생각이었다.

그러나 나중에 마리아가 '신을 낳은 여인'(Θεοτόκος)이라는 호칭과 더불어 신자들의 대중 신심에서 예수와 맞먹을 정도 숭배의 대상이 되자 교회는 이를 경계하고 마리아의 지위를 격하시키게 되었다. 다만 예수와의 관계를 고려하여 인간 가운데 가장 높은 존재로 두었다. 신은 아니지만 신에 가장 가까운 인간으로서, 죽은 다음에는 예수가 직접 하늘로 들어올릴 정도로 귀한 존재라는 것이다.

사실 마리아의 교회 교리에서의 지위에 관한 논란만 아니라면 예수의 형제자매에 대한 논란도 성립될 수가 없다. 예수 자신이 이미 신성을 지닌 존재인데 지상의 가족 관계가 무슨 관련이 있다는 말인가? 그러나 한국과 마찬가지로 사돈의 팔촌까지 따지는 농경사회의 가부장제도가 고도로 발달한 유대 사회와 더불어 기독교가 정치, 경제, 문화를 지배하던 농경문화를 중심으로 한 유럽 사회에서 인척 관계를 따지는 것은 매우 중요한 문제였다. 그리고 이 사회에서 여성과 아이들, 그리고 어른이라도 장자가 아닌 서자들의 인권은 철저히 무시당했다.

그런데 중요한 것은 예수의 형제 가운데 야고보는 바울 서간에도 나오는 인물로 초기 예수 공동체에서 매우 중요한 역할을 했다는 점이다. 예수의 으뜸 제자요 제1대 교황인 베드로마저 그가 교회 기둥이라고 일컬을 정도였다. 만약 예수의 형제가 별 볼일 없는 사촌 정도였다면 그 정도의 대접을 받았을까? 야고보의 글은 〈신약성경〉에도 한 자리를 차지할 정도로 중요한 인물이다. 그가 요셉의 전처의 아들이거나 마리아의 언니의 아들이거나 심지어 예수의 사촌이라면 이 정도 대접을 받았을까? 족보 따지기 무척 좋아하는 유대인 사회에서? 의문이 들지 않을 수 없다.

그리고 무엇보다도 야고보의 논조를 보면 예수의 주장과 매우 닮았음을 알게 된다. 그는 단순히 입으로만 예수를 믿는다고 하는 것이 아니라 예수가 가르친 것을 실천해야 한다고 강조한다. 실천 없는 믿음은 아무 소용이 없다고 한다. 그래서 〈야고보서〉는 교회에 매우 껄끄러운 문서였다. 실천에는 등한시하고 오로지 예수만 믿으면 그만이라는 형식주의를 정면으로 비판하는 그의 논조는 이른바 '예수 팔이'로 자신들의 호의호식과 권력 유지에 골몰하던 중세의 타락한 성직자들에게는 매우 마음을 불편하게 만드는 것이기 때문이었다.

그래서 심지어 루터마저도 〈야고보서〉의 정경성에 대하여 의심할 정도였다. 그리고 제도교회는 가톨릭과 개신교를 불문하고 20세기 후반까지도 말만 하고 실천은 하지 않는 교회 안에서 의식적으로 〈야고보서〉를 등한시해 왔다. 행위보다는 믿음으로 더 나아가 신의 은총으로 구원받는다는 교리가 신앙에 게으른 자들에게 충분한 변명거리가 된다고 생각하면서 말이다. 그러나 한마디로 행동 없는 입으로만 하는 신앙에 대한 야고보의 비판이 불편했다. 그 내용도 그들의 맘을 불편하게 하지만 무엇보다 예수의 형제가 그것도 정경에서 '입바른 소리'를 하는 것이 더욱 부담스러운 것이었다. 야고보의 별명이 의로운 사람이었으니 의롭지 않고 특히 딴마음을 품고 이른바 '예수 팔이'를 하는 자들에게는 더욱 그럴 수밖에 없는 노릇이었다.

그런데 예수의 형제인 야고보에 대한 신학계의 관심은 20세기 후

반 이후 폭발적으로 늘기 시작했다. 무엇보다도 제도교회의 위선적 태도, 곧 예수의 사랑과 희생을 말하면서도 정작 자신은 그런 가르침을 전혀 실천하지 않고 오히려 집단이기주의에 골몰하는 모습을 본 사람들의 비판적 시대정신이 야고보의 비판과 맞아떨어졌기 때문이다. 야고보의 신앙과 실천의 변증법적 관계를 묘사한 〈야고보서〉의 다음과 같은 구절은 오늘날 말로만 사랑하고 선행에는 한없이 굼뜬 위선적 모습을 보이는 '일부' 기독교 교회와 신자들에게 경종을 울리는 말이다.

형제여. 누가 자기에게 믿음이 있다고 말하면서 실천이 없으면 무슨 소용이 있나? 그런 믿음이 그를 구원할 수 있나? 어떤 형제자매가 헐벗고 그날 먹을 양식조차 없는데, 여러분 가운데 하나가 그들의 육신에 필요한 것은 아무것도 주지 않으면서, "평안히 가서 몸을 따뜻이 녹이고 배불리 먹으시오."라는 말만 한다면 그게 무슨 소용이 있나? 그래서 실천이 없는 믿음 자체는 죽은 것이다. 그런데 어떤 사람은 이렇게 말할 것이다. "당신은 믿음만 있고 나는 실천이 있소." 그렇다면 나에게 실천 없는 당신의 믿음을 보여 달라. 나는 실천으로 나의 믿음을 보여 주겠다.(야고보서 2, 14-20)

이는 〈마태복음〉에 나오는 예수의 말, 곧 가장 작은 형제에게 한 선행이 바로 자신에게 한 것이라는 말과 매우 일맥상통한다. 그리고 예수는 지속해서 신의 명령의 '실천'을 강조하고 있다. 말로만 예수가 주님이라고 읊조리는 것으로는 부족하다는 것이다.

"나에게 '주님, 주님!' 한다고 모두 하늘나라에 들어가는 것이 아니다. 하늘에 계신 내 아버지의 뜻을 실행하는 이라야 들어간다."(마태 7, 21)

아버지의 뜻의 실천은 구체적으로 〈마태복음〉에 나온다.

그러면 그 의인들이 이렇게 말할 것이다. '주님, 저희가 언제 주님께서 굶주리신 것을 보고 먹을 것을 드렸고, 목마르신 것을 보고 마실 것을 드렸습니까? 언제 주님께서 나그네 되신 것을 보고 따뜻이 맞아들였고, 헐벗으신 것을 보고 입을 것을 드렸습니까? 언제 주님께서 병드시거나 감옥에 계신 것을 보고 찾아가 뵈었습니까?'
그러면 임금이 대답할 것이다. '내가 진실로 너희에게 말한다. 너희가 내 형제들인 이 가장 작은 이들 가운데 한 사람에게 해준 것이 바로 나에게 해준 것이다.'(마태 25, 37-40)

신의 뜻은 사회적으로 가장 도움이 필요한 이에게 먹을 것 마실 것을 주고 그들이 힘들 때 함께 하도록 해야 한다. 그들을 위하여 기도하는 것만으로는 부족하다. 그럼에도 오로지 믿음으로만 구원받는다고 외치며 가톨릭교회의 선행 공로의 교리를 논박한 루터에게도 이러한 예수의 주장은 받아들일 수 없는 것이었다. 그 전통에서 개신교는 여전히 선행보다는 믿음으로, 그것도 오직 믿음으로만 구원받는다고 확신하고 있다. 신학적으로는 분명히 예수에 대한 믿음이 구원의 길이다. 그리고 신의 은총만이 궁극적인 구원의 원인이 된다. 그러나 실천 없는 입으로만 떠들고 다니는 '예수천국 불신지옥'은 21세기의 시대정신에는 더 이상 어울리지 않는다. 그래서 오랫동안 금기시되어 온 예수의 형제자매에 대한 논의도 이제 포스트모던을 넘어선 포스트휴먼 시대의 기독교에서 새로운 조명을 받을 수밖에 없는 듯하다.

그런데 더 중요한 것은 예수 자신의 자기 형제자매에 대한 반응이다. 예수는 어머니와 형제가 그를 찾아왔음에도 매우 냉정하게 대답한다. 곧 내 어머니와 형제는 신의 뜻을 실천하는 사람들 모두라고 한 것이다. 또한 마리아와 예수 형제들의 태도도 애매하다. 아들이요 형인 사람이 다른 사람들의 인기를 한 몸에 받고 있으며 그들에 둘러싸여 있다면 한몫을 보기 위해서라도 직접 예수를 만나러 들어올 만도 한데 그들은 다른 사람을 보내 예수를 부른다. 거리감이 이미 있어 보인다.

그런 '거리'를 예수의 언행이 확증해 준다. 그는 불교식으로 말한다면 이미 출가한 인물이었기에 혈연관계도 중요하지 않았다. 그럼에도 최소한 어머니 마리아와 그의 형제 가운데 한 사람인 야고보는 예수 공동체에 끝까지 버티고 남았다. 나머지 형제자매에 관한 이야기는 없지만 말이다.

예수의 언행과 야고보의 주장에서 초기 기독교 교회에서의 형제자매 관계의 재정립을 확인할 수 있다. 지독한 가부장제의 전통을 지닌 유대 사회에서 성립된 예수 공동체라서 신약성경의 첫 권 첫머리에서도 예수의 족보부터 자랑스럽게 적어 나갔다. 그런 예수 공동체에서 정작 예수는 그리고 그의 형제인 야고보는 혈연주의, 나아가 집단이기주의를 철저히 배격하고 있다. 예수를 믿는 것과 숭배하는 것의 차이는 바로 이 실천에 달려 있다는 것을 두 인물이 성경에서 잘 보여 주고 있다. 그런데 결국 교회는 예수를 숭배하는 길을 택했고 이를 위하여 종교 제도의 확립이 필요했다. 종교 제도에는 필수적으로 경전과 성직자 그리고 건물이 필요하다. 그리고 그 모든 것의 기초로 교주가 있어야 했다. 그래서 예수의 교회가 탄생한 것이다. 사실 그런 '제도적' 교회를 예수가 세우지 않았다. 그런데 왜 예수교회라고 부르는가? 자세히 알아보자.

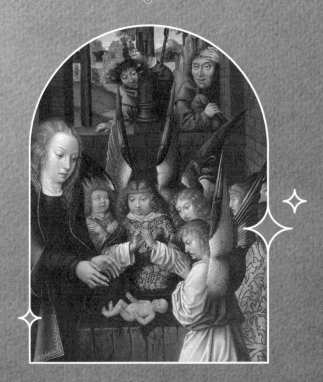

예수의 교회

누가 예수의 교회를
세웠나

성경에 보면 예수가 베드로에게 다음과 같이 하는 말이 나온다.

κἀγὼ δέ σοι λέγω ὅτι σὺ εἶ Πέτρος, καὶ ἐπὶ ταύτῃ τῇ πέτ
ρᾳ οἰκοδομήσω μου τὴν ἐκκλησίαν, καὶ πύλαι ᾅδου οὐ κατ
ισχύσουσιν αὐτῆς. **(마태 16, 18)**

직역을 해 보면 다음과 같다.

그리고 나는 이제 너에게 말한다. 너는 페트로스(Πέτρος, 돌)다. 그
리고 내가 이 페트라(πέτρα, 바위) 위에 나의 에클레시아(ἐκκλησία,
모임)를 만들 것이다. 그리고 하데스(Ἅιδης)의 문들이 그에 맞서 이
기지 못할 것이다.

가톨릭교회에서는 이 문장을 예수가 직접 베드로를 제1대 교황으로 임명한 것으로 해석하여 현재 266대 프란치스코 교황까지 그 권위가 이어져 온다고 확신하고 있다. 그러나 대부분의 개신교는 이를 강력히 부인하며 교회를 예수가 세운 것은 맞지만 베드로를 기반으로 한 것은 아니라고 주장한다. 사실 프란치스코가 266대 교황이라는 학문적 과학적 근거는 없다. 교황청 자체에서 발행하는 〈교황청연감〉(Annuario Pontipicio)에 교황의 이름과 재임 기간이 명기되어 있어 이를 기준으로 삼을 뿐이다. 그러나 중세에 여러 대립교황이 난무하던 시절에 여러 정치 세력들이 마음대로 임명했던 그 모든 교황을 다 계산에 넣는다면 현재 교황은 270명이 넘는다. 위에서 말한 〈교황청연감〉의 근거 자료가 되는 것이 6세기에 작성된 〈교황연대표〉(Liber Pontificialis)라는 문서다. 그러나 누가 이 문서를 작성했는지는 아무도 모른다. 다만 그 작성자가 354년에 나온 〈리베리아누스 연대표〉(Catalogus Liberianus)를 기초로 그 연대표를 작성한 것이라는 사실만 확인된다. 그런데 이 문서도 누가 작성했는지 아무도 정확히 모른다. 이 〈리베리아누스 연대표〉는 로마의 주교였던 히폴리투스(Ἱππόλυτος, 170~235)가 쓴 〈연대기〉(Chronica)를 바탕으로 한 것으로 알려져 있다. 그러나 이 책은 현재 전해지지 않는다. 그보다 앞서 작성된 또 다른 로마 주교 명단은 180년에 현재 프랑스의 리옹의 주교였던 이레네오(Εἰρηναῖος, 130~202)의 것이 있다.

그런데 이 모든 문서의 신뢰성보다 더 결정적인 문제가 되는 것은 예수 자신이 베드로를 제1대 교황으로 임명한 적이 없다는 엄연한 사실이다. 예수가 베드로와 교회의 관련성에 대하여 언급한 것은 위의 구절이 전부이다.

게다가 베드로 다음으로 누가 교황이 되었는지도 아무도 모른다. 공

식 명단에는 베드로 다음 교황이 리노라고 나오지만, 이 주장의 학문적, 역사적 근거는 전혀 없다. 교황청의 공식 문서로 20세기 후반기에 들어와 정리한 〈교황청연감〉(Annuario Pontipicio)에 나오는 명단을 인정하기로 결정한 이후의 계산에 따라 프란치스코가 266대로 정해진 것뿐이다. 그리고 대부분의 기독교 교파는 '교황', 곧 전체 기독교 교회의 황제라는 것을 인정하지 않고 있다. 이른바 로마 주교의 수위권 논쟁은 지금도 지속되고 있다. 가톨릭교회에서는 이른바 4세기에 만들어진 〈콘스탄티누스 황제의 기증〉(Donatio Constantini)이라는 문서를 근거로 로마 주교가 모든 교회의 황제로 인정받았다고 주장한 적이 있다. 이 문서에 따르면 로마 황제인 콘스탄티누스가 그 당시 출신성분도 불분명한 로마 주교였던 실베스터 I세에게 로마의 황제 궁전과 이탈리아반도 땅을 선사했다는 것이다. 게다가 가장 압권인 것은 그 당시 막강한 힘을 발휘하던 이른바 펜타르키아(Πενταρχία), 곧 5대 교회인 콘스탄티노폴리스, 알렉산드리아, 안티오키아, 예루살렘, 로마의 교회 가운데 실베스터 I세가 주인으로 있던 로마교회를 '베드로좌'가 있는 교회로 가장 우위에 있다고 선포했다는 내용이 이 문서에 담겨 있었다. 여기에서 이른바 교황의 '수위권'(primatus)이 나온다. 로마교회에 베드로좌가 있다는 주장은 현재 베드로대성전이 베드로의 무덤 위에 세워졌다는 전설을 근거로 한 것이다. 사실 베드로가 로마에 왔거나 심지어 로마에서 죽었다는 역사적 학문적 증거는 전혀 없다. 그런데도 그 '베드로좌'는 현재 바티칸의 베드로대성전 가운데를 차지하고 있다. 그러나 15세기 이탈리아의 가톨릭 사제 발라(Lorenzo Valla, 1407~1457)가 1439년부터 1년간 연구한 끝에 이 문서가 8세기 무렵에 익명의 저자가 위조한 가짜임을 밝혀냈다. 그 연구 결과로 발표한 것이 바로 〈거짓으로 믿고 위조된 '콘스탄티누스 기증' 선언에 관하여〉(De falso credita et ementita Constantini Donatione declamatio)이다. 그렇지만 가톨릭교회는 여전히 로마에서 베드로가 죽었다고 굳게 믿고 있다. 다른 교파나 세상이 어찌 생각하는가는 별로 중요하지 않다. 사실 이는 교파 간의 해석 차이일 뿐이니 크게 신경 쓸 일은 아니다. 중요한 것은 예수의 이름을 걸고 누군가 기독교 교회를 세웠다는 사실이다.

과연 교회란 무엇인가? 세계적으로 교회의 숫자는 어마어마하다. 그 숫자를 다 파악하기가 불가능할 정도이다. 그리고 한국에서도 현재 교회 건물이 얼마나 되는지 정확한 통계가 잡히지 않는다.

다만 가톨릭교회 건물이 약 1,800개, 개신교 교회 건물이 약 6만 개 정도 되는 것으로 알려져 있다. 가톨릭 신자가 약 5백만 명이고 개신교 신자가 약 800만 명이니 가톨릭은 교회당 약 2,700명, 개신교는 130명 정도의 신자들이 모인다. 개신교가 주장하는 대로 1,000만 명 신자라고 해도 170명 정도다. 그러나 대형교회들이 대부분의 신자들을 독식하고 있으니 실제로는 신자가 50명 이하인, 그래서 집세도 제대로 내지 못하는 매우 영세한 교회가 대부분이다. 그러나 바로 이러한 영세한 소규모 교회가 오히려 소박한 저녁 식사를 함께 나누던 원래의 초대교회인 에클레시아의 모습에 가깝다. 그러나 일단 교회는 큼직한 부동산을 보유해야 제대로 대접받는 풍토가 정착된 지는 오래되었다.

사실 예수는 베드로에게 위와 같은 말을 한 다음에도 어느 한 건물이나 장소에 상주하면서 가르침을 설파한 적이 결코 없다. 늘 동가식서가숙하면서 다양한 계층의 사람들을 대상으로 거리에서든 집에서든 진리를 전하고자 노력하였다. 예수 생존 당시에는 주교나 신부, 목사는 물론 장로도 없었다. 그저 예수와 그를 추종하는 사람들의 에클레시아, 곧 모임만이 있었다.

그런데 어쩌다가 오늘날과 같은 어마어마한 건물, 정부의 관료제도 뺨치는 비대한 조직, 수만 명의 신자의 익명성이 당연시 여겨지게 되었을까? 어느 모로 예수가 몸소 발을 들여놓을 틈을 주지 않는 지극히 세속적인 조직의 운영이 교회의 주업으로 착각하는 이들의 모임이 어찌 교회라는 명칭을 가지게 되었을까?

당연히 자본주의 때문이다. 교회 안에 자본주의가 파고들면서 물질이 영혼을 몰아내는 어처구니없는 일이 벌어지게 된 셈이다. 그래서 교파를 막론하고 교세 확장에서 경쟁 관계에 있는 다른 모든 교회를 욕하고 증오하기까지 한다. 그것도 모자라 자기 교회 안에서는 헌금 경쟁 그래프가 당당하게 벽보에 붙고, 헌금을 내지 않는 신자들을 비난하는 목사의 설교가 스피커를 타고 울려 퍼진다.

그리고 예수의 말씀보다는 사교적인 모임에 더 열을 올리는 자들이 예수 이름을 입에 담아도 신성모독이 되지 않는 곳으로 교회가 자리매김하게 되었다.

게다가 그 교회 안에서는 목사파와 장로파, 더 나아가 집사파, 그리고 혁신파와 수구파, 그것도 모자라 대형 아파트파와 연립주택파로 사분오열되어 끼리끼리 놀기도 한다. 그러면서 입으로는 "주여! 주여!" 한다. 예수가 "주여! 주여!" 한다고 다 하늘나라 가는 것은 아니라고 한 것은 바로 이런 교회를 두고 미리 알고 한 말이 아니었을까?

사실 그런 '타락한' 현대 교회와 같은 모습의 당시 유대교 성전에서 무늬만 신자로 돈놀이나 하는 장사꾼들을 예수가 이미 2000여 년 전에 단죄하였다. 이 장면은 드물게도 공관복음서만이 아니라 〈요한복음〉에도 나온다. 예수는 성전 안에서 물건, 또는 소와 양과 비둘기를 매매하는 이들과 환전하는 이들을 "쫓아냈다." 예수가 그들을 쫓아낸 이유는 기도의 집인 성전을 그들이 '강도의 소굴'로 만들어 버렸기 때문이다.

그런데 오늘날 교회에는 예수가 2000년 전에 쫓아낸 강도들이 여전히 가득하다. 그들은 교회 안에서 개인적 이익을 위하여 매매와 환전에 전념한다. 많은 경우 기도도 출세와 축재를 위해 드린다. 예수가 선포한 '때가 왔으니 회개하라'는 말에는 철저히 귀를 닫는다. 원래 기도는 자기반성과 신과의 대화를 위한 것임에도 말이다.

도대체 예수를 믿는다고 떠들면서 예수가 한 말을 전혀 듣지 않는 그

배짱은 어디서 오는 것일까? 이는 당연히 교회에 대한 잘못된 이해에서 출발한다. 교회는 돈을 주고받으며 사교 모임을 하는 장소가 아니다. 교회는 기도하는 곳이다. 그리고 기도를 통해 신과 만나는 것이 전부이다.

기도란 무엇인가? 기본적으로 기도는 인간과 신의 대화이다. 물론 교파에 따라 신에 대한 감사와 개인적 청원이 추가되지만, 원칙적으로는 아무런 세속적 요구 사항이 첨가되지 않은 신과의 순수한 대화 자체가 원래 기도이다. 그리고 이 대화에서는 말이 필요 없다. 신과 나누는 것은 언어의 대화가 아니라 영의 대화이기 때문이다.

그러나 오늘날 교회 안에서 드리는 기도는 세속적인 안녕을 간청하는 내용으로 넘쳐나고 있다. 그래서 장사꾼들의 목소리만 넘쳐난다. 그런 교회에 대고 예수는 다시 외치고 있는 것 같다. 내 아버지의 집은 강도들의 소굴이 아니라 기도의 집이라고. 그런데 예수가 생존하던 시대와는 달리 요즘 교회는 강도들의 소굴이 되어도 죄의식을 느끼는 이들이 없다. 아니 그런 일말의 죄의식을 느끼는 이들은 이미 교회를 떠난 것 같다.

마치 예수가 오늘날의 교회를 벌써 오래전에 떠났듯이 말이다. 물론 예수 이전에 신이 교회를 먼저 떠난 것도 확인된다. 신과 예수는 이제 교회 안보다는 거리에서 인간을 더 자주 만나고 있다. 유감스러운가? 아니다. 신과 예수가 원래의 삶의 자리(Sitz im Leben)로 돌아간 것이니 말이다. 그 자리는 바로 거리의 흔한 인간들 사이에 존재한다.

예수는 오늘날 모든 교회에서 거행하는 예배의 전형이 된 최후의 만찬도 그 이름을 정확히 알 수 없는 '아무개'의 집에서 드렸다. 성경에 나오는 대로 예수는 파스카 축제를 지낼 장소를 묻는 제자에게 예루살렘의 '어떤 집', 그 집주인의 이름을 복음사가도 모르는 집에서 거행하였다. 예수는 죽기 직전까지도 자기 '교회', 아니 교회 건물이 없었다. 그 거룩한 최후의 만찬도 남의 집에서 먹을 수밖에 없던 예수의 행색은 참으로 초라하기 그지없다. 참고로 예수가 제자들과 함께 나눈 최후의 만찬의 메뉴는 다음과 같다: 누룩을 첨가하지 않은 빵, 포도주, 양고기, 올리브, 대추야자, 생선 소스, 허브, 콩죽. 이 자리에서 예수가 빵을 생선 소스에 찍어서 그를 겨우 은전 30냥에 팔아넘긴 이스카리옷 유다에게 주면서 예수의 3일에 걸친 수난이 시작되었다. 이런 모든 일들은 결코 오늘날과 같은 이런 으리으리한 교회 건물 안에서 벌어지지 않았다.

그렇다면 예수가 말한 에클레시아는 어디에 있는가? 한마디로 그것은 특정 건물이 아니라 모든 사람 안에 있다. 곧 한 사람 한 사람이 교회이다. 베드로만이 교회가 아니다. 그리고 그런 사람들이 모인 곳에 에클레시아, 곧 모임이 있다. 결코 강남의 노른자위 땅 위에 있는 높이 솟은 건물 안이 아니고 말이다.

마침 코로나 사태로 2020년 이후 건물의 형태를 갖춘 교회의 위력이 많이 줄어들었다. 대면 예배가 아닌 비대면 예배로도 충분히 기도, 곧 신과 대화를 나눌 수 있는 가능성을 체험한 신자들이 원래 교회 건물 밖에 있던 예수를 만나는 경험을 하고 있다. 곧 교회는 사람들 사이에 있다는 체험을 한 셈이다. 이러한 체험으로 강도들의 소굴에서 벗어나 자신이 사는 집, 자신이 일하는 일터가 바로 기도의 집이었다는 사실을 깨달은 예수 제자들이 많아지고 있다. 건물의 형태를 갖춘 강도들의 소굴이 된 교회가 소멸하고 인간의 얼굴을 한 교회가 자라나는 실마리가 마련된 듯하다. 이것이 진정한 신의 은총이 아니고 무엇이란 말인가?

이제 이러한 예수와의 만남을 이루고 나서 인간이 해야 할 일은 무엇인가? 결국 잘 살다가 예수와 더불어 잘 죽는 것 아니겠는가? 그렇게 잘 산다는 것의 의미를 알아야 잘 살 수 있는 법이다. 그리고 기독교에서 잘 사는 것은 예수가 직접 보여 준 모범에 따라 그의 말을 실천하는 것이다. 그런데 기독교에서는 그 '말씀'의 실천을 예수에 대한 숭배로 대체하였다. 그것도 오래전에 말이다. 그 이유를 다음 장에서 알아보자.

누가 예수를
숭배하게 했나

사실 예수는 지상에 머무는 동안에 제자나 주변 사람들에게 자신을 숭배하라는 말은 단 한 번도 한 적이 없다. 그리고 자신이 신이라고 말한 적도 없다. 그러나 그의 사후 30~40년이 흐른 이후부터 기독교 공동체에서 그를 숭배하는 경향이 나타나기 시작한다. 그리고 로마제국의 유일한 국교가 되면서 다른 모든 사상과 종교를 철저히 탄압하면서 오히려 이교도들이나 로마 황제들이 한 것과 마찬가지로 예수에 대한 숭배를 체계화한 기독교가 탄생하게 된다. 오늘날 가톨릭교회가 유지하는 고위 성직자의 복장과 법 제도는 대부분 로마제국 황제들과 귀족들의 것을 모방하고 있다. 팔레스티나 지역에서 태어나 살다 죽은 예수와는 전혀 무관하다.

그런데 기독교 이전의 많은 종교에서도 신에 대한 숭배가 있었지만,

기독교만큼 배타적이고 절대적인 숭배의 관행이 이루어진 경우는 매우 드물다. 가장 큰 문제는 예수 자신이 이러한 배타성을 단 한 번도 요구한 적이 없다는 사실에 있다. 왜 교주의 의사와는 무관한 이런 극단적 배타성을 지닌 종교가 탄생하게 된 것일까?

그 근본적 이유는 바울의 등장에서 찾아볼 수 있다. 예수를 실제로는 단 한 번도 만나본 적이 없는 인물인 바울은 자신이 박해한 기독교인들의 이야기를 들으며 예수의 모습을 나름대로 만들어 낸 장본인이다. 그래서 예수의 직제자인 베드로나 야고보와 대치 국면을 일으킬 수밖에 없었다. 사실 예수를 직접 보고 그를 따라다닌 이들이 체험한 예수와는 어느 정도 다른 예수를 바울이 이야기하고 돌아다니는 것은 사도들에게는 견딜 수 없는 모독에 가까운 일이었다.

더구나 스스로를 예수가 직접 선발한 사도들과 맞먹는 사도적 존재로 여기니 말이다. 말하자면 예수가 공인한 적이 전혀 없는 '짝퉁 사도'

가 설치고 다니는 꼴이 역겨웠을 수 있었다. 그러나 바울의 인기가 올라가고 예루살렘 밖의 기독교 공동체에 대한 그의 영향력이 무시할 수 없을 정도가 되자 예루살렘 공동체도 그와 타협하는 것 외에는 다른 방법이 없었다. 결국 예루살렘 공동체에서 쓸 돈을 가져다주는 것도 그였으니 말이다.

원래의 교회라고 할 수 있는 예루살렘 공동체는 엄밀히 말해서 예수를 '숭배'하는 것이 아니라 예수를 '기억'하는 모임이었다. 그리고 이런 예수에 대한 기억과 그를 기념하는 것이 예배의 원래 의미였다. 예수를 신으로 숭배하며 그에게 소원을 비는 행위는 초기 기독교 모임에서는 있을 수 없는 일이었다. 더구나 유일신인 야훼 이외에는 누구도 숭배하면 안 되는 유대교 전통에서 출발한 기독교 아닌가? 야훼 이외의 존재를 숭배한다는 것은 신성모독이었다. 그런데 어쩌다가 이런 극단적인 변형이 나타나 결국 기독교의 신앙체계로 공고화된 것일까?

가장 일차적인 원인은 교회의 제도화에 있다. 초대교회에서부터 이미 조직화되기 시작한 교회는 여느 조직과 마찬가지로 위계 조직과 자금이 필요했다. 그래서 원래의 '에클레시아'(ἐκκλεσία), 곧 예수 공동체가 아닌 종교 집단화가 이루어진다. 다른 종교 집단과 마찬가지로 기독교 교회는 이 조직을 운영하는 데에 신성한 존재, 곧 교주가 필요했다. 일반적으로 종교 집단은 반드시 신성한, 그래서 일반인이 접근하기가 불가능한 존재를 설정한다. 그리고 그에 관한 전설을 경전화하여 체계적인 위계질서를 갖춘 종교 단체의 조직 운영의 기본적인, 더 나아가 신성한 지침으로 삼아 버렸다.

불교의 경우도 마찬가지이다. 부처는 원래 한 인간에 불과한 고타마 싯다르타였다. 그러나 그가 죽고 나서 그의 가르침을 공부하는 계파와 더불어 그를 숭배하는 계파도 나타나기 시작하였다. 특히 민간 신앙 차원에서는 매우 형이상학적인 부처의 가르침을 배우기보다는 인간의 일상적 어려움을 '간단히' 해결해 주는 해결사가 되기를 바라는 경향이 나타났다.

부처의 상 앞에서 오늘도 수많은 불교도가 절을 하고 자신의 소망을 빈다. 고타마 싯다르타는 단 한 번도 자신의 제자들에게 그런 숭배를 요청한 적이 없음에도 말이다.

그래서 그의 탄생부터 죽음에 이르기까지의 과정에 대한 전설은 물론 그의 전생과 미래에 대한 전설까지 포괄하는 커다란 숭배 체계가 완성되기에 이르렀다. 그래서 과거불, 현세불, 미래불의 전설까지 확립되었다. 그리고 불교 철학에 대한 학문적 깊이가 없는 대부분의 일반 신자들은 불교의 교리와 경전의 역사비평적 분석보다는 초월적이고 절대적인 존재의 힘에 의존하여 현세적 복을 바라는 기복주의적 신앙에 빠져들게 된다. 그래서 오늘날 많은 불교 신자들은 부처가 제시한 인간 삶의 근원적 의미에 대한 날카로운 분석에는 큰 관심이 없고 불상 앞에서 세속적 복을 기원하고 있다. 그것이 공부보다는 훨씬 편한 일이니 말이다.

예수의 경우도 마찬가지이다. 그의 생존 기간에 단 한 번도 가까운 제자에게조차도 숭배를 요구한 적이 없다. 그러나 그의 사후 여러 전설과 더불어 숭배의 분위기가 조성되기 시작하였다. 그리고 이는 예수를 신격화하는 교리의 발달에 민간 신앙의 기복주의가 더해지면서 지상에서의 예수의 가르침에 대한 역사비평적 이해보다는 지상에서의 복을 비는 대상으로 예수를 숭배하는 데에 더 몰두하는 상황을 만들게 되었다.

이런 기복주의적인 숭배의 패러다임은 사실 모든 기성 종교의 특징이다. 곧 거의 모든 종교에는 신성시하는 인격적 존재, 곧 교주가 있고 그를 대변하는 사제단이 신자들과 교주의 매개체 역할을 한다. 그 사제단이 교리서와 예식서를 작성하여 신자들을 교육한다. 그리고 정기적인 모임으로 이들의 신앙을 강화하여 결속을 다진다. 조직의 운영은 대부분 신자들의 기부금으로 충당한다. 예수는 조직을 구성한 적도 없고 기부금을 걷은 적은 더더욱 없는데도 말이다.

성경에 보면 주변 사람들이 십시일반으로 예수 무리에게 돈을 마련해 주었다. 그런데 이의 활용 방도를 이야기하던 유다에게 예수는 일갈한다. 당장 문밖에 나가 그 돈을 가난한 이들에게 모두 나누어 주라고 말이다. 그러나 오늘날 기독교나 불교나 나누어 주는 것보다는 자신이 내부에 쌓는 재산이 훨씬 많다. 특히 부동산은 기독교나 불교나 엄청나게 축적되어 있다. 왜 이리된 것일까? 교주인 예수나 부처는 재물을 쌓으라고 권유한 적도 없고 그 자신도 단 한 푼도 재물을 소유한 적 없는데 말이다.

그 근본 이유는 바로 성직자들의 간계에서 시작된다. 그들은 이른바 'in persona Christi' 또는 'in persona Budddae'의 논리를 내세운다. 곧 그들이 예수를 '대신'하고 부처를 '대신'하는 존재이니 예수와 부처에 버금가는 경배를 받아 마땅하다는 논리이다. 그래서 그들은 오늘날 예수나 부처가 경멸한 높은 자리, 권위, 재물이 집중되고 보장되는 조직관리에 몰두하고 있다.

2020년 가을 한국의 어떤 유명한 승려가 부동산을 소유한 것이 세간의 화제가 되었다. 사실 승려라고 부동산을 취득하지 말라는 법은 없다. 더구나 그는 신자들의 직접적인 기부금이 아니라 간접적인 기부금인 인세나 앱 판매 금액으로 축재를 한 사람이다. 그러니 자본주의 사회에서 사유재산을 자신의 의지로 사용하는 기본 권리를 행사하는 것은 법적으로 아무 문제가 없다. 그러나 왜 문제가 되는가? 그것은 한마디로 세상의 빛과 소금이 되어 세상을 거룩하게 만들 것을 약속한 성직자가 오히려 세속에 물들었기 때문이다.

그리고 무엇보다도 부동산을 소유한 것이 아니라 구체적으로 그 부동산을 세속적인 자본주의의 세밀한 법망을 이용하여 전혀 불법을 저지르지는 않았지만, 법보다 훨씬 더 근본적이고 종교적 교리와도 직결되는 양심을 거스르는 행위를 했기 때문이다.

자신이 양심의 가책을 느끼지 않았다면 왜 법을 최대한 활용하여 이른바 '무소유'를 흉내 낸 것인가? 자가는 무소유가 아니고, 자신이 실질적 권한을 행사하는 법인에 판매하여 자신이 전세를 들면 무소유란 말인가? 거의 부동산 투기꾼의 모습을 보였기에 부처 앞에서 부끄러워해야 한다.

이렇게 오늘날 종교가 세상을 거룩하게 하기는 고사하고 세속의 때가 묻은 모습을 드러낸 것이 비난의 대상이 되고 있다. 세속적인 세상의 빛과 소금이 되기보다는 교회나 절을 세속화시키는 것이 훨씬 쉬운 모양인가 보다.

더 큰 문제는 이른바 신흥종교의 교주들이다. 그들은 예수를 대신하는 것에서 한 걸음 더 나가 자신을 예수와 동일시한다. 그리고 죽기도 전의 살아 있는 자신에 대한 개인숭배를 강요한다. 그리고 이 숭배는 지극히 세속적인 조직관리 기법을 통한 정교한 제도로 확립된다. 그리고 한번 확립된 제도는 신의 섭리로 자리매김하여 신성불가침한 것이 되어 버리고 있다.

도대체 왜 성직자들이 이렇게 당당하게 세속화되어 가는 것일까? 이것은 최근의 현상인가? 아니다. 기독교의 경우는 이미 바울이 그 선례를 남겼고 그 이후 기독교는 원래 예수가 선포한 것과는 전혀 다른 교리를 바탕으로 하는 제도화된 교회의 역사가 이어졌다.

바울은 너무나 잘 알려진 것처럼 예수를 직접 만나지도 않았을 뿐만 아니라 그 가르침도 정확히 알지 못하는 상태에서 스스로를 사도라 부르며 예수의 직제자들을 대신하여 주로 소아시아 지역에서 예수의 말씀을 전파하였다. 무엇보다도 예수는 유대교의 개혁을 중점으로 활동하였지만 바울은 스스로를 이방인의 사도로 자처하며 헬레니즘과 융합된 새로운 양식의 기독교, 곧 유럽식 기독교를 전파하고 나섰다. 그런데 바울의 기독교와 별도로 존재하던 팔레스타나식 기독교, 곧 예수의 직제자를 중심으로 한 예루살렘의 기독교가 완전히 붕괴하였다. 그러고 나서 바울의 유럽식 기독교는 유일한 기독교의 전범으로 자리매김하게 되었다. 역사의 아이러니가 아닐 수 없다. 엄밀한 의미에서 볼 때 원조 기독교는 사라지고 '짝퉁' 기독교만 남았다고 할 수 있을 정도이다. 물론 신앙적으로 이는 신의 뜻이 되었다. 그리고 그 유럽을 중심으로 한 신의 뜻이 여전히 힘을 발휘하고 있다.

이 바울의 기독교는 철저히 위계질서를 강조하는 조직관리적 교회를 중심으로 확립되었다. 지극히 남성중심주의적인 권위주의의 특징을 지닌다. 그래서 바울은 예수와 전혀 다르게도 여성을 모독하고 여성을 비하하는 말을 서슴지 않는다. 정작 기독교의 교주인 예수는 단 한 번도 여성을 비하하거나 비난한 적이 없는데 말이다.

그리고 여기에서 더 나아가 바울은 예수가 자신을 숭배하라는 이야기를 단 한 번도 안 했는데도 불구하고 예수를 신과 동일시하고 절대적으로 '숭배'할 것을 강조한다. 그러면서 자신이 예수를 대신하여 예수의 '참 가르침'을 선포하는 자라고 선언한다. 예수를 본 적도 그의 말을 직접 들은 적도 없는 사람이 말이다. 그리고 그의 교회는 예루살렘의 초대교회와 같은 원시 공산주의적 공동체로서 예수의 가르침을 실천하기보다는 조직화된 교회에서 예수의 가르침을 선포하는 것에만 집중한다. 그리고 이미 그 당시부터 시작된 교회의 분열을 막기에 급급해한다. 조직관리가 진리에 앞설 수밖에 없는 상황 논리에 밀리게 되었다.

그렇다면 이런 문제를 해결하는 근원적인 방책은 무엇인가? 그것은 바로 교주를 대신하기보다는 교주를 닮아야 한다. 곧 'in persona Christi'나 'in persona Buddhae'가 아니라 'in imago Christi'나 'in imago Buddhae'로 패러다임의 전환을 이루어야 한다. 이는 교회의 이해에 핵심이 되는 개념이다. 곧 예수의 교회인가 아니면 성직자의 교회인가의 물음에 대한 답을 구하는 데 매우 중요한 잣대가 된다. 문제는 그러한 성직자 중심주의의 근거를 마련하기 위하여 교회는 이른바 '정경'을 만들어 놓고 오로지 성직자만이 그 책을 해석할 수 있는 배타적인 신성한 권한을 부여받았다는 원칙을 정해 놓았다. 과연 그 정경을 누가 만들었나? 좀 더 깊이 살펴보자.

누가 예수에 관한
정경을 만들었나

　어느 종교에나 '정경'이 있다. 정경이라는 단어는 기독교에서 처음 사용한 것이기는 하지만 그 의미의 사용은 이미 유대교에서도 이루어졌다. 그 전통을 기독교가 채용한 것이라고 할 수 있다. 정경(正經)은 그리스어로 척도(尺度)를 의미하는 '카논'(κανών)을 한자어로 번역한 말이다. 그런데 이 척도를 누가 정했는가? 하늘이 아니라 사람이다. 그리고 이들은 자기들 나름의 척도를 가지고 정경과 외경과 위경을 정했다. 오늘날 이는 기독교만이 아니라 다른 거의 모든 종교에서도 볼 수 있는 현상이다. 특정 종교의 경전의 권위는 시대와 상황에 따른 결과물인 셈이다.

　기독교에서 정경은 개신교와 가톨릭이 다르게 정하였다. 신약에 대해서는 이견이 없지만, 구약에서 개신교는 39권을 정경으로 15권을 외경으로 규정하고 있다. 가톨릭은 구약에서 51권을 정경으로 3권을 외경으로 규정하였다. 구약이 이리 복잡하게 된 근본 원인은 유대교에서 정경으로 사용하는 것이 역사적 변천을 거쳤기 때문이다.

유대교 전통에서는 원래 39권의 정경이 있었으나 히브리어 정경을 그리스어로 번역한 이른바 〈70인역〉에서 추가로 15권을 더하여 모두 54권을 정경으로 삼은 데서 문제가 시작되었다. 이후 서기 90년에 유대인들이 이른바 '얌니아 회의'를 개최하고 다시 원래 39권을 정경으로 규정하며 나머지 15권을 배척해 버린다.

그리고 오늘날 유대교에서는 이 〈타나크〉, 곧 경전을 정경으로 받아들이지만, 권수로는 24권이다. 편제가 기독교와 다르기 때문이다. 반면에 가톨릭에서는 〈70인역〉을 정경의 기준으로 삼아왔다. 그러다가 종교개혁이 일어나면서 개신교가 〈구약성경〉에서 39권만을 정경으로 인정하는 사건이 벌어졌다. 그러자 가톨릭교회에서는 트렌트 공의회(Concilium Tridentinum, 1545~1563)에서 개신교의 반발을 물리치고 〈70인역〉을 기준으로 삼되 유대교에서 위경으로 간주하는 15권 가운데 3권을 정경에서 삭제하였다. 그래서 오늘날과 같이 51권만 〈구약성경〉의 정경으로 결정하게 되었다.

사실 종교개혁 이후 루터를 포함한 많은 종교개혁가들은 신약성경의 정경 가운데 일부에 대해서도 의문을 제기하며 정경에서 제외하고자 하였다. 특히 루터는 〈히브리서〉, 〈야고보서〉, 〈유다서〉 그리고 무엇보다 〈요한계시록〉을 아예 정경에서 빼는 것을 심각하게 고민하기까지 하였다. 그러나 그의 권위로도 이런 일을 감행할 수는 없었다. 칼뱅도 〈요한계시록〉을 탐탁지 않게 여겼다. 신학자들이 정경을 비판적으로

보기 시작한 이러한 경향은 이후로도 계속 이어진다. 성경이 일점일획도 오류가 없다는 종래의 주장은 '틀린' 것임을 이미 이때부터 많은 학자들이 알고 있었다. 그렇다면 이런 의심이 들 만큼의 구성으로 이루어진 정경을 누가 최초로 정했는가?

〈신약성경〉의 정경을 오늘날과 같이 27권으로 확정한 것은 397년 개최된 카르타고 공의회(Concilium Carthaginense)이다. 원래 카르타고 공의회는 3~5세기에 걸쳐 9차례 개최되었기에 하나의 공의회는 아니다. 그러나 이 공의회 이전에 393년 히포 교회 회의에서 최초로 이미 구약과 신약에 속하는 책들을 정하였다. 카르타고 공의회는 이 결정을 공식적으로 비준한 셈이다. 그리고 최종적으로 로마 교구의 동의를 받았다. 이후 가톨릭교회에서는 트렌트 공의회 이전까지 변함없이 이 전통을 유지해 왔다.

사실 현재는 로마 교구가 '바티칸시국'이라는 국체와 동일시되며 가톨릭교회 조직에서도 교황청을 중심으로 중앙집권적으로 전 세계 교회를 '통치'하는 것으로 알려졌지만 이는 원래 교회 전통과는 전혀 다르다.

오히려 로마 교구가 수위권을 주장하며 1054년 그 당시 나머지 4개의 동등한 권리를 지녔던 총대주교좌에서 떨어져 나와 독자 노선을 걷기 시작한 것이 그 유래이다. 그리고 지금도 여전히 로마제국 시대에 세워진 이른바 펜타르키아(Πενταρχία), 곧 5개 총대주교좌 가운데 4곳은 동방정교회에 속하면서 동등한 법적 지위를 누리고 있다. 사실 아직도 공식적으로는 로마에 있는 교회의 정식 명칭도 로마 가톨릭교회(Ecclesia Catholica Romana)에 속하는 하나의 로마 교구(Diœcesis Romana)에 불과하다. 현실적 위상과는 별개로 말이다.

교회가 세워진 순서로 서열을 정한다면 사실 예루살렘이 가장 우선권을 지니지만 펜타르키아에서도 처음부터 로마와 콘스탄티노폴리스에 뒤졌다. 그리고 예루살렘과 더불어 알렉산드리아와 안티오키아가 이슬람 세력에 넘어가면서 오로지 로마와 콘스탄티노폴리스만이 남아 동서에서 서로 우위 대결을 하게 되었다. 그런데 476년 서로마제국이 멸망한 이후 동로마제국이 로마제국의 법통을 이어가면서 콘스탄티노폴리스가 사실상 기독교 교회의 중심 역할을 하였다. 그러나 로마교회와 콘스탄티노폴리스교회는 정치, 문화, 특히 언어가 달라지면서 결국 서로 전혀 다른 세계에 속하게 되었다. 심지어 십자군 전쟁 시기에 로마교회에 속하는 군대가 콘스탄티노폴리스의 교회를 약탈하면서 로마교회와 콘스탄티노폴리스교회의 갈등은 더 이상 돌이킬 수 없는 선을 넘어 버렸다.

그런데 1453년 오스만 제국에 의한 동로마제국의 멸망과 더불어 콘스탄티노폴리스의 교회도 몰락하면서 로마교회가 다시 기독교의 유일한 중심이 된다. 이때 콘스탄티노폴리스의 교회가 로마교회에 도움을 요청하였지만, 실질적으로 아무런 도움이 없었다. 한 뿌리에서 시작한 형제나 다름없는 동방의 기독교 교회가 파괴되는 것을 서방의 기독교 교회가 방치한 셈이다. 물론 이슬람은 다른 종교에 관대한 종교이기에 오스만 제국 안에서도 기독교 신자들은 계속 자신의 신앙생활을 할 수 있었다. 그러나 로마제국의 유일한 국교였던 시절과는 비교할 수 없는 어려움 가운데 신앙을 지킬 수밖에 없었다.

동방정교에서 사용하는 경전의 정경은 개신교와는 매우 다르고 가톨릭과도 약간 다르다. 모두 같은 예수에 관한 이야기를 하면서 각자가 그 근거로 사용하는 경전은 서로 다른 것이다. 그리고 앞에서 살펴본 대로 그 내용에서도 정경에 포함된 것들끼리 서로 모순된 이야기도 하고 있다. 그리고 〈마태복음〉에 나오는 예수의 족보처럼 숫자를 잘못 계산한 부분까지 있다. 인간적인 실수이다. 그런데도 일부 개신교 교파에서는 아직도 신자들에게는 성경이 마치 일점일획의 오류도 없는 신비한 책인 것처럼 강조하고 있다. 이러한 권위주의가 중세의 무지몽매한 군중을 대상으로는 가능할 수 있겠지만 현대의 계몽된 시민에게는 불가능한 일이다. 특히 성경만이 아니라 예수에 관한 역사적 해석을 시도한 책들이 넘치는 세상에서 더 이상 신자들을 대상으로 한 중우 정책을 시도하는 것이 있을 수 없는 일이 되어 버렸다.

더구나 교파의 교조적이고 도그마적인 성경 해석이 21세기에 들어와 힘을 더 잃게 된 것은 정경의 결정 과정과 그 이후의 역사적 혼란, 그리고 더 나아가 이른바 외경과 위경의 존재 때문이다.

정경에서 충분히 묘사되지 못한 예수와 그 주변 인물들의 삶에 대한 추가적인 궁금증, 그리고 예수의 가르침에 대한 논리적 근거에 대한 탐구 욕구와 일반적 호기심이 중첩되어 외경과 위경에 관한 관심이 늘게 되었다.

사실 그리스어로 저술된 〈70인역〉을 라틴어로 번역한 히에로니무스도 번역 과정에서 〈70인역〉 자체의 오역을 많이 발견하여 차라리 히브리어에서 직역하는 것이 낫다는 생각으로 새로 번역하였다. 그 과정에서 24권을 39권으로 재편했다. 그런데 이때 히에로니무스는 〈70인역〉본 안에 히브리어 원전이 없는 15권의 경전은 '외경'($\alpha\pi\sigma\kappa\rho\upsilon\varphi\sigma$)으로 별도로 구분하고 이를 정경에 포함시키지 않으려 했다. 그러나 그 당시 교회 안에서 막강한 세력을 과시하던 아우구스티누스의 위세에 눌려 결국 정경에 포함시키는 데에 반대하지 못하였다. 그래서 위에서 살펴본 대로 카르타고 공의회에서 39권에 더한 15권도 정경으로 공인을 받게 되었다. 그러나 나중에 종교개혁 이후, 이 가운데 3권은 정경에서 탈락하는 과정을 겪게 된다. 신이 아니라 교파 갈등의 상황에서 서로 대척하는 교회의 권위가 정경과 외경, 그리고 위경을 정하게 된 셈이다.

'위경'(pseudepigrapha)이라는 말은 '가짜'를 의미하는 '프세데스'($\psi\varepsilon\upsilon\delta$ $\acute{\eta}\varsigma$)와 '이름'을 의미하는 '에피그라페'($\acute{\varepsilon}\pi\iota\gamma\rho\alpha\varphi\acute{\eta}$)를 결합한 단어이다. 곧 실제 필자가 아닌데도 불구하고 그가 쓴 것으로 내세워지는 책을 말한다. 그러나 앞에서 살펴본 대로 정경에 들어 있는 사복음서조차 마태, 마르코, 루카스, 요한이 직접 쓴 것이라는 증거는 어디에도 없다. 이는 가톨릭교회도 인정하는 사실이다. 그리고 여러 성서학자의 연구로 13개의 '바울 서간' 가운데에도 상당수(6개)는 바울이 쓰지 않은 것이 거의

분명한 것으로 드러났다. 그렇다면 정경으로 규정된 성경 가운데 상당수도 '사전적 의미의 위경'일 수 있다고 봐야 하지 않을까?

현재 밝혀진 것으로는 사복음서만이 아니라 〈사도행전〉, 〈히브리서〉, 〈요한 1, 2, 3서〉의 필자도 알 길이 없는 문서이다. 그러나 이 문서들을 위경으로 배척하는 교회 지도자나 신자들은 거의 없다. 2000년 가까운 권위가 너무 무겁기 때문이다. 여기에 더하여 교파의 도그마 또한 너무 무거운 장애가 된다.

한국에서는 한동안 어느 한학자가 〈도마복음〉을 해설한 것이 대유행한 적이 있다. 그러나 그 이외에도 〈유다복음〉, 〈바르나바복음〉, 〈베드로복음〉, 〈마리아복음〉과 같은 외경이나 위경이 존재한다. 이외에 복음서로 불리지 않지만, 예수와 그 주변 인물에 관한 문서들도 많다. 이 가운데 〈도마복음〉은 1945년 이집트 나그함마디에서 발견된 여러 문서에 들어 있던 것으로 2000년 전의 콥트어로 쓰인 고문서에 담긴 내용이며 1956년 공개되었다. 많은 학자들의 연구로 이 복음서는 예수가 활동하던 시기에 저술된 것이라는 주장의 진위에 대한 논란은 이미 종료된 상황이다. 그런데 무슨 이유에서인지 이 복음서는 정경에 들어가지 못하였다. 누가 알겠는가? 앞으로 1000년이 지나 기독교가 여전히 살아 있다면 이 〈도마복음서〉가 결국 정경에 편입될지도 모를 일이다. 정경은 현실적으로는 인간이 정하는 것이니 말이다.

정경은 단순히 문서의 진위만이 아니라 교파 간의 갈등, 교회 안에서 권위자의 입김, 그리고 역사적 상황으로 정해진 것으로 보인다. 그러므로 정경에 나온 것이 예수의 '올바른' 모습을 '모두' 담아내고 있다고 볼 수는 없다. 그래서 기독교에서 성경만이 아니라 믿는 사람들의 의식, 곧 대중 신심이 매우 중요한 역할을 한다.

대표적인 것이 '마리아 신심'이다. 성경 어디에도 예수 생전에 그리고 부활 이후의 초대 공동체에서 마리아에 대한 경배, 더 나아가 숭배가 있었다는 흔적을 찾아볼 수가 없다. 그러나 특히 소아시아를 중심으로 예수의 '어머니'에 대한 대중 신심이 강력하게 퍼지면서 교회 권위도 이를 인정하지 않을 수 없는 상황에 부닥치게 되었다. 만약 성경만을 기준으로 한다면 성모 신심은 이단적이다.

그러나 현재 가톨릭교회에서 성모 신심을 미신으로 치부한다는 것은 있을 수 없는 일이다. 이처럼 기독교는 교회의 권위와 대중 신심의 역동적 관계 안에서 발전해 왔다. 그러므로 앞으로도 기독교의 사상은 시대와 장소에 따라 변할 것이고 변해야만 한다. 그러지 않으면 제도 종교로서의 기독교는 소멸할 것이기 때문이다. 대중의 요구를 충족하지 못하는 종교는 결국 사멸되었다는 것은 역사를 살펴보면 알 수 있다. 이 경전에 못지않게 기독교 교회가 강력하게 매달리는 것이 십자가 신앙이다. 그런데 초기 교회에서는 그런 것이 없었다. 이 십자가의 역사를 좀 더 깊이 살펴보자.

누가 예수의 십자가를
만들었나

오늘날 십자가는 기독교의 가장 보편적인 상징물이 되었다. 그런데 정작 십자가가 기독교의 상징이 된 것은 콘스탄티누스 황제가 기독교의 종교 활동을 공인한 이후부터다. 초기 기독교에서는 유대교와 마찬가지로 신과 관련된 형상을 꺼렸고 자신의 정체를 드러내는 것을 두려워하여 십자가는 물론 특정한 형상을 만들거나 사용하지 않았다.

현재 십자가는 교파마다 다양한 형태로 사용된다. 그리고 종교와 무관하게 일종의 부적이나 장식품으로 사용되기도 한다. 그럴 수밖에 없는 것이 원래 십자가는 기독교가 수립되기 이전부터 고대 바빌로니아 지방에서 일종의 부적으로 사용되어 왔기 때문이다. 그리고 이미 이집트, 그리스, 인도, 그리고 남미에서도 십자가 문양이 오래전부터 사용되어 왔다. 그래서 십자가 형태가 기독교의 전유물이라고 할 수는 없다.

기독교 십자가 가운데 가장 오래된 것으로는 타우 십자가(Taukreuz)

와 스와스티카(swastika)이다. 타우 십자가는 그리스어 알파벳의 19번째 글자인 타우(T)의 형상을 빗대어 그리 불리며 기독교 전통에서는 흔히 안토니우스 성인(Antonius der Große, 251–356)의 수도회와 연관되어 안토니우스 십자가(Antoniuskreuz)로 불리게 되었다.

　나중에는 프란치스코 성인(Franciscus de Assisio, 1181/82~1226)의 수도회에서도 이 형태의 십자가를 사용하기 시작하였다. 그러나 원래 이 타우 십자가는 이미 바빌로니아와 이집트에서 즐겨 사용되던 것이었다. 그것이 기독교 문화에 수용된 것이다. 물론 전혀 다른 의미를 부여하면서 말이다.

　그리고 이보다 더 오래된 것은 스와스티카이다. 한국에서는 흔히 불교의 상징으로 잘 알려진 스와스티카는 유라시아 전역에서 널리 사용된 것이다. 특히 인도에서는 힌두교, 불교, 자이나교가 공통으로 사용하였던 것이었다. 그리고 유럽에서도 사용되었다.

그러나 히틀러가 이를 자신의 나치당의 표징으로 사용하면서 매우 부정적인 의미를 담게 되었다. 사실 그 이전까지만 해도 이는 풍요와 행운의 상징이었었다. 그래서 원래 그런 의미에서 히틀러도 이를 사용한 것이었다. 이 문양이 히틀러의 나치 정권을 연상시키고 더 나아가 유대인 학살을 연상시킨다는 의미에서 독일어권에서는 거의 터부시되고 있지만 이는 그 원래의 의미와는 전혀 무관한 일이다. 이에 관한 이야기를 다음 기회에 더 다룰 필요는 있어 보인다.

최근 종교학의 발달로 히틀러의 십자가가 타 종교의 신앙적 의미를 지닌 것이라는 사실이 잘 알려지게 되었지만, 여전히 히틀러에 대한 부정적인 인식이 강력한 서양 세계에서 이 스와스티카는 아직도 그 온전한 의미가 충분히 받아들여지고 있지는 못하다. 매우 유감스러운 일이다.

사실 이 스와스티카는 워낙 다양한 형태로 활용되어 불교의 만(卍)의 형태만 있는 것은 아니다. 그럼에도 공통된 점은 모두 일종의 소용돌이 모양을 하고 있다는 사실이다. 다만 그 회전 방향이 오른쪽이든 왼쪽이든 큰 차이는 없다. 브라만교에서 사용한 것이 기원이라는 설이 가장 설득력이 있다.

그러나 여기에서는 기독교의 십자가를 중심으로 살펴보도록 하겠다. 원래 예수가 당한 십자가형은 당시 로마제국에서 흔한 사형 방법이었다. 그리고 반드시 지금 알려진 것과 같은 십자가를 세우는 방식만 있지는 않았다. 중세의 철학자 립시우스(Justus Lipsius, 1547–1606)는 그의 저서 〈십자가에 관하여〉(De Cruce, 1594)에서 로마제국 시대에 십자가

형은 단순형(crux simplex)과 복합형(crux compacta), 두 가지가 있었다고 주장하였다. 단순형은 말 그대로 기둥을 하나 세워 거기에 죄인을 매달아 죽이는 방법이고 복합형은 두 개 이상의 기둥을 사용하는 방법이다. 그보다 훨씬 이전의 학자인 세네카(Lucius Annaeus Seneca, BC4-AD65)가 남긴 문서에는 복합형에 관한 설명만 들어 있다.

사실 오늘날 우리가 알고 있는 십자가형에 대한 설명은 2세기부터 본격적으로 이루어진다. 그리고 기독교가 로마제국의 유일한 국교로 지정되면서 십자가도 고정된 상징으로 정착하게 된다.

성경에 나오는 십자가를 지칭하는 단어는 '스타우로스'(σταυρός)와 '질론'(ξύλον)이다. 그리고 이 단어는 고대 그리스어로 단순히 땅에 박은 기둥을 의미한다. 그래서 이 단어에 대한 해석을 놓고 학자들마다 의견이 분분하였다.

흔히 알려진 십사가 모양이 아니라 단순히 큰 기둥을 박아놓고 죄인을 매달아 사형시키는 것이 더 효율적인데 굳이 기둥에 나무를 가로로 박아서 사형을 시키는 수고를 들일 필요가 없다는 주장이 제기되었다. 그래서 바인(William Edwy Vine, 1873~1949)과 같은 성경학자는 그의 저서 〈신약 어휘 설명집〉(Expository Dictionary of New Testament Words)에서 고대 그리스어로 스타우로스가 오늘날 알려진 십자가를 지칭할 수 없는 것으로 3세기 교회에서 이교도들이 사용하던 타우 십자가를 수용하여 기독교의 개념으로 정착시킨 것이라는 주장을 하기도 하였다.

실제로 오늘날 예수가 매달린 십자가의 모습은 같은 크기의 두 개의 기둥을 같은 크기로 교차시킨 것이 아니라 거의 알파벳 T의 모양에 가까운 형태를 하고 있다. 사실 성경에는 십자가의 모양이나 그 구성에 대한 설명이 전혀 나오지 않는다. 다만 성경의 그리스어로 된 명사 스타우로스(σταυρός)를 라틴어로 크룩스(crux)로 번역하면서 자연스럽게 십자가로 인식하게 되었다. 그러나 사실 라틴어 크룩스도 오늘날 우리가 알고 있는 형태의 십자가가 아니라 원래 단순한 기둥을 의미하는 단어이다. 그러나 이런 논리에 반대하는 이들도 많다. 비록 고대 그리스의 어휘에서 스타우로스는 원래 기둥만을 의미하지만, 기원전 1세기와 그 이후의 어법에서는 우리가 알고 있는 십자가를 지칭하는 것이기도 하였다는 주장이다.

성경에는 분명히 예수가 사형장에 끌려가면서 자신의 십자가를 등에 짊어지고 간다는 설명이 나온다. 그런데 많은 학자들은 이 십자가가 오늘날 우리가 알고 있는 온전한 형태의 십자가가 아니라 사형장에 이미 박혀 있는 기둥에 가로로 매달 또 다른 기둥이라는 주장을 하고 있다. 그러나 또 다른 많은 이들은 예수가 십자가 모양으로 만들어진 사형 도구를 끌고 골고다 언덕으로 올라갔다고 확신하고 있기도 하다.

그런데 언어학적인 연구와 성경 연구를 통해서도 십자가의 모양을 단언할 방법은 전혀 없다. 현재 우리가 알고 있는 십자가가 실제로 예수가 못 박힌 형태라는 증거도 없지만, 아니라는 증거도 없기 때문이다. 그리고 사실 중요한 것은 어떤 모양의 십자가에서 예수가 사형당했는지가 아니다.

이보다 훨씬 더 중요한 것은 그가 왜 결국 십자가에 못 박히게 되었으며 그것이 우리에게 주는 종교적, 문화적, 사회적 의미는 무엇인가이다. 십자가가 아니라 기둥에 못 박혀 사형당했다고 해서 예수의 존재 의미가 줄어드는 것은 아니기 때문이다. 십자가인가 기둥인가를 둘러싼

논쟁은 그래서 무의미한 지엽말단적인 것이 아닐 수 없다.

중요한 것은 형상이 아니라 그 뒤에 있는 의미이기 때문이다. 지엽말단적인 것을 둘러싼 논쟁은 예수의 본모습을 파악하는 데에 전혀 도움이 되지 않는다. 다만 19세기까지 십자가에 못 박힌 예수의 모습은 거의 일관되게 이어져 왔다. 그에 대한 의문이 제기되기 시작한 것은 19세기 중반 이후 성경 해석학이 발달하면서부터이다. 그러니 이 논쟁은 아직 열려 있는 것으로 볼 수 있다.

문제는 십자가에 매달린 예수에 대한 해석이다. 신학적으로 십자가는 예수가 인간의 죄를 대신 씻어주고 신과 인간을 화해시키기 위하여 자신을 희생 제물로 바치는 데 사용한 도구로 이해되고 있다. 곧 신의 인간에 대한 무한한 사랑의 상징인 셈이다. 그리고 이 십자가의 죽음은 부활을 전제로 한 복음 선포의 자리이기도 하다. 복음, 곧 기쁜 소식은 예수가 인간을 대신하여 인간의 죄를 용서받도록 해주었다는 의미이다. 그래서 인간은 영생이 보장되었던 에덴동산에서 쫓겨난 이후 다시 영원한 생명을 얻을 기회가 마련되었다.

그런데 이 십자가의 희생으로 인간이 영생을 누리게 된 것은 기쁜 소식인데, 이에 대한 해석이 교파마다 차이를 두게 되었다. 가톨릭에서는 예수의 희생으로 원죄를 용서받았지만 이른바 잠벌이 남아 있기에 선행과 고해성사로 계속 죄의 용서를 빌어야 한다고 가르친다. 그러나 개신교에서는 예수가 십자가에서 스스로를 제물로 바쳐 과거의 원죄와 현재의 죄와 앞으로 지을 죄도 모두 용서하는 신과 인간의 완전한 화해를 완성한 것이기에 더 이상의 고해성사는 필요 없다고 주장한다. 동방정교에서도 십자가의 희생으로 예수는 악을 이긴 승리자가 된 것이기에 인간은 더 이상 죄와 무관한 존재가 되어 예수에 대한 믿음으로 신과 함께 기쁨을 나눌 수 있다고 가르친다.

그러나 예수가 십자가에서 죽은 것이 아니라는 의견도 있다. 대표적인 것이 이슬람교이다. 이슬람교에서는 예수가 실제로 십자가에서 죽은 것이 아니라고 주장한다.

코란에 그런 내용이 직접 나오기도 한다. 예수가 죽임을 당하거나 십자가에 매달린 것이 아니라 그렇게 보일 뿐이라고 한다(코란, 수라 4, 아야 157/158 참조). 영지주의자들도 마찬가지이다. 이들의 주장에 따르면 사실 악마가 예수를 죽이려 했지만, 그가 죽인 것은 자신의 족속이고 진짜 예수는 하늘로 승천하였다고 한다. 악마는 결코 완전한 지혜의 존재인 예수의 지혜를 따를 수 없기 때문이다.

이런 다양한 주장들의 진실 여부는 사실 큰 의미가 없다. 이들에게는 예수가 십자가에서 죽은 역사적 사실보다는 그렇게 죽었다고 믿는 신자들의 믿음이 종교에서는 더 중요한 의미가 있는 것이기 때문이다. 마찬가지로 십자가 자체의 역사적 진실과 무관하게 오늘날 많은 사람이 예수의 십자가 죽음을 믿기에 십자가에 의미가 있다. 그래서 십자가에서 예수가 죽지 않았다는 주장은 무의미한 논쟁을 일으킬 뿐이다.

그럼에도 예수의 십자가 죽음의 역사적 사실에 관한 논쟁은 지속되었다. 그러나 성경학자들의 성경 분석으로 적어도 예수의 제자들은 자신의 스승이 당시 범죄자들의 사형 방식인 십자가 죽음을 숨길 수 없는 사정이 있었다는 결론을 내리게 되었다. 사실, 문제가 되는 것은 십자가에 매달린 예수의 상황이다.

교회 설립 초기에, 특히 비잔틴 제국의 동방정교에서는 예수의 십자가 죽음에서 악을 이긴 승리를 보았다.

그러나 중세로 넘어오면서 서양에서는 십자가에서 고통을 받는 예수를 부각하며 그 고통을 일으킨 인간의 원죄를 강조하는 분위기가 점차 형성되었다. 그래서 예수가 살아 있을 때와 먼 시대에 사는 이들에게도 예수의 고통에 대한 죄를 물었다. 이미 그 죄는 예수의 희생으로 다 용서가 되었음에도 다시 죄의식으로 몰아간 것이다. 예수가 십자가의 고난을 견디고 부활함으로써 인간을 죄의 고통에서 벗어나게 한 것임에도 여전히 인간의 죄를 묻는 모순이 발생한 셈이다. 제도 종교가 늘 해오던 종교의 권력화의 산물이다. 죄의식으로, 그것도 신을 죽였다는 죄의식으로 인간을 통제하는 것만큼 강력한 도구는 없기 때문이다.

결국 이미 속죄받은 이후에도 되풀이하여 묻는 인간의 죄는 결국 근원적인 죄의식을 야기하고 십자가에 매달린 예수를 볼 때마다 죄에서 해방된 기쁨보다는 예수에게 고통을 주었다는 죄송스러운 마음이 더 커지게 되었다. 그리고 이러한 고통받는 예수의 모습은 성경에 묘사된 십자가 밑에서 슬퍼하는 예수의 '어머니' 마리아의 이야기로 더욱 극대화되었다. 그런데 예수는 단 한 번도 마리아를 어머니로 부른 적이 없었다. 내 십자가는 어머니도 대신 짊어질 수는 없는 노릇이기 때문이다. 그러나 아들의 고통을 나누는 어머니의 모습을 통해 나머지 신자들도 그 고통을 느끼지 않을 수 없는 상황이 야기된 셈이다.

그런데 교회의 교리에 따르면 그렇게 십자가에서 고통스럽게 죽어간 예수가 부활과 승천을 거쳐 하늘에 올라 신의 오른편에 앉으면서 신과 본질적으로 동질인 존재가 되었다. 그러면서 동시에 위격으로는 신과 부자 관계를 맺으며 성령을 인간 세계에 보내는 데에 결정적인 역할을 하였다. 성부와 성자와 성령의 본질은 같으나 위격으로 다른 관계가 수립된 것이다. 과연 그런가? 한번 자세히 살펴보자.

누가 예수를
삼위일체라고 했나

사실 기독교 이전에 이미 고대 그리스에서는 덕행을 쌓은 사람은 신으로 부활한다는 사상이 닐리 퍼져 있었다. 또한 고대 로마제국에서는 황제가 사망하면 천국에 들어가고 그를 대신한 신성한 존재가 그의 영혼을 담은 존재로 황위를 계승한다고 믿었다. 사실 이 두 문명 이전에 이집트에서도 지상의 통치자인 파라오는 오시리스 신으로 여겨졌다. 그러나 죽은 영웅을 신격화하는 데에는 고대 그리스를 따를 문명이 없었다. 물론 이런 신격화가 가능한 것은 지배층이 백성을 통치하는 데 좋은 수단이었기 때문이다. 또한 그 못지않게 백성들도 신성한 능력을 지닌 지도자가 자기들을 편하게 살도록 해주기를 바라는 마음이 있었기 때문이기도 하다. 신과 다름없는 지도자가 나라를 다스린다면 그 백성은 바로 신의 자녀들 아니겠는가? 누이 좋고 매부 좋은 일이 아닐 수 없다. 그러나 지도자의 측근들은 왕이나 황제가 신이 아니라는 사실을 쉽게 알 수 있었기에 그런 신성화에 쉽게 동의할 수는 없는 노릇이었다. 로마제국이 부패해 가면서 황제만이 아니라 황제의 죽은 첩까지 신격화하는 일도 벌어지면서 이러한 신선놀음은 종말을 고하게 된다.

그러나 기독교에서 예수는 삼위일체론의 확립으로 신과 동격의 존재로 격상한다. 다만 예수는 아버지도 아니고 성령도 아니다. 그러나 본질적으로 아버지도 신이고 예수도 신이고 성령도 신이다. 다시 말해서 세 위격(persona)이 동일한 본질(ὁμοούσιος)을 지니고 있다는 교리이다. 문외한이 들으면 말장난이나 다름없어 보일 정도의 이 이론은 기독교 신앙의 바탕을 이루고 있다. 예수는 아버지가 될 수는 없다. 아들이니 그렇다. 그러나 신이라는 본질에서 아버지와 다를 것이 없다. 이를 인간의 아버지와 아들의 관계에 유추해 보면 이해가 쉽다. 아버지와 아들은 독립된 개체이다. 그러나 유전적으로 볼 때 아버지와 아들은 적어도 50%의 DNA를 공유하고 있다. 다만 예수는 아버지와 완전히 100% 일치하는 DNA를 지닌 존재이다. 문제는 이러한 삼위일체론이 성경 어디에도 구체적으로 설명되어 있지 않다는 사실이다. 그리고 삼위일체론은 기독교의 고유한 이론도 아니다.

유대교보다 훨씬 앞선 고대 이집트의 종교에서 삼위일체 정신은 매우 강력하게 드러나 있다. 아버지 오시리스, 어머니 이시스, 아들 호루스가 하나로 합치된 삼위일체적 신격을 이룬다. 테베스 지역에서는 아문, 문트, 콘수가 삼위일체의 신이었다. 멤피스 지역에서는 아버지 프타, 딸 세크메트, 아들 네페르템이, 엘레판틴 지역에서는 크눔, 사테트, 아누케트가 나일강의 본질을 나타내는 세 신격이었다. 그리고 고대 이집트의 태양신인 라는 아침에는 케프리, 낮에는 레 호라크티, 저녁에는

아툼이 되었으니 역시 삼위일체를 이루는 신격이었다.

　이러한 고대 이집트의 삼위일체적 신관은 프톨레메이우스 1세가 세운 헬레니즘 시대의 왕국에서도 이어졌다. 이시스와 세라피스 그리고 하르포크라테스가 삼위일체의 신격이었다. 왕국 초기 한때에는 세라피스, 이시스, 아폴로가 삼위일체의 신격이 되기도 했다.

　이미 고대 그리스의 올림포스 신화에서는 아버지 제우스, 어머니 아테나, 아들 아폴로가 삼위일체를 이루는 신으로 숭배되었다. 마찬가지로 델로스 지역의 신화에서는 어머니 레토, 딸 아르테미스, 아들 아폴로가 삼위일체의 신으로 숭배되었다. 고대 아테네에서 북서부로 18km 떨어진 엘레프시나 지역에서는 어머니 데메테르, 딸 페르세포네, 양자 트립톨레무스가 삼위일체의 신격으로 존중받았다.

고대 로마에서도 그리스의 영향을 받아 아버지 주피터, 어머니 주노, 딸 미네르바가 삼위일체를 이루는 신격으로 숭배되었다. 기원전 500년경에는 평민들의 신앙에서 아버지 주피터, 아들 마스와 퀴리누스, 후기에 가서는 아버지 주피터, 어머니 주노, 딸 미네르바가 삼위일체의 신격을 이루었다.

아예 중동이나 유럽과 무관한 인도에서도 삼위일체적 신격은 자주 등장하는 모티브다. 힌두교에서는 창조주 브라마와 세상을 통치하는 비슈누 그리고 파괴의 신 시바가 삼위일체를 이룬다. 이 세 신적 존재는 우주의 탄생과 유지와 파괴를 지배하는 본질적으로 단일하지만 세 가지 형태로 나타나는 '트리무르티'(Trimūrti)가 된다. 불교도 고유의 삼위일체론을 가지고 있다. 바로 부처가 법신(Dharma-kāya), 보신(Sambhoga-kāya), 응신/화신(Nirmāna-kāya)으로 이루어진 트리카야(trikāya)의 존재라는 교리이다.

이처럼 기독교의 삼위일체는 기독교의 고유한 사상이라기보다는 이집트와 팔레스타인뿐 아니라 고대 그리스·로마 지역, 더 나아가 인도와 아시아 지역에 흔히 유행한 신념이었다. 심지어 암살당한 율리우스 시저, 그를 이어 최초의 로마제국의 제1대 아우구스투스 황제가 된 옥타비우스, 그리고 모든 인간에게 존재하는 수호천사를 각각 율리우스 신(Divus Iulius), 성자(Divi filius), 아우구스투스의 수호신(Genius Augusti)으로 칭하여 역시 삼위일체적 숭배의 대상으로 삼았다.

특히 예수가 탄생한 시절에 로마제국의 황제였던 아우구스투스로 불린 옥타비우스가 통치하던 시절에는 과거에 암살된 율리우스 시저가 성부(Holy Father), 황제 자신이 성자(Holy Son), 그리고 자신의 수호신이 성령(Holy Spirit)으로 불렸다. 바로 이 틀을 그대로 기독교가 가져와서 기독교의 삼위일체론을 만들어 낸 것으로 볼 수밖에 없는 정황이 보인다. 다만 지독히 가부장적 종교인 유대교에 뿌리를 둔 기독교의 정체성에서 여성을 삼위일체에 개입하는 것은 용납이 되지 않았다. 그래서 남자인 성부, 남자인 성자, 또한 남자일 수밖에 없는 성령을 규정해 버렸다. 이러한 남성중심주의는 오늘날 기독교에서도 여전히 강력한 힘을 발휘하고 있다. 다만 페미니즘이 확산되는 21세기에 들어와서 기독교 신학은 성부의 성별에 대하여 애매한 태도를 보이고 있다.

이렇게 로마제국에 관행적으로 존재한 전통적인 삼위일체적 신관을 기독교에 적용하는 것이 기독교를 선교하는 데 도움이 되었을 것은 자명한 일이다. 이는 마치 마리아 숭배를 이미 소아시아에서 널리 퍼져 있던 시빌레 여신 숭배에 차용한 것과 동일한 프레임이다. 바울이 초기 기독교 공동체를 수립하던 지역인 소아시아에서는 풍요의 여신인 시빌레의 인기가 굉장하였다. 그들에게 성모 마리아가 바로 풍요를 가져다주는 신적 존재라고 설명하는 데 이보다 좋은 도구는 없었다. 이는 마치 한국에 처음 기독교 선교를 할 때 기독교의 신을 이미 존재하는 개념인 천주나 하나님 또는 하느님으로 부른 것과 같은 맥락이다.

사실 성경에 나온 예수의 언행을 보면 굳이 신격화를 하지 않아도 충분히 존경받을 만한 인물이다. 그러나 종교의 특성상 예수의 신격화는 필수적이었다. 문제는 그 신격화를 위한 교리의 수립에 근간이 되는 성경의 내용이 예수를 신의 반열에 올리기에는 매우 부족하다는 사실이다. 보통 신성한 존재의 탄생 설화는 기독교만이 아니라 모든 종교, 심지어 정치적 지도자에 관련되어 나온다. 그리고 그 설화는 문자 그대로 설화이기에 신자들이 후대에 만들어 내는 경우가 대부분이다. 예수가 맺은 신과의 관계도 그런 유대교와 중동 지방의 종교사의 연장선상에서 이해해 볼 수 있는 일이다.

신과 예수와 성령이 3개의 위격으로 구분되지만 본질적으로 동일하게 존재한다는 삼위일체론은 교회 안에서도 매우 오랜 기간에 걸쳐 '성숙한' 이론이다. 하루아침에 만들어진 것이 아니다. '트리니타스'(Trinitas), 곧 삼위일체라는 용어 자체도 테르툴리아누스(Quintus Septimius Florens Tertullianus, 155~240)가 최초로 만든 용어이다. 용어를 만든 만큼 삼위일체론은 기독교가 제도적인 종교로 발전한 다음에 예수의 신성에 관한 교리를 확립하는 과정에서 만들어진 이론이라는 것을 알 수 있다. 그리고 이 삼위일체론은 기독교 안에서 벌어진 이단 논쟁에서 중요한 도구로 사용되었다.

교리의 근거는 늘 성경에서 찾아야 하는 것이기에 초대교회 학자들은 성경에서 삼위일체의 근거를 수집하는 데 큰 노력을 기울였다. 예수의 신성에 가장 심혈을 기울인 것은 당연히 〈요한복음〉이다.

한처음에 말씀이 계셨다. 말씀은 하느님과 함께 계셨는데 말씀은 하느님이셨다. 그분께서는 한처음에 하느님과 함께 계셨다... 말씀이 사람이 되시어 우리 가운데 사셨다. 우리는 그분의 영광을 보았다. 은총과 진리가 충만하신 아버지의 외아드님으로서 지니신 영광을 보았다. (요한 1, 1–2.14)

여기에서 말씀은 당연히 예수이고 예수는 신으로서 태초부터 신과 함께 존재했다는 말이다. 그리고 그 말씀이 신의 독생자로 세상에 태어나 사람들 사이에서 살았다.

성경 그리스어본으로는 다음과 같다.

Ἐν ἀρχῇ ἦν ὁ λόγος, καὶ ὁ λόγος ἦν πρὸς τὸν θεόν, καὶ θεὸς ἦν ὁ λόγος. οὗτος ἦν ἐν ἀρχῇ πρὸς τὸν θεόν.(요한 1, 1-2)

Καὶ ὁ λόγος σὰρξ ἐγένετο καὶ ἐσκήνωσεν ἐν ἡμῖν, καὶ ἐθεασάμεθα τὴν δόξαν αὐτοῦ, δόξαν ὡς μονογενοῦς παρὰ πατρός, πλήρης χάριτος καὶ ἀληθείας.(요한 1, 14)

'로고스'(λόγος)의 뜻은 원래 '말'이지만 여기에서는 신이 한 말이라 진리가 된다. 창세기에서도 신은 오로지 말로 세상을 창조하였다. 말을 하면 그것이 바로 이루어진다. 그래서 신의 언어는 진리가 된다. 신의 말에는 거짓이 없기 때문이다. 의도적으로 창세기의 시작 문구와 같은 형태를 갖춘 이유는 예수가 바로 창조주와 같은 존재라는 것을 강조하기 위함이다. 요한 복음사가는 이렇게 시작한 〈요한복음〉의 말미에서도 토마스의 입을 빌려 예수가 곧 신이라고 단언한다.

토마스가 예수님께 대답하였다. "저의 주님, 저의 하느님!"(요한 20, 28)

그리스어로는 다음과 같다.

ἀπεκρίθη Θωμᾶς καὶ εἶπεν αὐτῷ, Ὁ κύριός μου καὶ ὁ θεός μου

퀴리오스(κύριός)와 테오스(θεός)를 병렬시켜서 예수의 본질이 신이라는 것을 확언한 이 문장은 〈요한복음〉에만 나온다.

예수의 으뜸 사도인 베드로조차 이런 말을 한 적이 없다.

예수님께서 "그러면 너희는 나를 누구라고 하느냐?" 하고 물으시자, 시몬 베드로가 "스승님은 살아 계신 하느님의 아드님 그리스도이십니다." 하고 대답하였다.(마태 16, 15~16)

그리스어 원문은 한글 번역과 약간 다르다.

ἀποκριθεὶς δὲ Σίμων Πέτρος εἶπεν, Σὺ εἶ ὁ Χριστὸς ὁ υἱὸς τοῦ θεοῦ τοῦ ζῶντος

직역하면 "당신은 살아 있는 신의 아드님 그리스도이십니다."이다.

'살아 있는 신의 아드님'이라는 표현은 신약에서는 〈마태복음〉에만 나온다. 살아 있는 신은 구약에 등장하는 표현이다. 유대인들이 야훼를 살아 있는 신이라고 말하는 것은 다른 신들은 모두 죽어 있는 우상이라는 의미를 지닌다. 여기에 더해 유대-기독교의 신은 인간에게 생명을, 그것도 영원한 생명을 주는 존재라는 의미가 포함된다. 당연히 이는 유대교나 기독교와 같은 배타적인 유일신교에서 내세우는 신관이다. 다른 모든 종교의 신이나 신적 존재의 가치나 실제를 부인하는 신앙이다. 더 나아가 〈구약성경〉에서 야훼는 유대인들을 위하여 다른 종족을 몰아내는 전투적인 신이다.

여호수아가 말을 계속하였다. "이제 일어날 이 일로써, 살아 계신 하느님께서 너희 가운데에 계시면서, 가나안족, 히타이트족, 히위족, 프리즈족, 기르가스족, 아모리족, 여부스족을 너희 앞에서 반드시 쫓아내시리라는 것을 알게 될 것이다.(여호 3, 10)

그런데 베드로는 예수가 그런 신인 야훼 자체라는 고백은 하지 않는다. 다만 예수가 메시아, 곧 신이 기름을 부어 지도자로 만든 자기 아들이라고 정의한다. 그 당시 유대인으로서 차마 예수가 신이라고 고백하는 것은 생각할 수 없었다. 그런데 예수를 본 적이 없는 이가 저술한 〈요한복음〉에서는 예수가 신이고 신이 예수라는 논리를 전개한다. 이것이 삼위일체론의 기초가 되는 그리스도론(Christologie)의 시작이다. 물론 본격적인 그리스도론은 바울이 적극적으로 전개하였다. 저술 시기로 보면 바울의 서간들이 복음서에 앞서는 것이기에 그 중요성이 더해진다. 특히 공관복음서에는 그리스도론으로 추론할 만한 내용이 명확히 나오지 않기에 예수의 신격화에서 바울이 차지하는 위치는 매우 중요하다. 그러나 바울조차도 예수의 본질에 관한 명확한 학문적 정의를 내리지는 않았다. 그래서 후대의 신학자들이 〈신약성경〉을 바탕으로 그들이 신과 동등한 본질을 가진 것으로 믿는 예수의 본질에 대한 이론을 수립할 수밖에 없었다. 바울은 예수의 본질에 대하여 두 가지 추측이 가능한 주장을 한다. 먼저 〈필리피서〉에 다음과 같은 중요한 단서가 나온다.

그리스도 예수님께서 지니셨던 바로 그 마음을 여러분 안에 간직하십시오. 그분께서는 하느님의 모습을 지니셨지만, 하느님과 같음을 당연한 것으로 여기지 않으시고 오히려 당신 자신을 비우시어 종의 모습을 취하시고 사람들과 같이 되셨습니다. 이렇게 여느 사람처럼 나타나 당신 자신을 낮추시어 죽음에 이르기까지, 십자가 죽음에 이르기까지 순종하셨습니다. 그러므로 하느님께서도 그분을 드높이 올리시고 모든 이름 위에 뛰어난 이름을 그분께 주셨습니다. 그리하여 예수님의 이름 앞에 하늘과 땅 위와 땅 아래에 있는 자들이 다 무릎을 꿇고 예수 그리스도는 주님이시라고 모두 고백하며 하느님 아버지께 영광을 드리게 하셨습니다.(필리 2, 5-11)

여기에서 바울은 예수가 신의 모습을 지녔지만, 신과 같지는 않은 존재라고 정의한다. 그런데 〈창세기〉에서 신은 아담을 신의 모습으로 창조하였다. 그런데 그렇게 창조된 아담은 신과 맞먹는 존재가 되었다.

주 하느님께서 말씀하셨다. "자, 사람이 선과 악을 알아 우리 가운데 하나처럼 되었으니, 이제 그가 손을 내밀어 생명나무 열매까지 따먹고 영원히 살게 되어서는 안 되지." 그래서 주 하느님께서는 그를 에덴동산에서 내치시어, 그가 생겨 나온 흙을 일구게 하셨다.(창세 3, 22-23)

신은 인간이 선악을 구별할 줄 알게 되어 신과 같은 존재가 된 것이 당황스러웠다. 그래서 그런 지혜를 가진 인간이 신과 유일하게 다른 점인 영생마저 누리게 될 것이 두려워 에덴동산에서 내쳤다. 인간이 신과 맞먹으려 하는 것을 못 견딘 것이다. 그러나 예수는 아담과 달리 신과 같은 존재가 되고자 하지 않았다. 오히려 인간 가운데 가장 낮은 곳을 찾아 세상에 왔다. 그리고 세상에 살면서도 가장 낮은 이들과 함께하면서 그들과 형제자매처럼 지낸 것이다. 바울은 이러한 예수의 본질적 측면을 강조하고 있다. 여기에서 종의 모습으로 세상에 온 신의 논리가 추론된다.

그러나 바울은 예수에 대하여 또 다른 주장도 한다.

그분께서는 육으로는 다윗의 후손으로 태어나셨고, 거룩한 영으로는 죽은 이들 가운데에서 부활하시어, 힘을 지니신 하느님의 아드님으로 확인되신 우리 주 예수 그리스도이십니다.(로마 1, 3-4)

필리피인에게 보내는 서간을 쓴 사람과 동일한 인물이 쓴 편지에 나오는 내용이라고 믿기 힘들 정도의 주장이다. 여기에서 말하고자 하는 바는 예수는 인간으로 태어났으니 부활하고 나서 신이 자기 아들로 확인했다는 말이다. 그래서 비로소 신과 같은 주님이 되었다는 해석이 나온다. 그렇다면 예수는 처음부터 신이 강생한 존재가 아니다. 물론 정통 신학자들은 여기에서 예수는 처음부터 신의 아들이었기에 신적 힘이 있는 존재라고 해석한다. 논란을 없애기 위해 그리스어 원문을 보자.

περὶ τοῦ υἱοῦ αὐτοῦ τοῦ γενομένου ἐκ σπέρματος Δαυὶδ κ
ατὰ σάρκα, τοῦ ὁρισθέντος υἱοῦ θεοῦ ἐν δυνάμει κατὰ πν
εῦμα ἁγιωσύνης ἐξ ἀναστάσεως νεκρῶν, Ἰησοῦ Χριστοῦ
τοῦ κυρίου ἡμῶν

육체라는 의미의 그리스어 '사르크스'(σάρξ)는 육체적 본성을 지닌 존재로서의 인간을 지칭하는 단어이다. 그러나 여기에서 핵심이 되는 문장은 'τοῦ ὁρισθέντος υἱοῦ θεοῦ ἐν δυνάμει'이다. 곧 예수가 그 '권능의 차원'(ἐν δυνάμει)에서 '신의 아들'(υἱοῦ θεοῦ)로 '정해졌다.'(ὁρισθέντος) 이제 예수는 죽음과 부활을 통하여 신과 동등한 권능을 지닌 신적 존재가 된 것이다. 논리적으로 부활이 없었다면 예수는 신적 존재가 되지 못했다. 그러나 부활로 예수는 자신이 신적 존재임을 증명해 보였기에 바울은 그를 주님(κυρίου), 곧 신으로 부를 수 있게 되었다.

어떤 경로든 결론은 예수가 신적 존재라는 사실이다. 그런데 삼위일체에서 아버지 신과 아들과 동등한 본질을 지닌 위격 차원의 성령은 성경에서도 그 근거를 찾기 힘들다. 물론 〈요한 1서〉에 다음과 같은 관련 구절이 나오기는 한다.

세상을 이기는 사람은 누구입니까? 예수님께서 하느님의 아드님이심을 믿는 사람이 아닙니까? 그분께서 바로 물과 피를 통하여 세상에 오신 예수 그리스도이십니다. 물만이 아니라 물과 피로써 오신 것입니다. 이것을 증언하시는 분은 성령이십니다. 성령은 곧 진리이십니다. 그래서 증언하는 것이 셋입니다. 성령과 물과 피인데, 이 셋은 하나로 모아집니다.(요한 1서 5, 5-8)

그런데 여기서 문제가 되는 것이 7-8절이다.

한글 번역본은 위와 같지만, 영어로 번역된 이른바 〈킹제임스판 성경〉(King James Version)에는 이 구절이 다음과 같이 나온다.

For there are three that bear record in heaven, the Father, the Word, and the Holy Ghost: and these three are one. And there are three that bear witness in earth, the Spirit, and the water, and the blood: and these three agree in one.

명확히 성부와 성자와 성령으로 번역되는 부분이다. 삼위일체론이 뚜렷하게 담겨 있다. 그러나 대부분의 성경학자들은 이 구절이 4세기경에 누군가의 조작으로 추가된 부분이라는 것에 동의하고 있다. 삼위일체론에 성경의 권위를 더하기 위해 이런 무리수를 둔 것으로 보인다. 그럼에도 온건하게 수정 번역된 한글본에서도 신과 예수와 성령의 삼각관계를 충분히 암시하고 있다. 물론 영어로 된 〈킹제임스판 성경〉은 라틴어로 된 〈불가타판 성경〉을 그대로 번역한 것이다. 이런 무리수를 두지 않을 수 없을 정도로 성경 본문에서 삼위일체론의 명확한 근거를 찾는 것은 거의 불가능하다.

그런데 성령이라는 단어 자체는 〈구약성경〉과는 비교가 안 될 정도로 〈신약성경〉에 많이 등장한다. 특히 예수가 태어나서 세례를 받고 공생활을 하고 수난과 죽음을 통해 마침내 부활할 때까지 성령은 늘 예수의 삶에 '함께'하는 존재가 된다. 그리고 그 성령은 〈마태복음〉에서 비둘기의 형상으로 나타났다.

예수님께서는 세례를 받으시고 곧 물에서 올라오셨다. 그때 그분께 하늘이 열렸다. 그분께서는 하느님의 영이 비둘기처럼 당신 위로 내려오시는 것을 보셨다. 그리고 하늘에서 이렇게 말하는 소리가 들려왔다. "이는 내가 사랑하는 아들, 내 마음에 드는 아들이다."(마태 3, 16-17)

왜 성령이 비둘기 모양으로 내려왔는지는 아무도 모른다. 구약에서도 성령과 비둘기는 아무런 연관이 없다. 누군가 만들어 낸 듯하다. 그리고 신의 목소리로 나왔다는 "이는 내가 사랑하는 아들, 내 마음에 드는 아들이다."라는 말도 사실은 구약의 〈시편〉(2, 7)과 〈이사야서〉(42, 1)에 나오는 문장을 재조합한 것으로 생각된다.

주님의 결정을 나는 선포하리라. 나에게 말씀하셨다. "너는 내 아들. 내가 오늘 너를 낳았노라."(시편 2, 7)

유대인들은 그들 왕국의 기름부음받은 이, 곧 지도자가 신의 아들이라는 확신이 있었기에 이런 식으로 표현했다.

여기에 나의 종이 있다. 그는 내가 붙들어 주는 이, 내가 선택한 이, 내 마음에 드는 이다. 내가 그에게 나의 영을 주었으니 그는 민족들에게 공정을 펴리라.(이사야 42, 1)

여기서 말하는 '신의 종'이 누구인지는 분명하지 않다. 그러나 기독교에서는 당연히 메시아와 더불어 예수를 지칭하는 의미로 사용하였다. 문제는 이 경우와 마찬가지로 신약에서 예수가 구약에서 예언된 존재임을 확증하기 위하여 인용하는 구약의 구절이 완전히 일치하는 경우가 드물다는 사실이다. 사실 초대교회의 신자들이 구약을 깊이 연구한 이들이 아니었을 것이니 이는 큰 문제가 되지 않았을 듯하다. 디아스포라 상황에 부닥친 유대인 기독교 신자들조차 히브리어보다는 그리스어가 더 익숙했을 것이니 말이다. 어찌 되었든 이러한 삼위일체의 도식은 초대교회 신자들의 신앙이 성경의 구절로 표현된 것으로 여겨진다.

사실 〈구약성경〉에서 성령은 신의 현존을 보여 주는 현상의 의미가 강했지만 〈신약성경〉에서 성령은 아예 인격적인 존재로 등장한다. 그래서 성령으로 잉태되고, 세례 때 성령이 내리고, 성령에 이끌려 광야에서 악마의 유혹을 받는다. 그런데 〈사도신경〉에서 성령은 사람의 형상이 아니라 불꽃 모양의 혀로 나타난다.

그런데 갑자기 하늘에서 거센 바람이 부는 듯한 소리가 나더니, 그들이 앉아 있는 온 집 안을 가득 채웠다. 그리고 불꽃 모양의 혀들이 나타나 갈라지면서 각 사람 위에 내려앉았다. 그러자 그들은 모두 성령으로 가득 차, 성령께서 표현의 능력을 주시는 대로 다른 언어들로 말하기 시작하였다.(사도 2, 2-4)

이 불꽃 모양의 혀는 정확히 말해서 혀가 불꽃같이 생겼다는 말이다. 여기에서도 성령은 아직 인격체적인 모습을 지닌 존재가 아니다. 이 성령강림 사건은 사실 기독교 교회가 실질적으로 창립된 시점으로 받아들여진다. 기독교의 전승에 따르면 성령강림 사건은 예수가 승천한 지 정확히 50일 후에 이루어졌다. 그렇다면 서기 30년에서 36년 사이에 벌어진 일이다.

그런데 이 성령을 예수가 보내겠다고 이야기한 성경적 근거는 〈요한복음〉이 유일하다. 잘 알려진 대로 〈요한복음〉은 예수가 죽은 지 100년이 훨씬 지난 시점에서, 그것도 여러 저자가 오랜 기간에 걸쳐 편집하여 완성한 책이다. 말하자면 〈요한복음〉에서 설명한 예수가 보낸다는 성령이 이미 와서 교회 안에서 활동한 지 오래된 후에야 그 성령을 보낸다는 약속이 문서화되었다. 더구나 공관복음서에서는 유대교의 전통대로 신의 뜻을 전하는 존재였던 성령이 〈요한복음〉에서는 예수가 승천 후에 제자들을 돕기 위해 보내는 일종의 '가이드'와 같은 역할을 하는 존재로 변한다. 좀 더 자세한 내용을 살펴보자.

> 내가 아버지에게서 너희에게로 보낼 보호자, 곧 아버지에게서 나오시는 진리의 영이 오시면, 그분께서 나를 증언하실 것이다.(요한 15, 26)

> 보호자, 곧 아버지께서 내 이름으로 보내실 성령께서 너희에게 모든 것을 가르치시고 내가 너희에게 말한 모든 것을 기억하게 해 주실 것이다.(요한 14, 26)

예수가 죽고 난 다음 신이 인간에게 보내는 존재는 '파라클레토스'($\pi\alpha\rho\acute{\alpha}\kappa\lambda\eta\tau\circ\varsigma$), 곧 인간을 도우라고 신이 파견한 자이다. 이를 보호자로 번역하는 경우가 있지만 오해를 불러일으키는 번역이다. 차라리 변호사가 더 원래 뜻에 가까운 번역이다. 그런데 여기에서 중요한 것은 예수가 신과 함께 있던 이 보호자를 인간에게 보낸다고 했다. 곧 파라클레토스는 신 곁에 있는데 그를 보내도록 하는 것은 예수라는 의미이다.

그러나 이 두 문장보다 앞에 있는 14장 16절에는 보내는 주체가 신 자신이다.

그리고 내가 아버지께 청하면, 아버지께서는 다른 보호자를 너희에게 보내시어, 영원히 너희와 함께 있도록 하실 것이다.(요한 14, 16)

보호자, 진리의 영, 성령이 같은 의미로 사용되었지만, 성령이라는 단어를 사용한 것은 14장 26절에 단 한 번만 나온다. 그리스어 원문으로 살펴보면 다음과 같다.

Ὁ δὲ παράκλητος, τὸ πνεῦμα τὸ ἅγιον ὃ πέμψει ὁ πατὴρ ἐν τῷ ὀνόματί μου, ἐκεῖνος ὑμᾶς διδάξει πάντα καὶ ὑπομνήσει ὑμᾶς πάντα ἃ εἶπον ὑμῖν [ἐγώ].(요한 14, 26)

한글로는 다음과 같이 번역된다.

보호자, 곧 아버지가 내 이름으로 보낼 성령이 여러분에게 모든 것을 가르치고 내가 여러분에게 말한 모든 것을 기억하게 해줄 것이다.

이렇게 '성령'(τὸ πνεῦμα τὸ ἅγιον)을 '나(예수) 명의로'(ἐν τῷ ὀνόματί μου) 보낸다는 약속은 오로지 〈요한복음〉에만 나오고 공관복음에는 전혀 언급이 없다. 이렇게 성부와 성자와 성령에 관한 일관된 논리가 성경에 제대로 전개된 적이 없었다. 물론 〈마태복음〉의 마지막 장에는 삼위일체적인 표현이 나온다.

> 열한 제자는 갈릴래아로 떠나 예수님께서 분부하신 산으로 갔다. 그들은 예수님을 뵙고 엎드려 경배하였다. 그러나 더러는 의심하였다. 예수님께서는 그들에게 다가가 이르셨다. "나는 하늘과 땅의 모든 권한을 받았다. 그러므로 너희는 가서 모든 민족들을 제자로 삼아, 아버지와 아들과 성령의 이름으로 세례를 주고, 내가 너희에게 명령한 모든 것을 가르쳐 지키게 하여라. 보라, 내가 세상 끝 날까지 언제나 너희와 함께 있겠다.(마태 28, 16-20)

이런 식으로 '성부와 성자와 성령의 이름으로'라는 이른바 '성삼위 신조'는 초대교회에서부터 세례 양식에 사용되어 왔다. 〈마태복음〉에 나온 것은 그런 초대교회의 관습을 예수의 이름으로 확정하려는 의도에서 첨부된 내용으로 보인다. 사실 예수 자신은 요한에게 세례를 받았지만, 그 자신은 단 한 사람에게도 세례를 베푼 적이 없다. 그러면서 제자들에게는 세례를 베풀 것을 권유하였다. 무엇보다 예수 자신은 삼위일체론적인 발언을 단 한 번도 한 적이 없다.

그러나 예수 사후 수립된 기독교 교회에서는 아버지와 아들과 성령의 관계를 명확히 하려는 시도가 로마교회를 중심으로 지속해서 있었다. 그래서 2세기가 시작될 무렵을 전후로 하여 성부와 성자와 성령을 한꺼번에 언급하는 일이 잦아지기 시작하였다. 로마의 주교였던 클레멘스(Κλήμης Ῥώμης, 35~99)나 안티옥의 주교였던 이냐시오(Ἰγνάτιος Ἀντιοχείας, †108/140), 유스티아누스(Ἰουστῖνος ὁ μάρτυς, 100~165)

와 같은 초대교회의 대가들이 공통적으로 삼위를 언급하였다.

　그러나 모든 교부들이 삼위일체만을 주장한 것은 아니다. 테오필루스(Θεόφιλος ὁ Ἀντιοχεύς, †183/185)는 신과 말씀과 지혜의 일치를 주장하였다. 오리게네스(Origen Adamantius, 185~253)는 성자가 성부의 아래 있다고 보았다. 성부와 성자와 성령의 삼위일체를 교회 안에서 최초로 체계적으로 주장한 사람은 테툴리아누스(Quintus Septimius Florens Tertullianus, 155~220)이다. 그러나 그가 살아 있을 당시만 해도 이러한 주장은 논쟁거리가 되었다.

　본격적으로 삼위일체론이 교리로 확립된 것은 콘스탄티누스 황제가 325년에 소집한 니케아 공의회였다. 삼위일체론이 나오게 된 배경은 교파 간의 세력 싸움이 주된 원인이었다. 특히 기독교 초기부터 벌어진 교리 논쟁은 피를 부르는 투쟁을 불사할 정도로 격렬하게 진행되었다. 니케아 신경의 탄생 배경이 된 이른바 아리우스(Arius, 256~336)와 알렉산더(Alexander, †326/328) 사이에 벌어진 예수와 신의 본질적 관계를 둘러싼 논쟁이었다. 아리우스는 유대교 신자와 마찬가지로 오로지 신만이 전지전능한 존재로 보았다. 그래서 예수는 신과 같은 권능을 지녔지만, 신과 동등한 존재가 될 수는 없었다. 예수는 최고의 피조물일 뿐이었다. 그래서 알렉산더와 그 일파가 주장하는 예수가 '창조'된 것이 아니라 신으로부터 '나왔다고' 하는 것은 말장난에 불과한 것으로 보았다. 그러나 니케아 신경을 만든 주 세력은 그리스 철학에서 사용한 용어들인 우시아(οὐσία) 휘포스타시스(ὑπόστασις)에 더하여 호모스(ὁμός)와 우시아(οὐσία)를 합친 호모우시온(ὁμοούσιον)이라는 개념을 만들어 신과 예수, 아버지와 아들이 동질적인 존재라는 것을 신경으로 확정해 버렸다. 그리하여 예수가 신에서 나왔기에 아버지인 신과 동일한 존재는 아닌 성자의 위격을 지녔지만 호모우시아, 곧 성부와 성자는 본질적으로 같다는 도그마를 만들어 내었다. 이리하여 성부와 성자가 다르다는 아리우스파와 성부와 성자는 유사하다는 유세비우스(Ευσέβιος της Καισαρείας, 263~339)의 주장은 모두 이단적인 것으로 단죄되었다. 특히 아리우스파의 주장은 교회 안에서 신성모독을 저지른 죄인의 헛소리로 취급당했다. 교회에서도 승자가 정의였다. 이 니케아 공의회는 콘스탄티누스 황제가 소집한 것으로 최종 결론도 콘스탄티누스가 내렸다. 교회 내부의 문제를 교회 지도자들이 해결하지 못하자 정치가 해결해 준 셈이다. 그리고 이러한 것은 선례가 되어 이후에도 오랫동안 교회 내부의 문제는 정치적 권력으로 정리되는 일이 잦았다.

예수가 명확하게 정리하지 않은 성부와 성자와 성령의 관계는 이런 방식으로 정리되었다. 결국 예수는 신이고 신은 예수인데 신과 예수는 별개의 위격이다. 그리고 그들은 인간 세상에 실체적인 성령을 보냈다.

구약에서는 오로지 신의 권능을 나타내는 힘이었던 성령을 말이다.

그런데 그런 강력한 힘을 지닌 존재인 예수가 21세기에 들어와서도 여전히 이해하기 힘든 존재로 남아 있다. 게다가 종교가 사적 영역으로 물러나면서 각자가 믿는 예수가 더욱 개인주의적 해석의 대상이 되어버렸다. 통일된 영적 힘을 하나로 뭉친 인류에게 발휘하는 예수가 사라진 것이다. 그 과정을 살펴보자.

누구의 예수여야
한다는 말인가

21세기의 물질문명 사회에서도 예수는 여전히 인기가 있다. 전 세계 인구의 30% 가까이 되는 22억 명이 예수를 믿는다고 '고백'한다. 물론 과거와는 다른 믿음이지만 말이다. 여기서 말하는 과거의 믿음은 대부분 중세, 그리고 일부 지역에서는 근세까지의 것을 말한다. 19세기에 성경해석학이 등장한 것은 단순히 성경을 학문적으로 연구하기 위한 학자들의 열정 때문만은 아니다. 시대정신이 교회를 사회의 중심에서 주변으로 몰아낸 결과 교회의 권위와 권력이 동시에 줄어들게 된 탓이다. 상징적인 사건이 2004년 체결된 〈유럽연합헌장〉의 전문 작성 과정에서 교회가 보여 준 모습이다. 이 헌장은 유럽의 정신이 마침내 종교색, 곧 기독교의 색깔을 벗어나 세속 정신을 중심에 놓게 되었다는 것을 상징적으로 보여 주고 있다.

〈유럽연합헌장〉의 전문은 다음과 같다.

We the People of the European Union, united in our diversity, common history, and shared values and future, in order to form an ever-closer Union, ensure the fundamental rights of all, promote solidarity, development and the general welfare, and secure a free, peaceful and sustainable future for generations to come, establish and adopt this Constitution for the European Union.

반역하면 다음과 같다.

우리 유럽 연합의 사람들은 다양성, 공통의 역사, 공유된 가치와 미래로 일치하여 더욱 긴밀한 연합을 이루고, 모든 이의 기본권을 보장하며 연대, 발전, 보편 복지를 증진하고, 미래 세대를 위한 자유롭고 평화로우며 지속 가능한 미래를 확보하고자 이 〈유럽연합헌장〉을 제정하고 채택합니다.

기독교 교회는 이 전문에 반드시 기독교라는 종교를 명시하고자 했다. 곧 '공동의 역사 공동의 가치'가 나오는 부분에 '공동의 종교'(다시 말해서 기독교)라는 표현을 삽입하고자 했다. 이를 위하여 당시 교황이었던 요한 바오로 2세도 유럽연합 본부에 친서를 보낼 정도였다. 그러나 특히 프랑스의 강력한 반대로 그러한 종교적 문구의 삽입은 실패로 돌아갔다. 이는 기독교가 세속화된 유럽 사회에서 더 이상 중심이 아니라 주변이라는 사실을 보여 주는 매우 상징적인 사건이었다.

사실 기독교 신자가 22억 명에 이르지만 실제로 이들이 모두 참다운 의미에서 교회의 '충실한' 신자는 아니다. 특히 현대 기독교의 발상지나 다름없는 유럽의 교회에 대한 충성도는 심각한 수준이 되어 버렸다.

비록 예수가 유대인이고 기독교의 발상지가 예루살렘이지만 이미 초기부터 기독교는 로마제국, 곧 유럽과 현재 터키와 소아시아 지역을 중심으로 한 유럽 종교였다. 특히 서기 70년 로마제국의 군대가 유대인의 반란을 제압하며 예루살렘을 완전히 초토화하면서 그나마 명맥을 유지하고 있던 예루살렘의 초기 형태의 '예수 공동체'도 종말을 고한다. 이후 기독교는 예수의 사도가 아닌 바울이 세운 교회들을 중심으로 세력을 확장하게 된다. 그리고 바울은 스스로 고백한 대로 이른바 이방인, 곧 비유대인 기독교 신자들의 사도였다. 오늘날의 기독교는 유대 땅이 아니라 처음부터 유럽 땅에서 시작한 것으로 보고 있다. 그래서 베네딕토 16세 교황도 기독교와 유럽 문화의 불가분적 관계를 역설하기까지 하였다. 물론 언론의 비판이 곧 그의 발언을 뒤따랐지만 말이다.

과연 예수는 누구의 예수인가? 유대인인가? 유럽인인가? 아니면 아시아나 아프리카인가? 물론 교회는 모든 인간의 구원을 위한 예수를 이야기한다. 그러나 성경 어디에도 예수가 모든 인류의 구원을 위하여 노력했다는 구절은 나오지 않는다. 예수는 철저히 유대인들만의 회개와 그들을 위해 마련한 하늘나라를 선포한 존재였다. 유대 지역의 이웃이자 다윗을 공동 조상으로 하는 이스라엘 왕국의 사마리아인조차 예수가 말한 복음을 들을 자격이 없는 이들이었다.

그런데 정작 오늘날 유대교와 이슬람교에서 예수는 한 사람의 예언자일 뿐이다. 또한 예수는 당시 유대교 성직자들, 특히 바리사이들의 '타락'을 집중적으로 비판하며 그들을 '독사의 족속'으로 비난했던 인물이었다.

그러나 역사의 아이러니로 서기 70년에 멸망한 이스라엘이 1948년 다시 국가를 재건하기까지 거의 2000년 동안 디아스포라 상황에 부닥친 유대인의 종교적 지주가 된 이들은 바로 예수가 비난한 바리사이들이었다. 이런 의미에서 오늘날 기독교의 예수는 유대인과 무관한 인물이다. 그렇다면 이 예수는 누구의 예수이어야 한단 말인가?

만약 유대 왕국이 멸망하지 않고 베드로와 야고보가 중심이 된 예루살렘의 교회가 예수를 교주로 하는 기독교의 정통성을 유지했다면 오늘날의 기독교는 존재하지 않았을 것으로 보인다. 이른바 예수의 정통 제자들이 세운 교회가 망하고 예수를 한 번도 본 적이 없고 예수의 가르침을 직접 배운 적도 없는 '로마인'이었던 바울이 기독교의 정통성을 내세우고 팔레스타인 지역이 아닌 유럽 대륙에 기독교를 퍼뜨리지 않았다면 우리가 알고 있는 기독교도 없었다.

원래 유대인만을 위해 설교했던 예수를 놓고 오늘날 기독교에서는 그가 온 인류를 구원하러 온 존재임을 강조한다. 성탄절과 부활절은 물론 기독교 전통의 여러 축일과 행사, 더 나아가 원래는 이교도의 것인데 기독교에 흡수된 만성절, 그리고 그와 함께 따라다니는 핼러윈도 기독교 문화의 축제로 세계 여러 나라에서 거행된다. 이 모든 기독교 문화는 원래 유대인이었던 예수와는 전혀 관련이 없는 철저히 유럽의 문화이다. 예를 들어 성탄절은 로마제국의 황제 아우렐리우스가 274년 12월 25일을 '무적의 태양신'(sol invictus) 축일로 제정하여 태양신을 기념하는 날을 거행하도록 한 것에 그 기원을 두고 있다. 기독교가 로마제국의 유일한 종교, 곧 국교가 되면서 이날을 태양신 대신 예수의 탄생일로 기념하게 되었다. 곧 기독교 신자들은 이 태양신을 대신하여 예수를 '그리스도, 참된 태양'(Christus, verus Sol)으로 숭배하게 된 셈이다.

　재미있는 것은 성탄절에 아이들에게 선물을 하는 관습을 시작한 것이 다름 아닌 독일의 마르틴 루터였다는 사실이다. 사실 이미 그 이전에 독일에서는 니콜라스 축일(12월 6일)에 아이들에게 선물을 하는 관습이 있었다. 그런데 이런 관습을 마르틴 루터가 1535년 성탄절에 대한 아이들의 관심을 촉진하기 위하여 성탄절로 옮겼다.

　그 훨씬 전부터 유행한 말구유 장식은 이탈리아 아시시의 프란치스코가 1223년부터 시작한 것이다. 그리고 크리스마스트리는 16세기부터 장식하기 시작했고, 대림초는 1839년 비커른(Johann Hinrich Wichern, 1808~1881)이 시작하였다. 오늘날 전 세계가 공통으로 알고 있는 산타의 모습은 1931년부터 코카콜라가 광고에 사용한 인물이다. 이처럼 기독교에 관련된 많은 제도와 풍습은 이른바 '이교도적'인 것이 대부분이다. 그러나 오늘날 그것을 따지는 사람은 거의 없다. 기독교는 그 시작부터 유대민족이 아니라 실질적으로 유럽인의 종교이기 때문이다.

　다시 기독교의 예수로 돌아가 보자. 예수와 기독교에 대한 인식의 결정적 전환을 맞이하게 된 것이 20세기에 두 번 치러진 세계대전 때문이었다. 독일의 가톨릭 신부는 독일의 전차를 예수가 보호해 주기를 기원했고 영국의 성공회 신부는 영국의 전투기가 독일을 무찌르기를 예수에게 간구하였다. 그리고 프랑스의 신부는 프랑스 국민이 독일에 맞설 것을 역설하였다. 예수는 누구를 도와야 했는가? 그리고 누구를 도왔는가? 그리고 제2차 세계대전 때 600만 명의 유대인을 포함하여 7천만

명의 인간이 사망할 때 예수는 어디에 있었는가? 신이 그토록 사랑해서 인간이 멸망하지 않도록 자기 외아들을 보냈다는 그 신 말이다.

이러한 질문에 대한 답을 기독교에서 찾을 수 없다는 절망감에서 제2차 세계대전 이후 유럽은 급격히 기독교 교회로부터 멀어져 갔다. 현재 독일만 해도 매년 수십만 명이 기독교 교회를 떠나고 있다. 그리고 교회에 적을 두고 있는 이들 가운데에도 주일 예배에 참석하는 이들은 10%대에 머물고 있다. 이는 기독교가 시작된 유럽 대륙에서 현재 광범위하게 벌어지고 있는 일이다.

그런데 이런 상황에서도 설문조사를 해 보면 예수에 관한 관심은 여전히 높다. 특히 미국의 경우가 그렇다. 그리고 통계자료는 종교와 무관하게 많은 사람들이 예수에 관하여 상당한 지식을 지니고 있다는 사실을 보여 준다. 다만 그에 비하여 정작 성경에 대한 지식 수준은 개신교나 가톨릭이나 높지 않다. 〈퓨조사연구소〉(Pew Research Center)에서 지속해서 발표하는 자료를 참조해 보면 교회의 가르침이나 성경 지식과 무관한 예수에 대한 인상을 많은 사람들이 지니고 있음을 보여 주고 있다. 갤럽이 1993년에 실시한 설문조사에서도 결과는 비슷하였다. 미국인의 대부분(84%)은 예수가 신의 아들이며 언젠가 재림할 것으로 믿고 있었다. 그러나 같은 설문에서 예수가 신의 아들이라고 믿는 영국인은 절반도 안 되었다(46%).

그럼에도 예수가 인류에게 모범적이며 훌륭한 인물이라는 데에는 반대가 없다. 그리고 실제로 개인적인 삶에서 예수의 도움을 받았다고 대답하는 사람도 적지 않다. 그러나 같은 설문조사에서 예수가 살았던 삶의 모습을 모범으로 삼는 인생을 산다고 대답한 사람은 10%에 불과하였다. 예수의 도움을 받고 예수의 재림을 믿고 예수가 매우 친절한 분이라고 인식하면서도 막상 그의 삶대로 살아간다고 인식하는 사람은 소수에 불과하다는 점이다.

이러한 모순은 왜 생기는 것인가?

그것은 바로 시대정신이기 때문이다. 예수는 이제 특정 종교의 교주라기보다는 종교와 사상을 초월한 인류의 보편 가치를 대표하는 인물이 된 것으로 봐야 한다. 곧 이웃사랑, 자기 헌신, 이타주의, 인류의 미래에 대한 긍정적인 확신을 예수가 대변하고 있다. 그리고 이 예수는 이제 가톨릭이나 개신교만이 배타적으로 보유한 인물이 아니라 22억 명의 기독교 신자 각자가 지닌 '나의' 예수가 되었다.

과거 기독교 학자, 특히 마이스터 에크하르트(Meister Eckhart, 1260-1328)와 같은 인물은 교회에서는 '나의' 예수가 아니라 보편적인 '참된' 예수를 찾을 것을 촉구하였다. 그러기 위해서 내세운 방법이 '케노시스'(kenosis), 곧 나를 비우는 것이었다. 인간의 자아는 거짓과 욕심으로 가득 차 있기에 참다운 예수, 참다운 신의 만남을 방해한다고 한다.

그런데 이렇게 나를 비운 상태에서 내 안에 들어오는 신은 '나의 신'일 뿐이다. 그래서 이러한 신조차 내 안에서 비울 때 진정한 신이 내 안에 들어오게 되어 신을 체험하게 된다는 사실이다. 비유하자면 선불교에서 참 나를 찾는 과정과 비슷하겠다.

색계의 공허한 나를 버리고 참 자아를 찾아가는 선불교의 참선 과정에서 주화입마의 폐해를 극복해야 진정한 열반에 이르게 되는 것처럼 신을 찾는 구도의 길에서 가짜 신, 곧 나만의 신을 척결할 수 있어야 참다운 신과의 합일이 가능하다.

그러나 다원주의, 과학주의, 상대주의가 만연한 상황에서 '절대'는 오히려 독재와 동일한 의미로 받아들여지는 21세기에 신과 예수는 오히려 철저히 개인적인 것일 수밖에 없다. 다시 말해서 약 22억 명의 기독교인과 그 나머지 사람들을 포함한 약 80억 명의 인류는 궁극적으로 개별적인 '나'의 예수와 '나'의 신을 만날 수밖에 없다. 그리고 그것이 바로 출발점이 된다. 그 22억 명 정도의 기독교적인 '예수의 형제'를 포함한 약 80억 명의 '예수처럼 살아야 할 인간'의 원형이 2000여 년 전 팔레스티나 지역에서 태어난 '역사적 예수'라는 사실에는 변함이 없지만 말이다.

그렇지만 이는 포이어바흐(Ludwig Feuerbach, 1804-1872)가 갈파한 것처럼 단순한 인간의 이상적 존재의 투사가 아니다. 예수의 역사적 실존은 이제 거의 부인하기 힘든 상황에서, 그리고 성경의 권위가 무너진 상황에서도 예수의 의미가 퇴색하지 않은 것이 지금의 시대정신이다. 과연 이러한 예수의 모습에서 우리가 무엇을 배울 수 있을 것인가? 그 답은 바로 특정 시대와 집단에서 시작된 종교의 도그마가 아니라 인류의 보편적 가치를 중심으로 한 문화적 접근에서 찾아볼 수 있다.

그리고 이런 문화적 예수의 규명이 현재 한국 사회에서 일부 목사들이 보여 주는 시대착오적이고 도그마적인 배타적 예수 해석을 극복하는 방법이 될 수도 있다. 그런 시대착오적인 예수의 모습은 이미 제2차 세계대전의 폐허와 함께 무너져 버려서 이제는 그 유적만이 남아 있을 뿐이다.

유럽은 그러한 사실을 역사적 현실로 체험하고 이미 종교적 도그마에서 문화적 기독교로 넘어선 지 오래다. 유럽 역사에서 볼 수 있듯이 이른바 '도그마적 예수'는 사회를 분열시키고 혼란에 빠지게 하지만 '문화적 예수'는 사회를 통합하고 발전시킨다. 그래서 예수는 더 이상 도그마로 머물 수 없는 존재가 되었다. 다시 말해서 예수를 교회가 독점하여 이른바 '저작권'을 내세울 수 없게 되었다고 봐야 한다. 예수는 종교가 아니라 문화가 되었으니 말이다.

그런데도 한국의 기독교에서는 유럽이 이미 극복한 배타주의적 신앙관이 여전히 지배적인 이데올로기가 되고 있다. 그리고 그 근거를 〈요한복음〉에서 찾고 있다. 그러나 사실 예수를 통하지 않고는 신에게 다가갈 수 없다는 〈요한복음〉 특유의 신앙 교리도 나중에 예수를 신격화한 이후에나 수립된 것이 거의 확실하다. 공관복음서에서 예수는 늘 신에게 직접 기도할 것을 권유했지, 자신이 대신 빌어주겠다는 말을 한 적이 없다. 그런데 느닷없이 〈요한복음〉에서 예수를 통하지 않으면 신에게 다가갈 수 없다는 식으로 예수를 샤만과 같은 존재, 곧 신과 인간의 중계자로 묘사하는 신앙고백이 만들어진 셈이다.

나는 길이요 진리요 생명이다. 나를 통하지 않고서는 아무도 아버지께 갈 수 없다.(요한 14, 6)

그리스 원어로는 다음과 같다.

Ἐγώ εἰμι ἡ ὁδὸς καὶ ἡ ἀλήθεια καὶ ἡ ζωή

여기서 생명을 의미하는 '쪼에'(ζωή)는 기독교적인 개념이다. 그러나 길을 의미하는 '호도스'(ὁδός)는 유대교의 개념이고, 진리를 의미하는 '알레테이아'(ἀλήθεια)는 전적으로 헬레니즘적인 개념이다. 그것을 〈요한복음〉의 저자가 예수를 따르는 기독교 신자들의 신앙고백에 적용하였다. 길은 유대인들이 모세에게 이끌려 이집트를 탈출한 행로를 의미하는 개념이다. 구약 신명기에 다음과 같은 말이 나온다.

너희는 이 사십 년 동안 광야에서 주 너희 하느님께서 너희를 인도하

신 모든 길을 기억하여라.(신명 8, 2)

히브리어로는 다음과 같다.

וְזָכַרְתָּ אֶת־כָּל־הַדֶּרֶךְ אֲשֶׁר הֹלִיכְךָ יְהוָה אֱלֹהֶיךָ

여기에서 길을 의미하는 단어 '하데레크'(הַדֶּרֶךְ)는 동사 '밟다'를 의미하는 '데레크'(דֶּרֶךְ)에서 나온 명사이다. 특별한 뜻이 없고 그저 물리적으로 사람이 걸어 다니는 길을 의미한다. 물론 그 의미가 확장되어 '여정'의 뜻도 포함된다. 그래서 신학적으로는 신의 인도로 걸은 유대민족의 탈출로를 의미하였다. 이런 이집트 탈출길이 기독교에 들어와서 아예 예수 자신으로 의미를 전환하게 되었다.

원래 '알레테이아'는 고대 그리스 철학 용어이다. 예수가 살던 무렵부터 〈요한복음〉의 저자가 이 책을 저술할 시기까지 로마제국을 지배한 것은 헬레니즘이었다. 그래서 고대 그리스 철학 용어와 개념이 사회에서 널리 통용되었다. 이 '알레테이아'도 그중 하나다. 많은 성경에서 이 단어를 흔히 '진리'로 번역하지만, 이는 틀린 해석이다. 정확한 의미는 그리스 신화에 나오는 '레테강'(Λήθη)이라는 단어 앞에 이를 부정하는 접두사 아(α-)를 붙여 '레테강을 건너지 않은 자의 정신'을 의미했다. 곧 '하데스'(Ἅδης)가 지배하는 저승 세계로 가는 5개의 강 가운데 하나인 레테강을 건너고 나서도 저승의 기억을 정확히 하는 명료한 정신을 지닌 상태를 말한다. 플라톤은 바로 철학자만이 이러한 정신을 지닌 자라고 주장한 바가 있다. 그리스 전설에 따르면 레테강을 건너는 이들은 목이 너무 말라서 그 강물을 마시지 않을 수 없는데 일부 정신이 명민한 자들은 아무리 목이 말라도 그 물을 마시지 않는다고 한다. 그런 이들은 이 세상에 태어나서도 저승에 대한 기억, 플라톤의 용어로는 이데아 세계에 대한 기억이 남아 철학자로 살아갈 수 있다고 했다.

이런 의미에서 예수는 이 세상의 논리를 뛰어넘는 놀라운 지혜를 지닌 존재라는 것을 묘사하기 위하여 이러한 용어를 사용한 것으로 보인다. 그런데 〈요한복음〉에서는 여기에서 한 걸음 더 나아가 예수 자체가 진리라는 주장을 하고 있다. 이는 요한복음 1장에 나오는 태초에 존재한 말씀, 곧 '로고스'(λόγος)와 같은 의미로 해석한다. 그래서 〈요한복음〉 14장 6절은 예수가 신 자체라는 기독론이 수립된 이후에 쓰인 것임을 추정해 볼 수 있다.

그러나 공관복음서에서 예수의 입을 빌려 주장한 바에 따르면 인간은 신과 직접 1대1로 대면하는 존재라는 사실은 누구도 부인할 수 없는 진리이다. 그 중간에 굳이 예수나 마리아를 매개로 둘 필요가 없다. 그러나 기독교는 이런 프레임을 만들고 나서 다시 신부나 목사가 예수를 대신하는 또 다른 샤만이 되는 듯 교만을 부리는 역사를 만들게 된다. 그런 프레임을 만든 이유는 당연히 권력과 돈이다. 신과 예수를 대신하는 신부와 목사에게 천당 갈 수 있는 조건으로 자신의 모든 재산을 바치는 것을 신자의 도리로 가르친 긴 역사가 그 사실을 말해 주고 있다.

다시 위의 성경 구절로 돌아가 보자. 원래 위의 구절은 유대인들의 사법 기관인 산헤드린, 곧 최고회의 위원이었던 니코데모가 예수와 대화를 나누는 장면에서 나온 이야기이다. 이 말을 하기 전에 예수는 다음과 같은 말을 하였다.

"하늘에서 내려온 이, 곧 사람의 아들 말고는 하늘로 올라간 이가 없다. 모세가 광야에서 뱀을 들어 올린 것처럼, 사람의 아들도 들어 올려져야 한다. 믿는 사람은 누구나 사람의 아들 안에서 영원한 생명을 얻게 하려는 것이다."(요한 3, 13-15)

이는 예수의 입을 통하여 〈요한복음〉 공동체의 신앙을 고백하게 한 것으로 보인다. 그러나 사람의 아들, 곧 예수 이외에도 구약성경에 나온 대로 두 사람이 하늘로 올라갔다. 그럼에도 이런 고백을 하는 것은 예수의 신성을 강조하기 위한 것으로 보인다. 그런 신적 존재인 예수가 약속한 것은 영생이다. 그 이상도 그 이하도 아니다.

그런데 예수, 곧 신의 외아들까지 보내서 인간에게 영생을 약속해야 할 이유가 어디에 있는가? 그 이유는 〈창세기〉에 나온다. 아담과 하와가 신의 명령을 어기고 선악을 아는 지혜를 주는 나무에 달린 열매, 이른바 선악과를 먹고 선악을 분별하고 부끄러움을 알게 되자 신은 분노하여 그들을 에덴동산의 동쪽으로 쫓아내 버린다. 그러자 인간은 땀 흘려 농사를 짓고 고통 속에서 후손을 보면서 생존해야 하는 처지에 놓인다. 곧 에덴동산에서는 노동도 안 하고 출산도 할 필요가 없이 영생을 누리다가 선악을 분별하게 되었다는 이유로, 더 정확히는 신과 맞먹는 존재가 되었다는 이유로 에덴동산에서 쫓겨나고 결국 언젠가는 죽는 존재가 되어 버렸다.

바로 그렇게 죄를 지어 죽게 된 인간의 운명을 되돌려 놓고자 예수가 이 세상에 왔다는 것이 기독교의 논리이다. 그런데 문제는 그 영생이 예수의 재림 이후 전개될 최후의 심판에서 내려질 판결에 달려 있다는 사실이다. 세상에 온 예수를 믿는 것만으로 되는 일이 아니다. 그리고 기독교 신학적으로는 예수를 믿는 것에 더하여 신의 은총이 필수적이다. 과연 구원이 믿음으로, 또는 인간의 선행으로 이루어지는 것인지에 대한 논쟁에서 결국 가톨릭교회가 감리교에 졌던 바가 있다. 개신교에서는 인간의 선행이 아니라 신의 은총만으로 구원받는다고 주장한데 비하여 가톨릭에서는 인간의 선행이 구원에 작용한다고 주장해 왔었다. 그러나 교리적으로 개신교의 주장이 훨씬 논리적이고 예수의 가르침에도 합당하다. 다시 말해서 신이 구하기로 이미 작정을 한 인간이 선행을 하는 것이지, 선행을 했기에 신이 그를 구하기로 결정하는 것이 아니다. 이러한 논리를 흔히 의화론이라고 한다. 이 논리를 놓고 서로 팽팽하게 대립해온 가톨릭교회와 개신교, 특히 루터교회는 1999년 10월 31일 독일 아우크스부르크(Augsburg)에서 〈의화 교리에 관한 가톨릭교회와 루터교 세계연맹의 합동 선언문〉(Joint Declaration on the Doctrine of Justi-fication)을 채택하기에 이르렀다. 결국 인간의 선행은 구원의 전제 조건이 될 수 없다는 진리에 동의하기로 합의한 셈이다. 기독교의 기본 교리에 맞는 이 선언에 따르자면 논리적으로 착한 인간이 구원받는 것이 아니라 구원받을 인간이 착한 인간이 되는 것이다. 구원은 절대적으로 신의 권한에 속하는 것이기 때문이다.

그런데 〈요한복음〉 14장 6절의 논리에서 더 큰 문제가 되는 것은 바로 후반부의 문장이다. 곧 "나를 통하지 않고서는 아무도 아버지께 갈 수 없다."라고 한 말이다. 이 말대로라면 예수가 태어나기 이전의 모든 사람, 그리고 현재 세계 인구 가운데 예수를 전혀 믿지 않는 약 60억의 인구는 절대로 하늘나라에 갈 수 없다는 논리적 모순이 발생한다. 그런데 모든 인간은 신이 자기 모습대로 창조한 소중한 존재이다. 그런데 단지 예수를 몰라서 믿지 않았다고 해서 하늘나라에 들어갈 자격조차 박탈당해야 한다는 것은 논리를 떠나 억울한 일이 된다. 어차피 그럴 것이라면 예수 이전에 태어난 인류는 뭣하러 이 세상에서 착하게 살았는가? 그리고 그렇게 21세기를 살아가는 비기독교인인 약 60억의 인구는 뭣하러 이 세상에서 착하게 살겠는가?

이 논리대로라면 이순신 장군도 세종대왕도 하늘나라에 갈 확률은 제로이다. 그리고 기독교의 신과 같은 야훼 신을 섬기는 유대교와 이슬람교 신자도 하늘나라에 갈 확률이 제로다. 도대체 말이 되는 주장인가? 공관복음서 어디에도 나오지 않고 오로지 〈요한복음〉에 단 한 줄 나오는 예수의 입을 빌려 말한 이 문장을 가지고 극단적인 배척주의적 종교관을 설파하는 자들이 넘쳐나는 세상이다.

이 모순을 인식한 가톨릭교회는 제2차 바티칸 공의회에서 발표한 문헌 가운데 하나인 〈교회헌장〉에서 다음과 같이 말하고 있다.

끝으로, 복음을 아직 받아들이지 않은 사람들도 여러 가지 이유로 하느님의 백성과 관련되어 있다. 먼저, 계약과 약속이 주어졌던 저 백성이 참으로 그렇다. 인성으로 말하면 그리스도께서 그 백성에게서 태어나셨으며(로마 9, 4-5 참조), 선택에 따라 보면 그 백성은 조상 덕택으로 하느님의 가장 큰 사랑을 받았다. 하느님께서는 한 번 주신 선물이나 소명을 다시 거두지 않으시기 때문이다(로마 11, 28-29 참조). 그러나 구원 계획은 창조주를 알아 모시는 사람들을 다 포함하며, 그 가운데에는 특히 무슬림도 있다. 그들은 아브라함의 신앙을 간직하고 있다고 고백하며, 마지막 날에 사람들을 심판하실 자비로우시고 유일하신 하느님을 우리와 함께 흠숭하고 있다. 어둠과 그림자 속에서 미지의 신을 찾고 있는 저 사람들에게서도 하느님께서는 결코 멀리 계시지 않으신다. 하느님께서 모든 사람에게 생명과 호흡과 모든 것을 주시고(사도 17, 25-28 참조), 구세주께서 모든 사람이 구원받게 되기를 바라시기 때문이다(티모 2, 4 참조). 사실, 자기 탓 없이 그리스도의 복음과 그분의 교회를 모르지만, 진실한 마음으로 하느님을 찾고 양심의 명령을 통하여 알게 된 하느님의 뜻을 은총의 영향 아래에서 실천하려고 노력하는 사람은 영원한 구원을 얻을 수 있다. 또한 하느님의 섭리는 자기 탓 없이 아직 하느님을 분명하게 알지 못하지만, 하느님의 은총으로 바른 생활을 하려고 노력하는 사람들에게는 구원에 필요한 도움을 거절하지 않으신다. 사실 그들이 지닌 좋은 것, 참된 것은 무엇이든지 다 교회는 복음의 준비로 여기며, 모든 사람이 마침내 생명을 얻도록 빛을 비추시는 분께서 주신 것이라고 생각한다. 그러나 사람들은 흔히 악마에게 속아 허황한 생각에 빠져 하느님의 진리를 거짓과 뒤바꾸고 창조주보다 피조물을 더 섬기며(로마 1, 21.25 참조), 또는 이 세상에서 하느님 없이 살다가 죽어 가며 극도의 절망에 놓인다. 그러므로 하느님의 영광과 이 모든 사람의 구원을 증진하고자, 교회는 "모든 피조물에게 복음을 선포하여라."(마르 16, 15) 하신 주님의 명령을 기억하고 선교 촉진에 진력하고 있다.(교회헌장 16항)

외아들까지 인간의 죄를 대신 씻도록 세상에 희생 제물로 보낼 정도로 인간을 사랑하는 신은 개신교만이 아니라 가톨릭, 이슬람교도, 유대교인, 심지어 예수 그리스도를 모르는 이들까지 사랑한다고 보는 것이 합리적이다. 그런데도 많은 개신교파 교회는 "예수 천국 불신 지옥"을 여전히 금과옥조의 진리로 내세우고 있다. 그러면서 극도의 배타주의를 보인다. 과연 예수가 다시 살아와서 21세기 한국에서 그런 배타성을 보이는 교회를 보면 무슨 말을 할까? 일요일마다 교회 건물 안에 모여 "주여! 주여!" 한다고 다 구원받는다고? 절대 그렇지 않다고 예수가 이미 단언했다.

"나에게 '주님, 주님!' 한다고 모두 하늘나라에 들어가는 것이 아니다. 하늘에 계신 내 아버지의 뜻을 실행하는 이라야 들어간다. 그날에 많은 사람이 나에게, '주님, 주님! 저희가 주님의 이름으로 예언을 하고, 주님의 이름으로 마귀를 쫓아내고, 주님의 이름으로 많은 기적을 일으키지 않았습니까?' 하고 말할 것이다. 그때에 나는 그들에게, '나는 너희를 도무지 알지 못한다. 내게서 물러들 가라, 불법을 일삼는 자들아!' 하고 선언할 것이다."(마태 7, 21-23)

교회 건물 안에서 "주여!"만 외치다가 교회 건물 밖에 나와서는 전혀 성령과 무관한 삶을 사는 자가 진정으로 예수를 믿는 자일까? 예수를 믿는다면 마땅히 성령의 열매를 맺어야 한다. 바로 바울이 다음과 같이 말한 그 성령의 열매 말이다.

그러나 성령의 열매는 사랑, 기쁨, 평화, 인내, 호의, 선의, 성실, 온유, 절제입니다. 이러한 것들을 막는 법은 없습니다.(갈라 5, 22-23)

교회에 열심히 다니고 기도를 열심히 하고 자타가 공인하는 기독교 신자라 해도 위에서 말한 성령의 열매를 보이지 않는다면 그는 결코 하늘나라에 들어갈 수 없다. 그와는 반대로 교회는 열심히 다니면서 바울이 말한 육의 행실을 보이는 이들이 더 많은 것이 현실 아닌가?

육의 행실은 자명합니다. 그것은 곧 불륜, 더러움, 방탕, 우상 숭배, 마술, 적개심, 분쟁, 시기, 격분, 이기심, 분열, 분파, 질투, 만취, 흥청대는 술판, 그밖에 이와 비슷한 것들입니다. 내가 여러분에게 이미 경고한 그대로 이제 다시 경고합니다. 이런 짓을 저지르는 자들은 하느님의 나라를 차지하지 못할 것입니다.(갈라 5, 19–21)

교회 안에서 같은 기독교 신자들끼리 적개심을 가지고 분쟁을 벌이고 시기하고 화내며 이기심을 보이는 경우가 많지 않은가? 그러면서 김장로파, 박장로파로 분열과 분파를 일삼고 몰래 술에 취해 흥청대지 않는가? 심지어 불륜도 저지르지 않는가? 그러면서 오직 예수 믿으니 하늘나라 갈 것이라고 장담한다고? 그런 자들이 오히려 적그리스도 아닐까?

예수를 믿는 것과 예수를 숭배하는 것을 혼동하는 이런 자들이 짓는 가장 큰 죄는 바로 예수를 숭배하는 것으로 자신이 의롭게 된다고 착각하는 일이다. 예수를 믿는 자는 예수의 가르침을 실천하는 자다. 예수가 가르친 것은 간단하다. 바로 이웃사랑이다. 이웃사랑의 내용은 예수의 산상수훈에 정확히 나온다.

"눈은 눈으로, 이는 이로.' 하고 이르신 말씀을 너희는 들었다. 그러나 나는 너희에게 말한다. 악인에게 맞서지 마라. 오히려 누가 네 오른뺨을 치거든 다른 뺨마저 돌려 대어라. 또 너를 재판에 걸어 네 속옷을 가지려는 자에게는 겉옷까지 내주어라. 누가 너에게 천 걸음을 가자고 강요하거든, 그와 함께 이천 걸음을 가주어라. 달라는 자에게 주고 꾸려는 자를 물리치지 마라."
"'네 이웃을 사랑해야 한다. 그리고 네 원수는 미워해야 한다.'고 이르신 말씀을 너희는 들었다. 그러나 나는 너희에게 말한다. 너희는 원수를 사랑하여라. 그리고 너희를 박해하는 자들을 위하여 기도하여라. 그래야 너희가 하늘에 계신 너희 아버지의 자녀가 될 수 있다. 그분께서는 악인에게나 선인에게나 당신의 해가 떠오르게 하시고, 의로운 이에게나 불의한 이에게나 비를 내려 주신다. 사실 너희가 자기를 사랑하는 이들만 사랑한다면 무슨 상을 받겠느냐? 그것은 세리들도 하지 않느냐? 그리고 너희가 자기 형제들에게만 인사한다면, 너희가 남보다 잘하는 것이 무엇이겠느냐? 그런 것은 다른 민족 사람들도 하지 않느냐? 그러므로 하늘의 너희 아버지께서 완전하신 것처럼 너희도 완전한 사람이 되어야 한다."(마태 5, 38-48)

예수의 이런 불같은 '말씀'을 듣고 실천하는 이들이 진정한 크리스천이 아닌가? 그런데 많은 기독교인은 오른뺨을 맞기도 전에 먼저 상대방을 두들겨 패고, 속옷을 달라는 이야기를 듣기도 전에 내뺀다. 원수는커녕 같은 교회 신자도 제대로 사랑하지 못한다. 그러면서 예수만 믿으면 하늘나라 간다고 뻔뻔하게 말하고 돌아다니는 이들로 교회는 넘쳐난다.

'예수를 믿는다'라는 것의 참된 의미는 그를 맹목적으로 숭배하는 것이 아니라 예수의 가르침을 실천하는 일이다. 오직 신의 은총만으로 인간이 구원받는다는 것은 물론 기독교의 진리다. 그리고 그런 구원을 확신하는 믿음이 있어야 구원받는 것도 맞는 말이다. 그러나 성령의 열매를 맺지 못하고 육의 열매만 맺는 믿음은 거짓 믿음, 자기기만에 불과하다.

21세기 한국 교회는 어떤 모습을 보여 주고 있는가? 왜 비기독교인만이 아니라 같은 기독교인마저 '개독교'라는 용어를 스스럼없이 사용하고, 전교의 손길을 뿌리치는가? 그 답은 간단하다. 스스로 기독교인이라고 내세우는 이들에게 '기독교 신앙의 향기'가 나지 않기 때문이다. 그 향기는 오로지 성령의 열매에서만 나는 것이다. 많은 기독교 신자들은 선교를 생명처럼 여긴다. 그런데 선교 용지를 나누어 주고 '예수 천국 불신 지옥'을 외치는 것이 선교가 아니다. 만약 선교하는 기독교인에게 성령의 열매에서 나오는 기독교 신자의 향기가 난다면 굳이 교회에 나오라고 권하지 않아도 그 향기에 이끌려 많은 사람이 교회로 달려가게 된다. 그러나 21세기 한국의 교회에는 성령의 열매에서 나오는 향기가 사라진 지 오래다. 오히려 많은 경우 육의 열매의 악취가 진동한다. 그런데 어찌 성령과 구원을 다른 사람에게 권유할 수 있겠는가?

그러나 교회의 생존 자체가 예수에 달린 것이기에 예수의 신성을 강조하고 교회의 기능을, 예수를 교주로 한 종단의 사제직을 수호하는 조직으로 보존하려는 노력은 여전히 지속되고 있다. 그래서 교회가 그리고 종교가 사회의 발전과 괴리를 이루는 어색한 관계가 존속되고 있는 것으로 보인다. 특히 무엇보다도 예수의 인성에 관한 도그마에서 교회는 더 이상 그 권위를 세울 수 없는 상황에 이르게 되었다. 그렇다면 과연 인간 예수는 누구란 말인가? 영원히 존재하는 신의 아들일 뿐 아니라 지상에서 30여 년을 살다 간 그 인류의 스승 예수 말이다. 사실 수천 년 동안 많은 사람이 수많은 글과 강연을 통하여 예수를 이야기했지만 21세기에 들어서도 예수는 여전히 많은 궁금증을 불러일으키는 존재이다. 무엇보다 그에 대한 '과학적' 정보가 매우 부족하다. 그래서 그에 관한 이야기는 오늘날에도 여전히 미완성인 상태로 전해지고 있다. 그래도 기왕 시작한 여정이니 예수의 정체에 대한 물음으로 매듭을 지어보도록 하자.

그래서 예수는 결국
누구란 말인가

    역사적인 인물 가운데 예수만큼 많은 사람에게 그토록 널리 알려진 존재도 드물다. 현재 전 세계 80억 명의 인구 가운데 22억 명 정도가 기독교 신자이다. 그러나 정작 예수가 누구인가를 물어보면 대답을 잘하지 못한다. 그리고 나름대로 성경을 숙독하고 연구했다는 사람들조차 정작 예수가 누구인지를 잘 모른다.

    그 이유는 간단하다. 일단 예수는 무조건 믿어야 하는 신적 존재였다. 그래서 그의 본질에 관하여 과학적으로 분석할 필요가 없었다. 더구나 그에 관한 자료가 매우 빈약하다. 사실 성경 이외에 예수에 관한 '신뢰할 만한' 자료는 전혀 존재하지 않는다. 그리고 사실 성경조차도 그 편집된 내용을 보면 예수에 관하여 알기 위한 자료로는 빈약하다. 유대교의 경전인 〈타나크〉(תנ״ך)를 재구성한 구약, 예수를 직접 보았거나 관련된 인물들이 기록했다는 복음서, 그리고 예수를 단 한 번도 만난 적이 없으면서도 스스로 예수의 사도가 된 바울의 편지들과 일부 사도들의 글이 전부이다. 물론 성경 이외에 예수가 지상에 머문 시절의 역사에 관한 문헌이 존재한다. 그러나 여기에서 예수 이야기는 거의 안 나온다.

게다가 예수에 관한 가장 생생한 기록인 복음서마저도 서로 맞지 않는 서술이 많이 담겨 있다. 그러니 〈루카복음〉에서 말한 것이 '진짜' 예수인지를 식별할 '객관적' 기준이 없는 상태에서 인류는 예수에 관하여 계속해서 이야기해 왔다. 그러다 보니 예수 이야기는 왜곡을 낳게 되었다. 그리고 분열도 낳았다.

가톨릭교회가 동방정교와 갈라서게 된 공식적 이유는 예수의 본성에 관한 논쟁, 곧 '필리오퀘(filioque)' 문제 때문이었다.

또한 예수의 본모습을 아는 데에 더 큰 문제가 된 것은 이른바 예수의 열두 사도가 세운 이른바 '초대교회'는 70년 로마제국이 예루살렘을 초토화할 때 사실상 소멸되고 말았다는 사실이다. 이때 예루살렘에서 쫓겨난 기독교인들은 북아프리카로 건너가 바울이 세운 것과는 별도의 자체적인 교회를 세웠다. 그러나 실질적으로 현재의 유럽을 중심으로 한 기독교 교회는 예수의 열두 사도의 정통성을 부여받지 않은 바울이 소아시아 지역에 세운 교회들이 뿌리가 되어 성장해 왔다. 다시 말해서 적자는 사라지고, 서자가 그것도 스스로 서자라고 자처한 자가 기독교의 발판을 마련한 것과 크게 다를 것이 없다. 그래서 우리는 복음서 말고는 예수를 본 적이 없는 바울이 기술한 예수 공동체 이야기를 통해서 예수를 이해해야만 하는 답답한 상황에 놓인 셈이다.

여기에 더하여 예수 제대로 알기에 문제가 된 것은 기독교의 국교화

에 따른 이른바 이단의 배척이었다. 기독교 안에서 기득권 세력에 반대되는 주장은 모두 이단으로 몰려 극단적인 배척의 대상이 되었다. 그리고 서로의 세력이 비슷할 때는 서로를 파문하며 각자의 길을 가기도 하였다. 이것이 바로 교회의 분열이다. 사실 분열은 중세가 아니라 이미 초대교회에서부터 있어 온 유구한 역사를 지닌 일이다. 이미 베드로가 살아 있을 때 바울과 대립했고 바울이 세운 교회 안에서도 또 파벌들이 난무했다.

그래서 신앙이나 파벌에 따라 왜곡된 것이 아닌 '과학적인' 그리고 '역사적인' 방법으로 예수의 모습을 보고자 하는 노력의 결실은 19세기에 들어와서야 비로소 이루어지기 시작한다. 이른바 '성경해석학'의 등장이다. 이 연구 결과 오늘날 합의된 내용은 예수는 '역사적으로 존재했다.' '세례자 요한에게 세례를 받았다.' '로마 총독 빌라도의 명령으로 사형을 당했다.' 정도이다. 그러나 예수의 언행에 대한 해석은 여전히 파벌과 학자마다 다양하다. 무엇보다도 앞에서 말한 대로 원천 자료가 워낙 빈약해서이다. 그리고 그 자료마저도 서로 맞지 않는 부분이 있어 읽는 사람의 주관적 해석이 없이는 이해가 어렵거나 불가능하기 때문이다.

더 큰 문제는 복음서마저 그것을 저술했다고 주장하는 사람이 단독으로 기술했다는 보장이 전혀 없다는 사실에 있다. 〈마태복음〉을 마태가 썼다는 증거는 어디에도 없다. 〈요한복음〉은 더욱더 문제다. 결코 한 사람이 쓴 것이 아니라는 것이 많은 학자가 공감하는 정설이다. 예수를 이야기하는 원천 자료의 신뢰성이 없는 상황에서 예수를 이야기한다는 것이 당연히 '비과학적'일 수밖에 없다. 그리고 더 큰 문제는 그 비과학적 문서는 원래 그리스어나 아람어로 쓰인 것인데 번역하는 과정에서 많은 오역과 자의적 번역이 이루어졌다는 점이다. 그렇다면 도대체 예수의 '본모습'을 어찌 알 수 있다는 말인가?

그래서 현대의 학자들은 일단 성경에 나온 예수의 이야기만이라도 '최대한 객관적으로' 해석해 보자는 생각을 하게 되었다.

사실 개신교에서는 종교개혁 이후 성경을 자국어로 번역하여 읽는 전통을 이어왔지만, 가톨릭의 경우 중세 라틴어로 쓴 이른바 〈불가타〉 성경만을 정경으로 고집하며 오랜 세월을 유지해 왔다.

그리고 개신교에서도 가톨릭과 마찬가지로 성경의 '해석'은 오로지 성직자의 몫이었다. 평신도가 '감히' 성경을 읽고 이해한다는 것은 불경

죄에 해당되는 것이었다. 결국 20세기에 들어와서야 많은 '평민'들이 성경을 적극적으로 읽고 이해하는 분위기가 조성되면서 비로소 예수의 '참모습'에 대한 연구가 활발해졌다.

필자 개인적으로도 독일에서 신학 공부를 하고 박사학위를 받는 과정에서 자세히 알게 된 예수의 '본모습'에 대한 이야기를 언젠가는 다른 사람과 나누고 싶다는 생각을 오랫동안 해왔었다. 그래서 예수 이야기를 시작한 것이다.

교회의 신학이나 신앙에서 말하는 것 이외의 예수의 역사적 '참모습'을 연구하는 것은 18세기 말 계몽주의에서 시작되었다. 그 선구자는 독일 철학자 라이마루스 (Hermann Samuel Reimarus, 1694 - 1768)이다. 그의 연구 결과는 사후에 독일 철학자 레싱(Gotthold Ephraim Lessing, 1729 - 1781)이 〈익명의 필자의 원고〉(Die Fragmente eines unbekannten Autors)라는 제목의 책으로 출판하였다.

그러나 역사적 예수에 관한 관심을 본격적으로 불러일으킨 것은 튀빙엔대학교에서 공부하고 강의한 독일 신학자 슈트라우쓰(David Friedrich Strauss, 1808~1874)가 1835년에 출판한 〈예수의 생애, 비평적 연구〉(Das Leben Jesu, kritisch bearbeitet)이다. 참고로 비슷한 무렵에 독일 철학자 포이어바흐 (Ludwig Andreas von Feuerbach, 1804 - 1872)가 출판한 〈기독교의 본질〉(Das Wesen des Christentums)은 아예 기독교 자체의 허구성을 지적한 책이라 일단 여기에서는 논외로 하는 것이 나을 법하다.

예수의 역사성에 관한 연구와 더불어 진행된 것이 성경의 진실성에 관한 연구였다. 과연 성경이 제대로 쓰인 책인지, 단지 신자들만이 공유하는 신앙의 경전이 아니라 역사적으로 가치가 있는 책인지를 연구했다. 이 분야를 '성경 해석학'(biblische Exegese)이라고 하는데 대표적인 것이 '역사—비평적 방법'(historisch-kritische Methode)이다. 이 방법을 처음 제시한 사람은 프랑스의 신학자 시몽(Richard Simon, 1638 - 1712)이다. 그는 1689년 출판한 〈신약 본문에 대한 역사 비평〉(Histoire critique du texte du Nouveau Testament)이라는 책에서 이러한 방법을 체계화하였다. 칸트(Immanuel Kant, 1724~1804) 또한 종교를 신앙이 아니라 이성의 영역에서 파악해 보려는 시도를 하였다. 그 결과가 그가 1793년에 출판한 〈단순한 이성의 한계 안의 종교〉(Die Religion innerhalb der Grenzen der bloßen Vernunft)이다.

그러나 오늘날의 역사—비평적 성경 해석의 바탕을 다진 데에는 이 외의 여러 신학자들의 협력이 있었다. 그 가운데 독일의 신학자인 세믈러(Johann Salomo Semler, 1725-1791)는 역사—비평 방법의 시조로 알려져 있다. 그러나 이른바 '튀빙엔학파'를 창시한 바우어(Ferdinand Christian Baur, 1792-1860)야말로 역사—비평적 방법의 체계를 완성한 신학자로 평가받고 있다. 이 모든 학자들은 개신교에 속하는 인물들이다. 사실 가톨릭이나 정교회에서는 성경 자체에 대한 '비판'은 있을 수 없는 일이었기 때문이다.

그런데 이렇게 예수의 언행이 담긴 성경을 역사적 방법으로 비평적으로 분석한 결과 나온 예수의 모습은 어떤가?
예수는 기원전 4~6년에 태어나 서기 30~33년에 사망한 유대인이다. 우리가 쓰는 달력의 연도표기도 예수의 탄생을 기점으로 하고 있다. 그러나 525년 엑시구스 수도사(Dionysius Exiguus, 470-544)가 'Anno Domini', 곧 서기 개념을 만드는 과정에서 예수의 탄생연도를 잘못 계산하여 실제보다 4~6살이 어리게 만들어 버렸다. 나중에 이런 사실이 밝혀졌으나 이미 사용되는 연도 표기를 바꾸는데 혼란이 예상되어 그대로 사용하면서 오늘날에 이르렀다.

그래서 흔히 예수가 30살이나 33살에 죽은 것으로 이야기되지만 실제로는 36살 또는 40살이 거의 다 되어 죽은 것으로도 계산이 된다. 예수가 30살에 죽었다는 이야기는 성경 어디에도 나오지 않는다. 더구나 날짜는 말할 것도 없다. 다만 성경에는 그가 30살 무렵에 공생활을 시작했다는 구절만 나올 뿐이다.

사실 탄생 날짜도 마찬가지이다. 성경에는 예수의 생일이 나오지 않는다. 현재 12월 25일을 탄생일로 기념하고 있지만 이 날짜가 아닐 가능성이 대단히 크다. 원래 이교도의 축일을 기독교에 도입한 것이기 때문이다. 그리고 예수라고 부르지만, 실제 이름은 히브리어로 여호수아(יְהוֹשֻׁעַ)의 축약형인 예슈아(יֵשׁוּעַ)인 것이 거의 확실하다.

이렇게 예수는 인류 역사에서 가장 유명한 존재인데도 불구하고 그의 개인적 신상에 관한 내용은 정확히 전해지는 것이 하나도 없다.

그리고 집을 나와 이른바 공생활을 시작하기 이전의 삶에 관한 내용도 정확히 알려진 바가 없다. 세례자 요한의 세례를 받은 다음부터 처형당하기 전까지의 1년 내지 3년 동안의 언행만이 복음서에 비교적 자세히 나오고 있다. 그리고 이 성경 기록을 보아도 가족 관계를 비롯하여 개인적인 인적 사항은 매우 불비하다. 그렇다고 해서 많은 종교의 교주처럼 하늘을 날아다니는 초월적 존재도 아니었다.

기독교의 교리, 특히 기독론(Christologie)의 차원에서 예수는 완벽한 신적 속성과 완벽한 인간적 속성을 겸비한 존재로 여타 인간들처럼 희로애락을 드러내고 음식과 술이 나오는 만찬 자리에서 여러 사람과 격의 없는 대화를 나누는 것을 즐기는 '사람'이었다.

예수는 스스로 저술하지 않았다. 그래서 그의 제자들이 그가 사망한 지 몇십 년 후부터 그의 어록을 제대로 작성하기 시작하였다. 이것이 우리가 알고 있는 복음서와 바울 서간이다. 그런데 성경 연구를 통하여 복음서 작성자들이 참고한 원천 기록이 있다는 것이 밝혀졌다. 이것이 이른바 〈Q문서〉이다.

곧 복음서 가운데 〈마르코복음〉과 〈Q문서〉가 가정 먼저 작성되었고 이것이 〈마태복음〉과 〈루카복음〉의 원자료가 되었다고 본다. 그래서 마르코, 마태, 루카가 쓴 것으로 여겨지는 복음은 서로 중첩되는 내용이 많이 나온다.

그러나 〈요한복음〉에는 이 세 복음서에 나오지 않는 독자적인 예수 이야기가 나오기에 이른바 공관복음에 포함되지 않는다. 오늘날 학자들은 이 4개의 복음서는 각자의 필자를 내세우는 별도의 공동체들이 작성한 것으로 생각하고 있다. 그래서 서로 다른 내용을 담고 있게 된 것으로 보고 있다.

원래 한 사건을 직접 목격한 여러 사람의 증언조차도 막상 기술을 하다 보면 서로 차이가 나는 법이다. 심리학자들의 연구에 따르면 인간은 관찰한 것을 녹음기나 카메라처럼 있는 그대로 기록하는 것이 아니라 자기 생각을 추가하여 기억하게 된다. 이른바 편견이 작용하는 셈이다.

그래서 복음서에 나오는 예수에 대한 설명이 다 다를 수밖에 없다.

그래서 〈마르코복음〉에서는 예수를 단 한 번도 신과 동격으로 묘사한 글이 나오지 않는 데 반하여 〈마태복음〉에서는 예수의 신성을 강조하고 있다. 동시에 유대인들이 중요하게 여기는 족보를 예수에게도 부여하고 있다. 〈루카복음〉은 〈마르코복음〉을 많이 인용하면서 필요에 따라 내용을 편집 정리하였다. 〈요한복음〉은 더 나아가 기독론을 체계화한다. 곧 예수를 인간이면서 동시에 신인 존재로 규정하였다.

그리고 공관복음에는 예수의 활동이 1년 정도로 정리되었으나 〈요한복음〉에서는 3년 동안 활동한 것으로 묘사되고 있다. 또한 공관복음과는 달리 〈요한복음〉에서는 예수가 곧 신이라고 선포된다.

이렇게 예수에 관한 거의 유일무이한 1차 자료인 복음서에서도 예수의 모습은 서로 다르게 묘사된다. 연대기적으로 보아도 저술 연도가 각자 다르다. 〈마르코복음〉은 서기 66~70년, 〈마태복음〉과 〈루카복음〉은 서기 85~90년, 〈요한복음〉은 서기 100년 이후이다. 특히 〈요한복음〉은 서기 200년 정도에 최종본이 완성된 것으로 여겨지기도 한다. 모두 예수 사망 후 적어도 30년 이상, 곧 한 세대가 흐른 다음에 기억을 더듬어 기술된 것이 복음서들이다. 특히 〈루카복음〉은 〈마르코복음〉을 인용한 것 41%와 〈Q문서〉를 인용한 것 23%에 스스로 수집한 자료 35%를 더한 것으로 보아 자료 수집과 편집에 매우 다양한 원천을 참조한 것을 알수 있다. 물론 〈마태복음〉도 비슷한 방식으로 자료를 수집 정리하였다.

〈신약성경〉의 중요한 부분인 바울 서간에는 예수에 대한 직접적 증언은 없다. 모두 자신이 세운 교회의 관리에 초점을 맞춘 내용들이 대부분이다. 곧 제도화된 '교회'라는 조직의 원활한 운영의 기술적 측면에 신경을 쓰고 있는 모양이다. 그래서 예수에 대한 자세한 정보의 기술보다는 믿음을 강조하는 내용으로 이미 예수가 신성한 존재가 된 이후의 신앙 교육이 강조되고 있다. 그래서 역사적 예수에 관한 자료를 찾기에는 역부족인 문서들이다. 사실 바울이 예수를 직접 만난 적이 없기에 이는 당연한 일이다.

예수에 관한 유일한 자료인 성경이 이렇게 정작 역사적 예수의 전기로서의 역할을 충실히 수행하지 못하는 상황에서 예수가 누구인지를 이야기하다 보면 독자의 상상력이 상당 부분 개입될 수밖에 없는 일이다. 특히 제도화된 교회의 성직자들이 이런 문서에 대한 배타적 해석을 독점하면서 이른바 역사적 예수의 모습을 알아내는 것은 더욱 난망한 일일 수밖에 없다.

그래서 일부에서는 예수의 신성을 따지거나 가족 관계를 알아내기보다는 그의 언행에서 도덕적 가르침만을 배우고자 하고 또 다른 이들은 단순히 기복의 대상으로 삼고자 한다. 그 어느 것도 역사적 예수에 대한 바른 접근법은 아니다.

그렇다면 예수를 제대로 아는 방법은 무엇인가? 여러 방법이 있지만 역사적으로 교회가 예수를 각 교파의 편의대로 해석한 것을 살펴보면서 성경에 비추어 예수가 '아닌 것'을 주장한 내용을 역으로 분석하는 방법이 효과가 있다. 현재는 이외에는 뾰족한 방법이 없으니 앞으로도 이러한 길을 가야 할밖에 다른 도리가 없다. 다만 논란이 되지만 해결책이 없는 문제에 대해서는 이른바 현상학적 '판단중지'(εποχη)의 방법을 사용하는 지혜를 발휘하면서 말이다.

　다시 말해서 논쟁의 여지가 있어서 결국 아무런 결론에도 이르지 못할 무익한 예수에 관한 논의를 일단 중단해야 한다. 고고학적 자료나 명징한 학문적 증거가 나오기 전까지 말이다. 그리고 성경으로 돌아가 예수의 언행을 있는 그대로 해석하는 일이다. 이 과정에서 독자의 주관이 개입되는 위험을 최대한 배제해야 한다. 그러기 위해서는 무엇보다 성경을 객관적으로 읽어야 한다. 될 수 있으면 원어로 읽고 그것이 어려운 경우 여러 나라의 번역본을 참조하여 객관적 뜻을 읽어내는 훈련을 해야 한다. 목사가 자기 교파의 이해관계에 따라 마음대로 해석하는 것에 귀 기울이지 말고 말이다. 예수는 개인이 직접 만나는 대상이다. 마치 무당이 귀신과 인간을 중개하듯 목사가 예수와 신자 중간에 서서 뜻풀이를 해 주도록 기다리는 것이 가장 위험한 태도이다. 그러지 않고 그저 교회를 사교 모임 장소로 여긴다면 영원히 예수의 언행의 뜻을 살필 길이 없을 수밖에 없다.

예수에 관한 이야기는 2000년 가까이 이어져 왔다. 그러나 사실 '예수 이야기'는 누구도 확신 있는 결론을 내릴 수 없다. 예수에 관한 이른바 '원본' 자료 자체가 워낙 부실하기 때문이다. 그리고 그에 못지 않은 이유는 바로 원래의 예수를 각 종파의 이익을 위해 자기 나름대로 채색하여 예수를 오히려 제대로 바라보지 못하도록 방해하였기 때문이다.

그래서 예수를 바로 알기 위해서는 이른바 현상학적 환원의 방법을 사용해야 한다. 후설(Edmund Hussel, 1859~1938)이 창시한 현상학에서 현상학적 환원(phänomenologische Reduktion)은 판단중지(εποχη)와 더불어 올바른 인식에 도달하는 결정적인 방법이다. 후설에 따르면 어떤 잘 모르는 사태에 대하여 인간이 올바른 인식을 하기 위해서는 일단 그 사태에 관한 판단을 중지해야 한다. 그리고 그 사태의 본질에 이르기 위해서는 그 본질적이지 않은 요소들을 먼저 제거해야 한다. 그래서

인간의 인식이 그 본질 안으로 돌아가는, 곧 환원하는 과정이 필요한
것이다.

예수를 올바로 이해하는 것에도 동일한 방법을 적용해야 한다. 많
은 이들이 예수에 대하여 이런저런 이야기를 하지만 대부분이 자기가
만들어 낸 예수만을 이야기한다. 그래서 정작 성경에 나온 있는 그대
로의 이른바 '날것'의 예수는 버려두고 자기 마음대로 꾸며낸 예수를 사
람들에게 들이대게 된다. 그런데 기독교만이 아니라 대부분의 다른 종
교에서도 바로 이런 '해석'(ἐξήγησις)을 주로 제도권의 성직자들이 한
다. '엑세게시스'(ἐξήγησις)는 그리스어 동사로 '해석하다'라는 뜻의 '엑
세게이스타이'(ἐξηγεῖσθαι)를 명사화한 말이다. 그리고 그 해석은 신적
권위를 지닌 것으로 신자들이 무조건 받아들여야 하는 교리(dogma)로
선포된다. 그 과정에 예수의 뜻을 성직자 마음대로 해석하고 심지어 예
수와 무관한 자기의 의견을 삽입하는 조작의 과정이 반복됐다. 이런 조

작된 부분을 제거하는 방법이 바로 현상학적 환원이다. 그 환원을 통해 이르는 사태 자체(die Sache)가 바로 궁극적으로 원래 예수의 모습이 되는 셈이다.

사실 근세까지만 해도 대중들이 그리스어나 라틴어, 히브리어는 고사하고 자국어도 잘 모르는 무지몽매한 상태에 있었기에 성직자들이 제시하였지만, 사실과 부합하지 않는, 그래서 권위가 없는 해석조차도 자연스럽게 권위주의적으로 강요될 수 있었다. 그러나 근세에 들어 특히 독일 튜빙엔 대학을 중심으로 한 19세기의 이른바 '튜빙엔 학파'(Tübinger Schule)의 진보적인 신학이 등장하면서 그런 교회의 도그마 중심의 성경과 교리 해석을 극복하고 역사비평적 방법(historisch-kritische Methode)으로 바라볼 수 있게 되었다. 이 튜빙엔 학파에 속하는 학자들로는 이 학파의 창시자인 개신교 신학자인 바우어(Ferdinand Christian Baur, 1792~1860)를 비롯하여 슈트라우쓰(David Friedrich Strauss, 1808~1874), 베크(Johann Tobias Beck, 1804~1878), 퀘스틀린(Karl Reinhold von Köstlin, 1877~1894) 첼러(Eduard Zeller, 1814~1908)가 있다. 가톨릭 신학자로는 드라이(Johann Sebastian von Drey, 1777~1853), 묄러(Johann Adam Möhler, 1796~1838), 히르셔(Johann Baptist von Hirscher, 788~1865), 슈타우덴마이어(Franz Anton Staudenmaier, 1800~1856), 쿤(Johannes von Kuhn, 1806~1887)이 있다. 이들은 오늘날 성경, 그리고 더 나아가 기독교를 교회의 이해타산과 별개로 바라볼 수 있도록 하는 데 결정적인 기여를 하였다. 물론 기존의 제도권 교회는 이러한 역사비평적 시각을 극렬하게 반대하고 나서며 심지어 이단으로 몰고 가기도 했다. 그러나 자유주의와 과학주의의 시대정신을 신학도 비켜 갈 수는 없는 노릇이었다. 그래서 오늘날 성경 해석은 중세와 근세의 낡은 껍질을 많이 벗어 버릴 수 있게 되었다.

그러나 유럽에서 이미 19세기에 성경에 대한 과학적 분석이 이루어졌음에도 한국에 들어온 기독교는 전적으로 매우 보수적인 프랑스 외방선교회와 미국 선교사들의 주도권으로 이식된 것이기에 유럽의 중세적 분위기가 그대로 남아 있었다. 그 전통이 포스트모던한 21세기 한국 사회에서도 여전히 힘을 발휘하고 있다. 게다가 조선시대를 지배한 유교적 가부장제도가 그대로 교회 안에 스며들어 신부와 목사가 신의 권능을 대신한 '아버지'가 되는 것이 한국 교회이다.

더구나 성경이 여러 기독교 교파의 교리 수립의 근거 자료가 되면서 학문을 위한 문헌이 아니라 신앙을 위한 경전으로만 여겨지는 경향이 아직도 성경을 분석하는 것을 꺼리는 분위기가 특히 교회를 중심으로 강하게 남아 있다. 성경 해석을 신성모독으로 여기는 이들도 여전히 많다. 그래서 성경 해석은 늘 조심스러운 일일 수밖에 없다.

그러나 유럽을 중심으로 성경에 대한 역사적 학문적 연구가 상당히 이루어진 오늘날 성경에 나온 예수를 무조건 믿음의 대상으로 여기는 것이 모순적이라는 증거를 성경 자체에서 얻어낼 수 있는 것도 엄연한 사실이다. 성경 저자가 편집한 자료와 저자의 주관이 복음서와 서간의 작성에 강하게 작용했다는 것을 문헌 분석으로 확인한 이상, 성경을 신성불가침의 존재로만 간주하여 성경 구절에 한 점의 오류도 없다는 맹목적인 믿음을 가질 필요는 없어졌다.

이러한 생각에서 이 책을 저술하게 되었지만, 여전히 아쉬움은 남는다. 안셀무스(Anselm of Canterbury, 1033~1109)는 '믿기 위해서 알기보다는 알기 위해서 믿는다'(neque enim quaero intelligere ut credam, sed credo ut intelligam)라고 말했다. 곧 신앙이 이성 위에 있다고 주장하였다. 그러나 기독교가 전성기를 누리던 중세에 인류 문명이 암흑시대에 머문 사실이 말해 주는 것처럼 맹목적인 신앙은 인간의 이성을 마비시켜 버린다. 이성과 신앙이 서로 보완적인 기능을 해야 한다. 신앙에만 빠지면 독선이 되고 이성에만 집착하면 공론에 머물게 된다.

19세기 이후 유럽 문명사에서 기독교가 중심에서 변두리로 쫓겨난 다음 과학주의가 기독교의 자리를 대신하여 차지하였다. 그러나 과학주의가 과거 기독교와 마찬가지의 도그마로 군림하였지만 인간 사회가 중세보다 더 평화와 조화를 누리고 인간이 서로에게 더 친절해지지도 않았다. 기독교가 고위 권력자와 성직자의 권력 유지를 위하여 신을 이용했다는 비난을 받았지만, 과학자들 역시 과학적 지식으로 권력을 누리기 위하여 지식을 이용했다는 비난을 똑같이 받는 것이 현실이다. 이른바 과학만능주의의 폐해가 바로 환경 파괴이다. 과학자들은 과학적 지식과 기술적 응용으로 인류의 진보를 이룩할 수 있다고 확신하고 인간을 신과 동일한 능력을 지닌 존재로 간주했지만 결국 인간을 지구와 적대적인 관계에 놓이게 했다.

기독교가 신과 인간의 적대적 관계를 해소하겠다고 큰소리쳤지만, 기독교의 역사는 사실 투쟁, 살인, 약탈, 타락, 분열로 점철됐다. 과학은 인류의 진보와 행복을 보장한다고 큰소리쳤지만, 세계는 여전히 전쟁, 갈등, 파괴, 분열, 그리고 더 나아가 환경 파괴와 핵전쟁을 통하여 인류가 스스로 멸망할 수 있는 상황을 만들어 버렸다. 기독교든 과학이든 독선적인 도그마가 되는 순간 본래의 선한 목표는 상실되고 인간의 악으로 기우는 경향만이 구체화될 뿐이라는 것을 역사가 말해 주고 있다.

현재 교회가 보여 주는 모습이 원래 예수가 인간에게 가르치고자 했던 것과 과연 얼마나 일치하는가? 일치하는 데도 사람들의 비난을 받는가? 사실 현실에 보이는 교회의 모습은 예수의 가르침과 멀어져 있다. 예수처럼 돈을 멀리해야 할 교회가 부동산 투기꾼이 되고, 평화를 나누어야 할 교회가 우크라이나 전쟁에 나가서 죽으면 순교와 같은 효과를 얻어 천국에 간다는 말을 교회의 최고 성직자가 아무런 주저 없이 한다. 사실 그런 말을 소련의 성직자가 처음 한 것은 아니다. 이미 20세기의 세계대전에서 각 국가의 성직자는 군인만이 아니라 비행기와 탱크와 총을 축복하였다. 그리고 중세에도 정치적 권력과 물질적 이익을 위한 전쟁에 나서는 군인들을 기독교 교회가 축복했다. 초대교회에서는 자기와 다른 신앙관을 가진 이들을 이단으로 단죄하고 문자 그대로 죽자고 싸웠다. 이렇게 교회는 다름 아닌 성경 자체에서 찾아볼 수 있는 예수의 모습과 가르침과 멀어지는 역사를 처음부터 걸어왔다. 예수는 과연 교회가 이런 지경에 이를 것을 예견하지 못했는가? 부활하고 승천한 지 2000년이 지나도록 예수는 왜 재림하지도 않고 침묵하는 것일까? 예수가 사라진 교회가 사람들의 긍정적인 반응을 이끌어 내려면 무엇을 해야 하는가?

이런 질문을 하다 보면 어쩔 수 없이 다시 예수로 돌아가게 된다. 그러면서 기본적인 질문이 이어지게 된다. 예수는 누구이며 무엇을 가르쳤는가? 그리고 근본적으로 왜 하필 이런 인간의 세상에 와서 그런 가르침을 남겼는가? 이러한 질문에 대하여 지난 2000년 가까이 인류가 답을 찾았지만, 여전히 완전히 만족한 답은 없다.

지금, 이 순간에도 예수를 대상으로 눈물을 흘리면서 간절히 기도하는 사람이 세계에 넘쳐난다. 그럼에도 세상의 악만이 아니라 교회 안의 악도 판치고 있다. 모든 사람을 형제자매로 대한 예수의 모범은 잊은 채 교회 안에서 여전히 신자와 성직자 간의 계급이 존재하는 것은 물론이고 성차별을 포함한 인간 차별이 엄연히 존재한다. 교파 간의 증오와 반목은 다른 어떤 집단에 비해서 더 사악한 형태로 이루어지고 있다. 다름 아닌 사랑의 종교인 기독교 안에서 말이다. 그리고 기독교 신자들의 도덕성이 결코 비기독교인에 비해 우월하지도 모범적이지도 않다. 문제가 있으니 해결해야 하고, 그 해결은 근본으로 돌아가서 찾아야 한다.

그래서 우리 시대 이전의 사람들이 했듯이 다시 이른바 '예수 바로 알기 운동'에서 모든 것을 시작해야 한다. 기독교가 문자 그대로 예수 그리스도교이기 때문이다. 예수가 아니었다면 기독교는 존재하지 않았다. 그 존재 근거를 이해하는 것에서 출발하면 현재 보이는 기독교의 모순을 극복할 길이 보일 수 있을 것이라는 소박한 희망에서 이 책을 썼다. 물론 예수를 안다는 것으로 문제가 해결되지는 않을 수도 있다. 그러나 이제 너무 불쌍한 존재가 된 예수를 위하여 뭐라도 해야겠다는 마음으로 기독교에 관한 3부작을 시작해 보았다.

서두에서 말한 대로 교회가 인기를 잃고 있지만 예수는 여전히 많은 이들의 관심의 대상이다. 종교를 떠나서도 예수는 흔히 공자, 부처, 소크라테스, 무함마드와 더불어 인류에게 중요한 가르침을 전해준 인물로 간주된다.

그러나 서양의 역사를 보면 예수는 단순히 인류의 스승 수준의 영향을 넘어서서 삶 자체를 지배해온 존재로 기독교라는 종교의 교주 이상의 인물이었다.

그런데 막상 이토록 중요한 인물에 대하여 자세히 알고자 하면 먼저 혼란이 일어나게 된다. 그에 관한 자료가 매우 빈약한 것만이 아니라 그 자료의 이해와 해석마저 오랜 세월 동안 성직자들과 신학자들이 독점하여 교파의 이해관계에 따라 자의적으로 이루어져 오기도 하였던 때문이다.

현재 우연히도 기독교 문명국가들이 이른바 선진국이 되어 세계의 정치, 경제, 문화를 지배하다시피 하는 것이 전적으로 기독교 덕분이라는 오해가 널리 퍼져 있다. 그러나 역사를 보면 오히려 그 반대로 서양이 기독교의 영향에서 벗어나면서 문명이 고도로 발달하기 시작하였다. 그래서 흔히 기독교가 서양을 지배한 중세시대를 암흑시대로 규정하는 경우도 있다.

그러나 그렇다고 해서 기독교가 서양에서 완전히 힘을 잃고 서양의 문화가 탈기독교화되었다고 생각하는 것은 큰 오해이다. 현재 서양에서는 기독교가 종교에서 문화로 이행하는 단계에 있을 뿐이다. 교회라는 좁은 틀 안에 있던 기독교가 사회의 정신이 되고 있다. 다만 교회가 도그마적으로 예수를 해석하여 제시한 세계관과 인간관이 변하고 있을 뿐이다.

그래서 특히 한국과 같이 전적으로 기독교를 수입한 나라에서는 기독교, 그리고 그 종교의 교주인 '진짜 예수'에 대한 바른 이해가 매우 절실하다. 기독교를 무조건 배척하는 것은 기독교를 무조건 절대시하는 것만큼이나 위험한 일이다. 그래서 기독교에 대한 바른 이해의 시작으로 먼저 예수에 대한 바른 이해가 필요하다. 그러한 이해를 향해 나가는 길의 첫걸음을 이제 내디딘 바이니 더 깊이 나가 볼 생각이다. 이 책 다음으로 나올 제2권 〈기독교 교회의 길고 긴 죄악사〉에서는 기독교 교회의 역사를 통시적으로 살펴보면서 교회가 어디서부터 잘못 시작했고 어떤 과정을 거쳤으며 그 결과로 어떤 일이 일어났는지를 분석해 보고자 한다. 단순히 교회의 잘못을 지적하는 것이 아니라 그 잘못을 반성하여 예수의 참모습을 발견하는 여정으로 나가기 위한 일이다.

예수의 참모습을 왜곡하여 예수와 무관한 교리를 만들어 내어 사욕을 취한 유럽 교회의 긴 역사가 마침표를 찍는 21세기에 예수를 다시 보고 그의 언행에서 본질적 가르침을 찾으려는 노력을 기울이는 이들이 많다. 그럴 수밖에 없는 근본적 이유는 예수가 인간의 근원적인 질문에 답을 하고 있기 때문이다. 곧 "우리는 어디서 와서 어디로 가는가?", "우리는 왜 사는가?", "어떻게 살아야 하는가?"라는 질문이다. 예수는 이 질문에 대하여 간단명료한 답을 하고 있다. '우리는 신이 자기 모습으로 직접 창조한 신과 거의 다름없는 존재로 살아가다가 죽으면 저승에 가서 이 세상에서 했던 생각과 말과 행동에 대한 책임을 지는 방식으로 새로운 삶을 이어간다.', '우리는 신이 원하는 하늘나라가 이루어지는 데 협력하기 위하여 산다.', '그런 신의 뜻에 맞는 방식으로 살아야 한다.' 이것이 예수가 우리의 질문에 대하여 준 답이다.

근본적인 문제는 인간에게 주어진 '자유의지'와 그 의지대로 한 행동에 대한 '책임', 그리고 신이 원하는 '하늘나라'에 대한 다양한 해석의

차이에서 발생한다. 예수의 가르침을 직접 받고 예수와 직접 이야기를 나누고 부활한 예수를 직접 만난 이들조차 예수의 본질에 대하여 의견 대립이 있었던 것을 고려하면 이런 차이는 너무나 당연한 일이다. 그러나 그런 의견의 차이가 파벌을 낳고 파벌이 분열을 낳고 분열이 투쟁과 살육을 낳은 유럽 기독교의 역사를 보면 그저 당연한 일로 치부할 수는 없다. 그래서 이제라도 예수가 추호도 바라지 않은 분열과 갈등을 극복하는 길을 나서야 한다. 그러한 길을 나서는 데 가장 먼저 할 일이 과연 예수는 누구이고 그가 무슨 말을 했는지를 정확히 하는 일이다. 교회가 그런 예수를 두고 저지른 잘못을 살펴 더 이상 죄를 짓지 않는 삶을 살도록 해야 한다. 이 삼부작은 바로 그런 뜻에서 시작하였다. 그런 뜻에 과연 이 책이 부합하는지는 독자의 판단에 맡긴다.